edition suhrkamp 2210

Lesen Sie die geheimen Dokumente zu Schlingensiefs "WIEN-PUTSCH" Anfang dieses Jahrtausends.
Lesen Sie Anklageschriften wegen Volksverhetzung, Leserbriefe von SS-Führern, einen Solidaritätsbrief von Luc Bondy und Theoretisierungsversuche von Jelinek, Sloterdijk, Diederichsen, Hegemann, Gächter, Thurnher, Seeßlen und einen Feldforschungsbericht von Bierbichler. Und als Bonus ein Geheimgespräch zwischen Alexander Kluge und Christoph Schlingensief über Miniroboter, Bayreuth, IMAX, den ewigen 68er, Größenwahn und die 6. Armee von Paulus.
ACHTUNG! Dieses Buch enthält mehr als den "WIEN-PUTSCH". Lesen Sie, wie Schlingensief Jörg Haider durch Waffengleichheit besiegte. "Man muss den Nazis so lange die Fresse polieren, bis man sich drin spiegeln kann." (Mag. Schütz)
Christoph Schlingensief, geboren 1960 in Oberhausen, Filmregisseur seit 1968 (u. a. "Das deutsche Kettensägenmassaker", "Terror 2000", "Die 120 Tage von Bottrop"), seit 1993 Hausregisseur an der Volksbühne am Rosa-Luxemburg-Platz (u. a. "Kühnen 94", "Rocky Dutschke, 68", "Berliner Republik"), Gründer der Hamburger Mission, Talkmaster ("Talk 2000") und Parteivorsitzender von "Chance 2000". 1996 und 1999 gewann er den europäischen Hörspielpreis Prix Europa für "Rocky Dutschke, 68" und "Lager ohne Grenzen". Im letzten Jahr begab er sich auf die Suche nach Deutschland und versenkte es anschließend in New York vor der Freiheitsstatue im Hudson River. Lebt und arbeitet in Namibia, Wien und Berlin. Mehrfacher Vater, ledig.

SCHLINGENSIEFS AUSLÄNDER RAUS

BITTE LIEBT ÖSTERREICH

Dokumentation von
Matthias Lilienthal und Claus Philipp

Redaktion: Mario Rauter und Sandra Umathum
Grafisches Konzept: heavy girls lighten

Suhrkamp

edition suhrkamp 2210
Erste Auflage 2000

Erstausgabe

Druck: Nomos Verlagsgesellschaft, Baden-Baden
Umschlag gestaltet nach einem Konzept
von Willy Fleckhaus: Rolf Staudt
Printed in Germany

2 3 4 5 6 – 05 04 03 02 01

Für Kurt Kren und Alfred Edel

245.000 Schilling Woch

Contain

kostet M

26.April 2000: Designierter Festspielleiter Luc Bondy lädt Regisseur Schlingensief zu den Wie

gage für Schlingensief

er-Show

illionen

wochen ein ++ "Ein politisches Happening gegen Xenophobie" ++ Bondy schlägt vor, das Projekt nicht nur auf Österreich, sondern auf alle Länder zu beziehen, in denen Fremdenhass exis

Leb' und tu was für Dich.
Das Wunder geschieht,
weil es Dich gibt.

Leb', so wie Du Dich fühlst,
leb Dein Leben so,
wie Du's selber nur willst.

Lieb' und Du wirst geliebt.
Das Wunder geschieht,
weil es Dich gibt.

(Big Brother)

JETZT NEU:

Zeig' mir Dein Gesicht.
Zeig' mir, wer Du wirklich bist.
Bleib' Dir treu,
verstell' Dich nicht für mich.

Auf Pressekonferenz der Wiener Festwochen umarmt Kulturstadtrat Marboe Schlingensief und

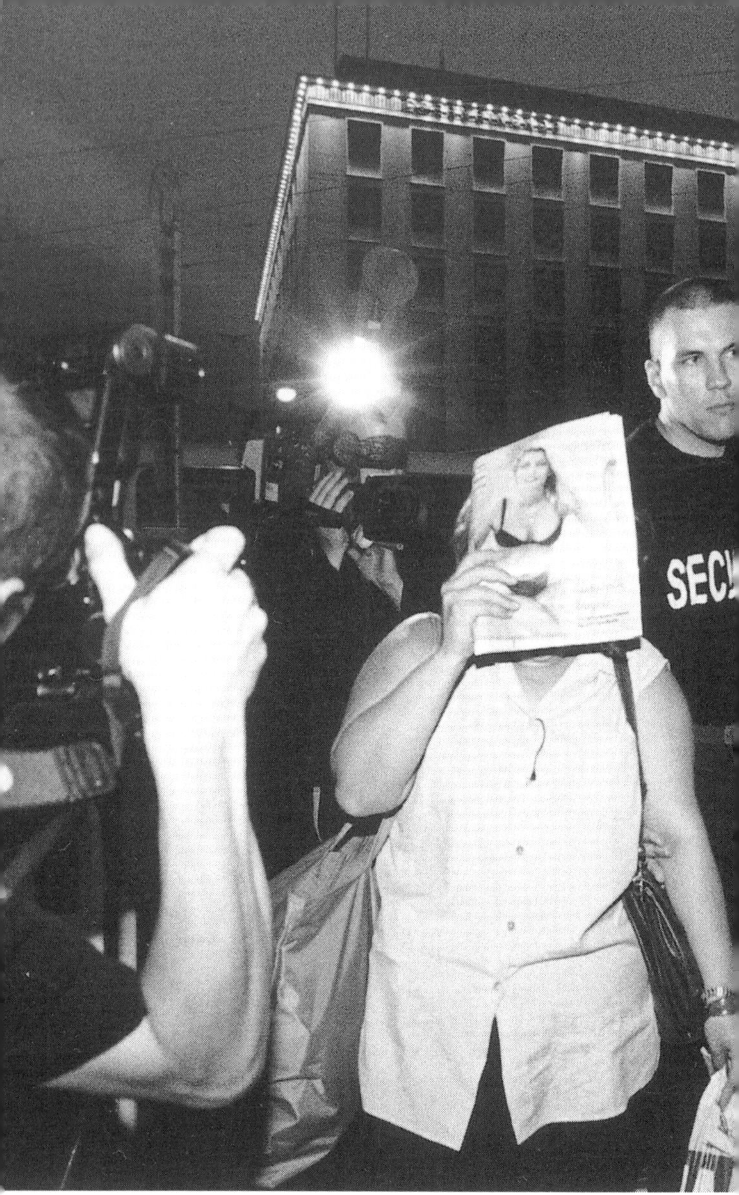

bittet ihn um Hilfe gegen die ÖVP/FPÖ-Koalition ++ "Sie sind so wahnsinnig wichtig in dies

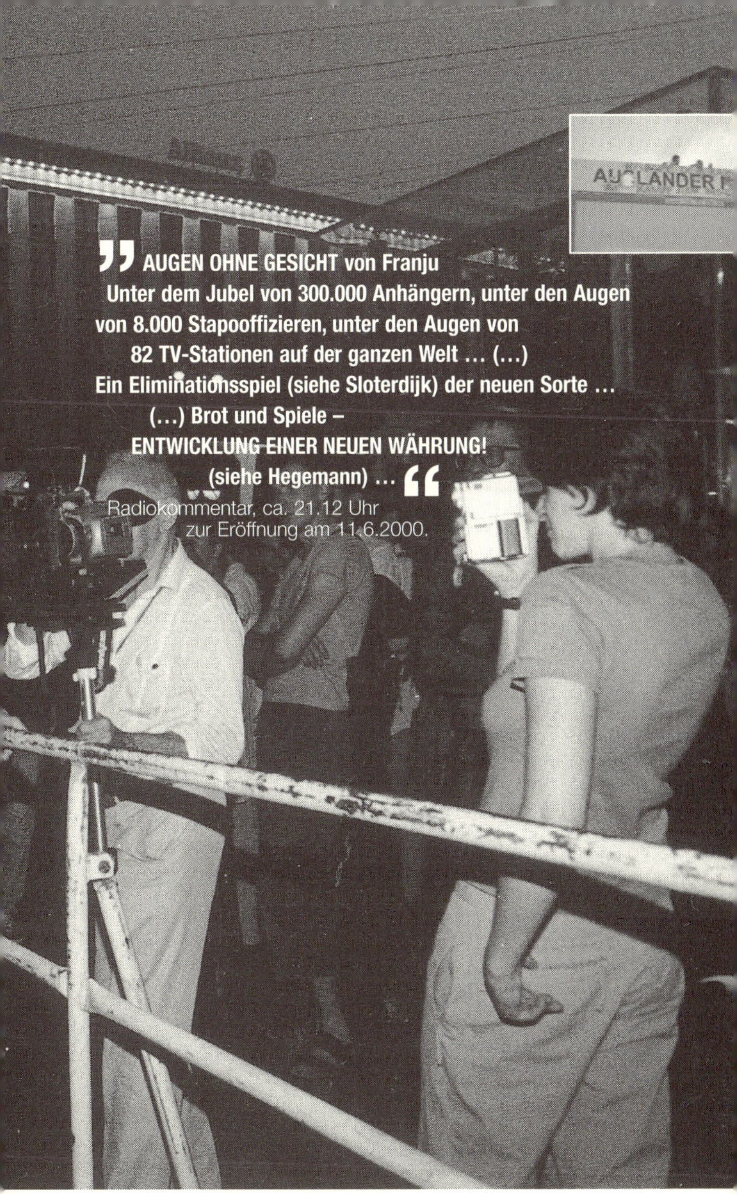

AUGEN OHNE GESICHT von Franju
Unter dem Jubel von 300.000 Anhängern, unter den Augen von 8.000 Stapooffizieren, unter den Augen von 82 TV-Stationen auf der ganzen Welt … (…)
Ein Eliminationsspiel (siehe Sloterdijk) der neuen Sorte …
(…) Brot und Spiele –
ENTWICKLUNG EINER NEUEN WÄHRUNG!
(siehe Hegemann) …

Radiokommentar, ca. 21.12 Uhr
zur Eröffnung am 11.6.2000.

uation. Ich war der einzige, der gegen die Koalition war!" (Marboe) ++ 1.5.: Schlingensief reist

KRONE

Umstrittenes Projekt startet am 11. Juni

Asylanten-Abschieben als Festwochen-Stück

„Erste europäische Konzentrationswoche“: diese schamlose Anspielung auf die KZs der Nazis war selbst Festwochenchef Bondy zu viel. Nun werden zwölf „Asylwerber plus Bewachertruppe“ unter dem Titel „ Bitte liebt Österreich! Erste europäische Koalitionswoche“ in Containern vor der Oper für sieben Tage zur Schau gestellt.

„Ich habe Herrn Schlingensief gebeten, das Wort Konzentrationswoche herauszunehmen, weil ich diese Assoziation nicht erwecken wollte“, sagte Bondy bei einer Pressekonferenz.

VON JOSEF KALINA

Differenzen gab es auch bei der Frage, ob nun Schauspieler oder tatsächlich ausländische Asylwerber in die Container ziehen werden.

Schlingensief reagierte auf Anfragen dazu aggressiv und mit Ausfällen gegen Journalisten. Er fand es lustig, den Anschein aufrechtzuerhalten, dass jene zwei „Asylanten“, die täglich per Anruf vom Publikum aus dem Container herausgewählt werden sollen, wirklich „abgeschoben“ werden. Bondy stellte klar, es werden Schauspieler sein.

Zum Projekt an sich steht Bondy aber voll. Er billige die FPÖ/ÖVP-Regierung nicht und wolle verhindern, dass „Österreich darüber in einen Dornröschenschlaf verfällt“. Seiner Meinung nach müsse man „jeden Tag eine Aktion machen, damit diese rechtsextreme Partei rausgeht aus der Regierung“.

Kulturstadtrat Peter Marboe, der das künstlerische Niveau der Festwochen gefährdet sah, habe nach einer Aussprache verstanden, dass man von ihm nicht nur „hehre Kunst“ erwarten könne. Schlingensief dankte Marboe, dass die Aktion direkt neben der Oper möglich wurde. Die Kosten dafür verteidigte Bondy damit, „dass auch die, die gegen die Regierung sind, Steuern zahlen“.

nach Graz zur Inszenierung von "Freiheit für alles – 3. Internationaler Kameradschaftsabend" ++

„Wir haben die Asylanten benutzt! Wir haben ihr Leben aufs Spiel gesetzt! Wir hatten keinerlei Skrupel! Wir fanden das einfach nur geil!“

Die Regierung

benbeginn in Graz ++ 3.5. FPÖ-Wien Kultursprecherin Heidemarie Unterreiner kritisiert

"BITTE LIEBT ÖSTERREICH!"
ERSTE EUROPÄISCHE KOALITIONSWOCHE

Im Auftrag der Wiener Festwochen und als Koproduktion mit der Volksbühne am Rosa-Luxemburg-Platz veranstaltet Christoph Schlingensief vom 11. 6. 2000 (21.00 Uhr) bis 17. 6. 2000 (21.00) im befreundeten Nachbarland Österreich eine Aktion unter dem Titel "Bitte liebt Österreich – erste europäische Koalitionswoche". In der Tradition des von ihm bereits vor zwei Jahren an der Volksbühne durchgeführten HOTEL PRORA, bei der Theaterbesucher des Theaterhotels von unbeteiligten Dritten 24 Stunden am Tag beobachtet werden konnten, werden 12 Asylbewerber unter entsprechenden Sicherheitsvorkehrungen mitten in Wien in mehreren Containern zur Schau gestellt.
In Zusammenarbeit mit www.webfreetv.com übertragen acht bis zehn Kameras das Geschehen non-stop ins Internet. Der von der europäischen Union "als rechts eingestufte Österreicher" kann dort auf sogenannten Votingseiten und mit Hilfe von TED-Telefonnummern pro Tag zwei der im Container lebenden Asylbewerber aus dem Lande wählen. Die Betroffenen werden noch am selben Abend unter entsprechenden Sicherheitsvorkehrungen abgeschoben.
Da das Projekt schon jetzt zu massiven Angriffen der FPÖ und einigen Distanzierungsversuchen des Kulturstadtrats, aber auch anderer ÖVP-ler geführt hat und der frühere Pressesprecher des früheren SPÖ-Bundeskanzlers eine Kampagne in der Kronenzeitung anführt, ist der von uns gewünschte Standplatz an der Oper noch nicht endgültig genehmigt, obwohl auch Opernintendant Holender mittlerweile keine Bedenken mehr hat.
Wie Sie also erkennen können, haben wir es hier mit einem interessanten Pflaster zur Überprüfung von Vorurteilen der europäischen Union gegenüber Österreich zu tun.
Wird der österreichische Bundesbürger die Asylbewerber aus dem Land schmeißen, wenn er kann? Wird es zur Spaltung der Regierungskoalition kommen? Wie wird die Bevölkerung reagieren, wenn es zu unsauberen Bildern im "österreichischen Filmstudio für faschistische Filmprojekte mitten in Wien und für alle auf der Welt gut sichtbar" kommt?

Festwocheneröffnung als regierungskritisches Statement und wirft Intendant Bondy politis

"Wir sind jedenfalls keine Freunde von Haider und verweisen ausdrücklich und voller Freude auf die Freiheit der Kunst. Österreich sitzt im Container, und die Welt schaut zu, und wie bei 'HOTEL PRORA' erfährt man nichts, je länger man darauf sieht. Europa führt Österreich als sprachloses Volk vor, wo sogar Autoren ihre Stücke zurückziehen, um das noch stärker zum Ausdruck zu bringen. Der Unterschied zum wirklichen Leben ist, dass man im realen Leben nicht anrufen kann, wenn man z. B. Herrn Haider aus dem Land wählen will. Aber vielleicht ist es ohnehin besser, man wählt Leute heraus, die man vor Haider retten will. Nach den bisherigen Reaktionen können wir jedenfalls berichten, dass es in Österreich genauso zugeht, wie es alle anderen europäischen Gutmenschen behaupten, auch wenn sie dabei nur von eigenen Krisenherden wie z. B. den befreiten Zonen in Deutschland oder den wöchentlichen Übergriffen gegen Ausländer in Brandenburg ablenken wollen." (Zitat Schlingensief)

Anbei ein paar Pressemeldungen der APA, die teilweise im Abstand von wenigen Minuten ausgesandt wurden.

Hier nochmal die Daten:
Beginn: 11. 6. 2000, ca. 21.00 Uhr
Ende: 17. 6. 2000, ca. 21.00 Uhr
24 Stunden am Tag
Übertragung über www.WEBFREETV.com
Presse und weitere Artikel schon jetzt unter: www.schlingensief.com
Adresse für Österreicher zur Abstimmung voraussichtlich ab 11. 6. 2000 unter:
www.auslaender-raus.at

tation vor ++ 5.6. Im Schauspielhaus Graz lässt Schlingensief 12 ausländische Schauspieler

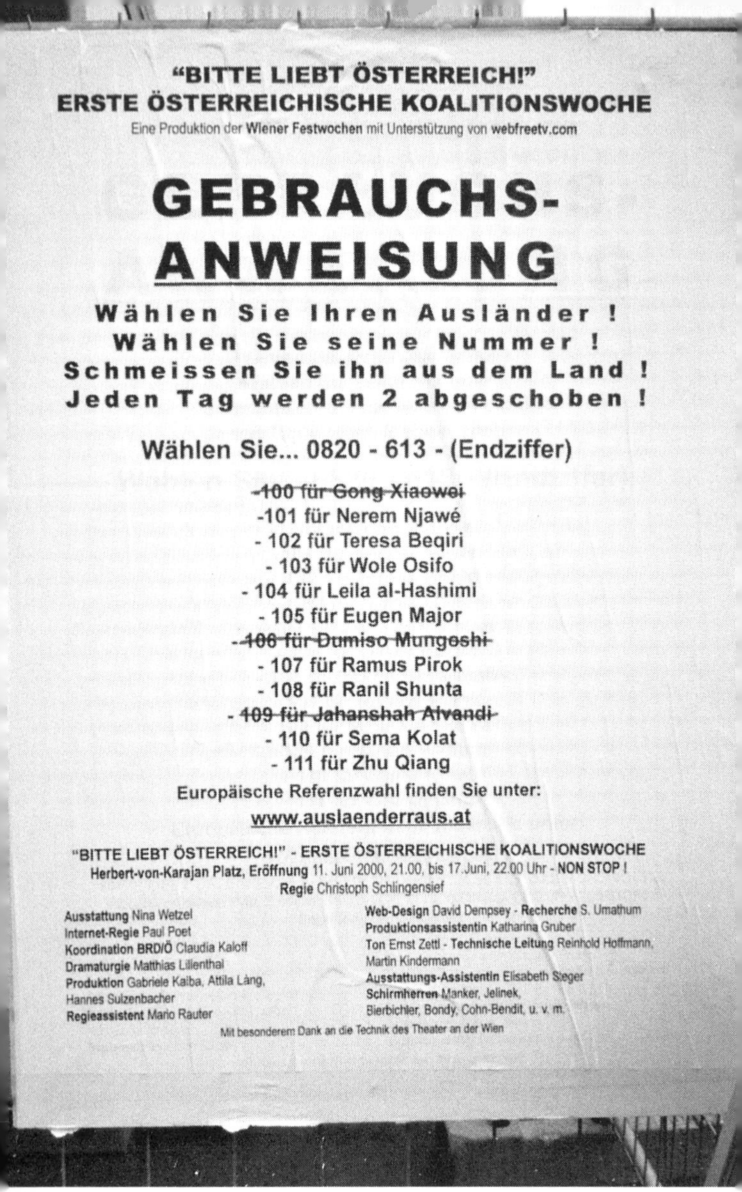

"Tötet Wolfgang Schüssel" rufen ++ Staatspolizei nimmt erste Ermittlungen auf ++ Verdec

I LIKE AUSTRIA AND AUSTRIA LIKES ME

"Ein Coyote ist der Ureinwohner der Welt.
Er ist der Prototyp eines Nomaden. Sein Ziel heißt Überleben.
Seine Fremdheit ist sein Schutz. Man könnte von ihm lernen, wenn man seine Fremdheit als Bereicherung betrachten würde. Das aber fällt schwer. Seine Fremdheit ist unsere Angst. Deshalb müssen wir ihn jagen und vertreiben. Trotzdem ist er uns überlegen."
Aus dem Film: "Todeszone Afrika", Ghana 1942.

Ali Bengali

Uri Geller

Katja Epstein

Donald Duck

Jud Süß

Adolf Hitler

"Das Leben der Insassen war ein ständiges Rätsel.
Die Entschlüsselung Ihrer DNA brachte 90 Prozent Müll zum Vorschein. Diese 90 Prozent waren angeblich nicht im Einsatz. Trotzdem besaßen Sie eine Reststrahlung, vergleichbar einem abgeschalteten Reaktor.
Am Anfang besaßen wir 4 Bodyguards und 12 Asylbewerber im Container, am Ende 14 Bodyguards und nur noch 3 Asylbewerber.
Der Vorgang war in etwa vergleichbar mit Dreharbeiten zu Leni Riefenstahls 'Der Berg ruft'. Komparsen wurden direkt aus den Lagern rekrutiert."

John Frankenheimer

ttler bei Premiere anwesend ++ Theaterausschuss distanziert sich von Schlingensief ++

FAX MiTARBeiTER

CHRISTOPH SCHLINGENSIEF – Auguststraße 69 – 10117 Berlin

An Claudia, Matthias, Nina, Benjamin, UND SONST? Immer Vorsicht mit diesen Internas. Nicht gut, wenn das jemand in die Finger bekommt, der das nachher an die Presse weitergibt!

Projektablauf
Entwurf Schlingensief mit offenen Fragen.
Titel:
TÖTET EUROPA
Erste österreicher Konzentrationswoche (oder heißt es österreichische?)
Weitere Infos unter: www.auslaender-raus.at
oder www.tschuschen-raus.at (richtig geschrieben?)

Was möglich wäre:
Sonntag, erster Tag:

22.00 Uhr Versammlung am Container.
(Dämmerung, Fackeln, Billige Scheinwerfer, Lautsprecheranlage, Ausländer-raus-Schild auf dem Container noch verhängt. Musik vom Band? Militärmusik?)

22.15 Uhr Reden halten.
Kuhlbrodt, Schütz, Schlingensief und 3 Gäste, die noch gefunden werden müssen.
Kurze, impulsive Reden. FPÖ-Gedanken ehrlich vortragen.
Gäste aus sozialen Einrichtungen oder Politiker oder supergute Nazidarsteller.
Vielleicht dazu noch Claudia und Nina und drei weitere Komparsen in BDM-ähnlichen Klamotten.

22.45 Uhr Enthüllung des Transparents. Champagnerflaschentaufe. Frei-

Schlingensief solidarisiert sich mit Theaterausschuss und distanziert sich ebenfalls von

schaltung der Internetleitung mit "gefaktem" Funktelefonkontakt zur "Internetleitstelle".
Erste Bilder auf Monitor. Kurze Erklärung der Technik, etc...

23.00 Uhr BUS kommt an.
Empfang der Asylbewerber. Diese sind durch schlechte Beleuchtung kaum zu sehen. 15 Minuten Verhandlungen und Durcheinander im Bus. Vor-, Zurücksetzen des Busses.

Eventuell Musik vom Band oder Originalmusik über Wiener Festwochen?

23.15 Uhr Die Asylbewerber verlassen den Bus.
Bodyguards, Security wehrt Leute ab. Gitterabtrennung?
Asylbewerber tragen alle Masken bzw. Stricksocken mit Augen oder Sonnenbrillen und Mützen. Jedenfalls keinerlei Kontaktaufnahme zur Bevölkerung und für Fotos keine Gesichter! Schwarze Masken wären am besten.

23.30 / 24.00 Uhr
Einzugende der Insassen, Versiegelung des Containers, Start der Veranstaltung.

Überlegung:
Damit es nicht so aussieht, als würde man gleich abhauen, wäre es nicht uninteressant, wenn Kuhlbrodt, etc... noch eine Stunde mit in den Container gingen.
ACHTUNG! WICHTIGE IDEE!
2. Möglichkeit:
Lokal suchen in unmittelbarer Nähe.
Man geht in ein Lokal, wo noch etwas getrunken werden kann.
Im Lokal eine Übertragung aus dem Container an der Wand.
So eine Art Ladenlokal, das wir auch in der ganzen Zeit in unmittelbarer Nähe als Stützpunkt haben.
So eine Art Stammtisch, von dem aus man den Container beobachten kann, sofort eingreifen kann, wenn es Ärger gibt.

3. Was wäre mit einem Schlafcontainer für mich an dem Platz. Oder einer mit 3 Betten für Gäste. Ich glaube, daß es wichtig ist, Präsenz zu zeigen.

ffühung ++ 7.5. "Tötet Wolfgang Schüssel" in über 28 Zeitungen abgedruckt ++

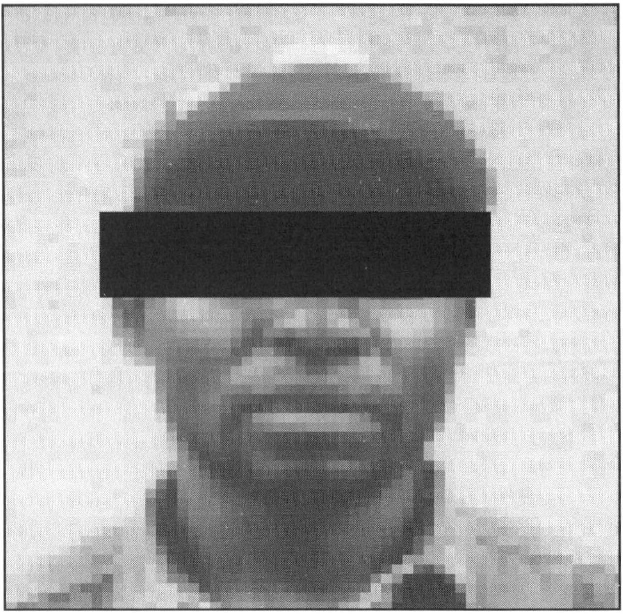

WOLE OSIFO
0820 - 613 - 103

BIOGRAFIE I

Wole Osifo, 30, aus Lokoja in Nigeria arbeitete mehrere Jahre als Automechaniker in der Werkstatt seines Vaters. Sein Hobby hat er zu seinem Beruf gemacht, sagt er, denn Autos und Motorräder sind seine große Leidenschaft. Seine Frau Flora sei manchmal regelrecht eifersüchtig auf die ganzen Blechkisten, aber im Grunde sieht sich der dreifache Vater als ausgesprochener Familienmensch.

1996 wurde Wole während eines gewaltfreien Protestes gegen die Festnahme des schiitischen Religionsführers Ibrahim El-Zakzaky und seiner 20 Anhänger festgenommen und wegen illegaler Versammlung angeklagt. Monatelang wurde der bekennende Schiit, der nach eigenen Aussagen Fanatismus immer ablehnt, nicht

Staatsanwaltschaft nimmt Ermittlungen auf ++ 9.5. Wiener Festwochen verlangen Erklärun

vor Gericht gestellt. Bei einer vorzeitigen Entlassung aus der Haft gelang es ihm, mit seiner Familie das Land zu verlassen. Seit Anfang 1997 lebt Wole in Österreich.

Der Container bedeutet für Wole vor allem Abwechslung. Vielleicht kann er sich ein bisschen nützlich machen, hofft er. Handwerkliche Fähigkeiten hat er ja zur Genüge.

BIOGRAFIE II

Ich bin vor fünf Monaten wegen religiöser Verfolgung nach Österreich gekommen. In Afrika haben wir viele traditionelle Glaubensrichtungen, trotz des christlichen Glaubens glaube die meisten noch an die alten Götter. Man wollte mich zwingen, einer traditionsreichen Sekte beizutreten. Ich habe mich geweigert, aber weil fast alle Stammesmitglieder Mitglieder in dieser Sekte sind, haben sie mich verfolgt, und ich befand mich in großer Gefahr. Auch die Angestellten der Regionalbehörde sind Mitglieder in dieser Sekte, und von dort hatte ich keine Hilfe zu erwarten. Dasselbe bei der Polizei: Die meisten sind Mitglieder in der Sekte, man weiß nie, wer wer ist – und kann niemandem vertrauen. Da sind auch Leute dabei, die man im Fernsehen sieht, Politiker, aber man weiß nie genau, was bei den Mitgliedern dahintersteckt. Ich bin dann durch Afrika geflüchtet und kam in einem christlichen Pfarrhaus unter. Der Pastor hat dann für meine Sicherheit einen Transport arrangiert, und ich wusste nicht, wohin. Ich kam dann direkt nach Österreich, und hatte für einen Tag einen Platz zum Schlafen, dann nichts mehr, und wurde zuerst gleich ins Bundesasylamt gebracht. Denen habe ich dann meine Geschichte erzählt, und sie werden entscheiden, ob ich bleiben darf. Jetzt habe ich schon monatelang nichts gehört. Ich kann nicht zurück, mein Leben ist nicht mehr sicher. Die Leute werden noch aggressiver, weil ich versucht habe, wegzugehen, und ich kann nur hoffen und beten, dass ich hierbleiben kann.

Zumindest für die erste Nacht. Vielleicht reicht auch ein Wohnmobil.

ZUSATZ:
Am Platz sollte eine Pressewand aufgebaut sein, an der man Artikel sammelt.
Professionell aussehende Schautafel mit aktueller Prozentangabe für die Insassen.
Großes Schild: AUSLÄNDER RAUS oben drüber.
Internetadresse gut sichtbar!
Webfree-TV-Werbung ist Bedingung von Webfree-TV.

Tonübertragung von innen nach außen: Kein Problem mit meinem Mischpult aus dem CLUB 69 und einem Mikrofon. (Habe noch ein Richtmikro im Keller oder so. Schwarzer Plastik-Leder-Kasten, Sennheiser.)

Soweit zum ersten Tag und den Grundvoraussetzungen.

Montag, zweiter Tag:
Vorschlag für systematischen Tagesablauf.
Zeitplan außen und im Internet zu lesen.

Z.B.:
7.00 Uhr Aufstehen, Wasser an
8.00 Uhr Messe mit einem Priester aus Wien? Richtige Predigt. Im Container oder vor dem Container und die Insassen am Gartenzaun.
Ich glaube, Übertragung von innen nach außen wäre am besten.
Kontakt der Insassen nach außen muß unterbunden werden!
9.00 Uhr Cateringfrühstück kommt.

10.00 Uhr Was wäre mit einem Aufruf an Studenten, Musikgruppen etc., vor dem Container zu spielen? Oder lieber im Container? So etwas ist wahrscheinlich erst vor Ort zu entscheiden möglich. Jede Stunde etwas anderes? Lesung gegen den Krieg. Oder Verlesung der 6 Millionen Juden des zweiten Weltkriegs ... oder Musikgruppe. Oder Straßenmaler oder Kochkünstler?

12.00 Prominenter erreicht als Schirmherr den Container.

Schlingensief an ++ Schlingensief wird wegen starker Herzbeschwerden ins Krankenhaus ein

Gespräch mit Christoph. Tamtam ...
Einzug des Promis.

13.00 Uhr Mittagessen. (Gelegenheit für den Promi abzuhauen, oder wenn er will, kann er gerne auch noch bleiben und Programm bestreiten).
Wer ist das?
6 Personen sind wichtig:
Eröffnung:..............................Kuhlbrodt kommt per Zug mit Brigitte.
Wohnen?
1...Paulus Manker, noch offen
2...
3...
4...
5...
6...

Joker: Benjamin mit Lesung, Moderation, etc.

GANZ WICHTIG:
Pressekonferenz in Wien!
Pressemeldung oder auch Konferenz in Berlin!
Bei jeder Pressekonferenz ein kleines Dossier mit kurzem Ablauf, Namedropping, und den wichtigsten Angriffsartikeln aus Österreich, und guter Artikel aus Berliner Zeitung und Welt zu GRAZ.
Kuhlbrodt für eine Zeitung schreiben? Habe ihn schon darauf angesprochen. Vielleicht macht ihr das auch noch mal.
Wer könnte denn noch kommen? Tagebuch müßte ich noch klären oder zumindest ein unterstützender Artikel.
Wäre die Aktion eigentlich nichts für Harald Schmidt? So etwas mag der doch.

CASTING der Insassen nicht öffentlich!

14.00 - 15.00 Uhr Mittagspause im Container.
15.00 - 16.00 Uhr Ein Insasse am Pranger auf dem Dach des Containers

+ Diagnose: Lungen- und Rippenfellentzündung ++ 10.5. Polizei bleibt Schlingensief auf den

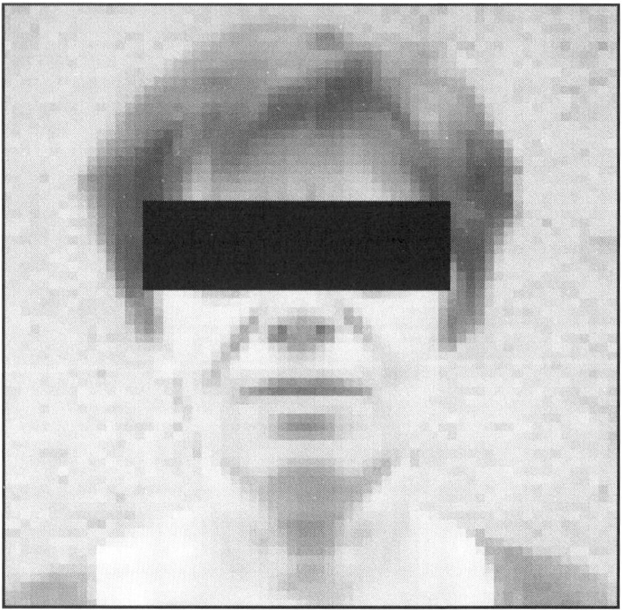

TERESA BEQIRI
0820 - 613 - 102

Teresa Beqiri, 46, Kosmetikerin aus Gnjilane im Kosovo ist eine echte Partylöwin, wie sie sagt. Nach eigenen Aussagen ist sie allen Freuden des Lebens zugetan. Ihr Motto ist: "Man lebt nur einmal!" In ihrer Freizeit geht sie gerne aus. Tanzen, flirten und Spaß haben – darin sei sie die absolute Queen. Verheiratet ist Teresa nicht. "Der Richtige war einfach noch nicht dabei." Außerdem wird ihr das Leben schnell zu langweilig, wenn sie zu lange mit demselben Mann zusammen ist.

Im Dezember 1994 wurde Teresa von der Polizei, die angab, nach gefälschten Pässen zu suchen, in ihrer Wohnung festgenommen. Sie wurde geschlagen und mit Vergewaltigung bedroht. Anschließend brachte man sie vor Gericht und klagte sie

Fersen ++ Der Direktor des Grazer Schauspielhauses und die Chefdramaturgin werden w

an, die "territoriale Integrität Jugoslawiens zu unterminieren". Während ihrer Inhaftierung wurde sie von Polizeibeamten immer wieder gefoltert und auf andere Weise misshandelt. Die Verhandlungen mussten wegen ihres Gesundheitszustandes, der aufgrund der Folterungen stark angegriffen war, immer wieder unterbrochen werden. Schließlich verurteilte man Teresa zu fünf Jahren Gefängnis. Im Frühjahr 1998 wurde sie vorzeitig entlassen, und es gelang ihr, nach Österreich auszureisen.

Über das Leben im Container hat sich Teresa noch nicht viele Gedanken gemacht. Sie ist für alles offen. Und Sex vor laufenden Kameras? "Warum nicht?", lacht sie, "das wäre wenigstens mal eine neue Erfahrung."

oder vielleicht sogar mehrere. Megafon. Oder Mikrofon, damit man Ton abstellen kann.
16.00 - 17.00 Uhr?
17.00 - 18.00 Uhr?
18.00 - 19.00 Uhr Kostenloses Telefonieren von dem Container aus.
Telefonsparnummern rausfinden für Österreich.
Telefonanschluss muss gelegt werden.
Telefon mit Tonübertragung nach draußen und ins Internet muss installiert werden.
Wer macht das?
19.00 Uhr Abendessen.
20.00 Uhr Abtransport der Insassen zum Verhör. Wohin?
Oder was wäre mit einem Schwimmbad? Fände ich super.
Sie dürfen dann in einem abgeteilten Bereich schwimmen und man kann ihnen Fragen stellen. Zum Beispiel aus der Milchbar raus. Über Mikrofon.
Sie hören die Fragen, dürfen aber nur aus dem Wasser heraus antworten ohne Mikro. Kaum zu verstehen.
Sollten die Öffnungszeiten des Bades mit unserer Aktion nicht übereinstimmen, so kann man das auch etwas früher machen!
21.00 Uhr Rückkehr. Der Prominente verläßt den Container. Pressekonferenz.
Anklagende Töne ...
21.15 Uhr Einer muß raus.
Auswertung der Abstimmungsseiten und Telefone.
Seriöser "Notar" verliest die Prozentangaben.
Der Name wird öffentlich gemacht.
Christoph geht in den Container und teilt es den zwei Betroffenen mit.
Gegen 22.00 Uhr kommen die beiden raus.
Security. Vorfahrt eines Gitterfahrzeugs. Abtransport.

Schlussansage Christoph mit Ankündigung des nächsten Tages.

Der Container schläft ...
Wir, Christoph, Benjamin, etc. ... gehen in die Kneipe und trinken noch einen.
Gute Nacht!

ÜBERLEGUNG ZUM SCHLUSS:
Der Gewinner wird Samstagmittag bekannt gegeben.
Er bekommt Besuch von 3 Prostituierten, mit denen er 1 Stunde machen kann, was er will (=???).
Danach erhält er den Hauptpreis:
Ein gefakter Kulturreferent oder einer von der Ausländerbehörde überreicht ihm eine Aufenthaltsgenehmigung oder einen Pass.
Und !!! ... Eine Weltreise in 8 Tagen um die Welt mit Sponsor-Weltreisen ... (Meyer, Tui, LTU, L'Turs, Mr. Cook ...?)

Schlussidee.
Ich würde gerne einen Sponsor finden, der ein Österreich-Hilfstelefon für Ausländer spendiert. Da können dann die Ausländer anrufen und über ihre Misshandlungen eine Minute lang berichten.
Das Ganze wird aufgezeichnet, abgeschrieben und auf Landesseiten im Internet abgedruckt. ADRESSE ANMELDEN: www.pranger.com oder www.am-pranger.com oder www.am-pranger.net.

Die Texte dort sind natürlich anonym und können somit auch mit viel Phantasie geschrieben werden, auch wenn keiner anruft.
Soweit der erste Plan.
Bitte auch das Mail an Paul Poet beachten!

Viele Grüße
Christoph

lingensief verlässt das Krankenhaus ++ 17.5. Neuer Plan: Schlingensief präsentiert Österreich im

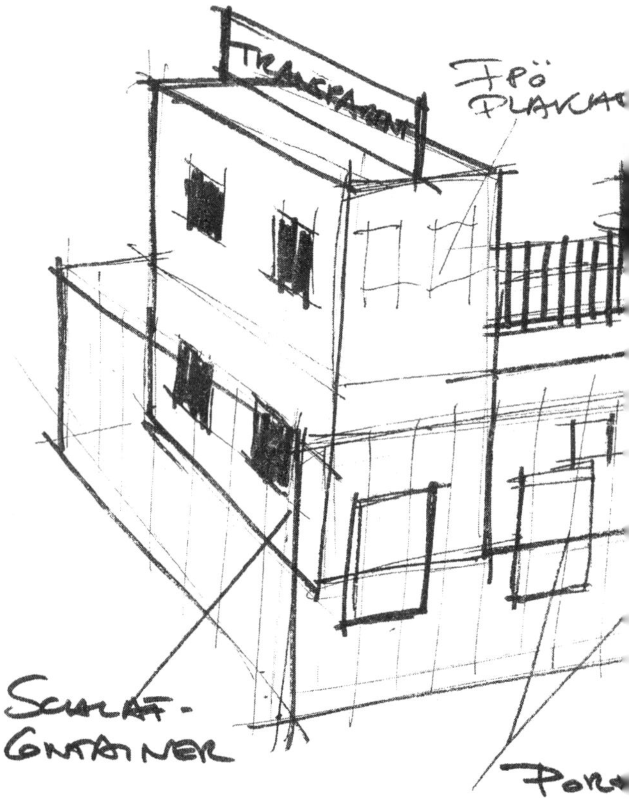

LAGERPLAN

»Der Auftrag besteht darin, möglichst viele Leute auf engstem Raum unterzubringen. Im Durchschnitt 5 bis 10 Personen auf 18 qm. Ein Waschraum, ein Aufenthaltsraum, ein Innenbereich mit Sehschlitz, Schlafraum für Männer und Frauen getrennt. Luxus ist unnütz. Eine Bambushütte ist auch sehr funktional und hat sich durchgesetzt. Man sollte die Asylbewerber mit Luxus nicht überfordern.«

Die Bauleitung

"Big-Brother-Container": Eine Containerburg direkt an der Oper? Asylbewerberabschieben à la

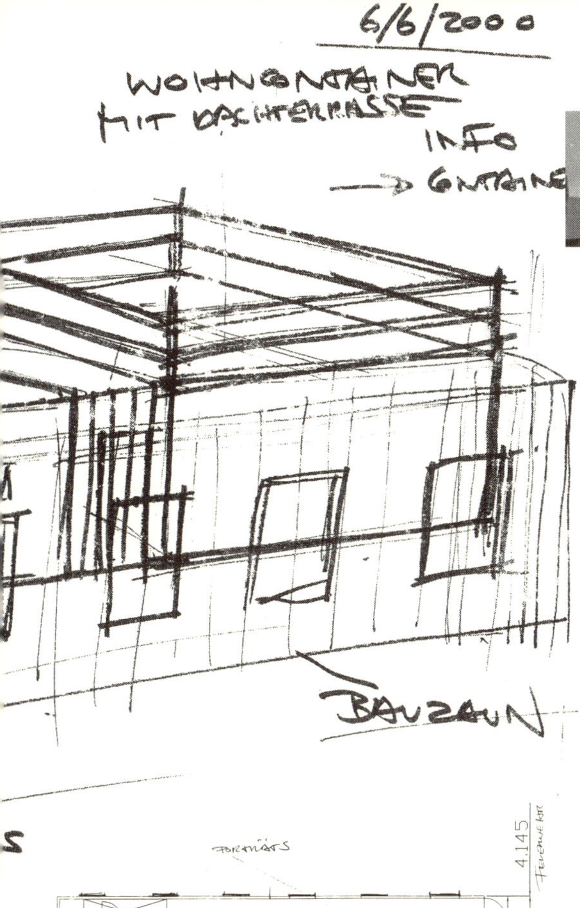

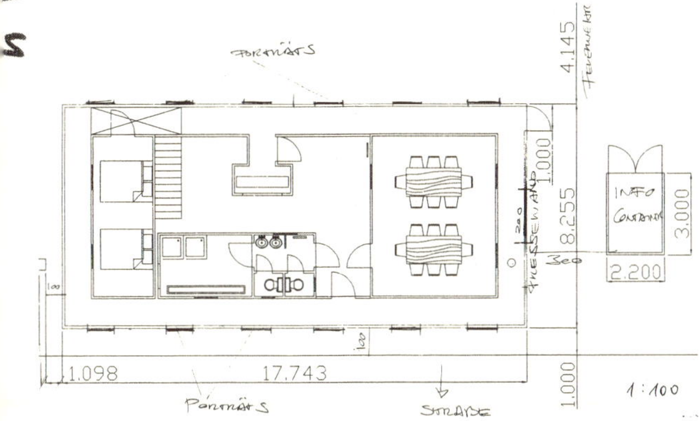

her ++ "Ausländer raus" ++ "Wir nehmen Haider beim Wort!" (Schlingensief) ++ 17.5. Bondy

legt Wert auf die Zusage, dass im Rahmen der Wiener Inszenierung keine Sprechchöre den Tod

kern fordern ++ "Haiders Aufruf zum Völkerhass wird möglicherweise ernster genommen als

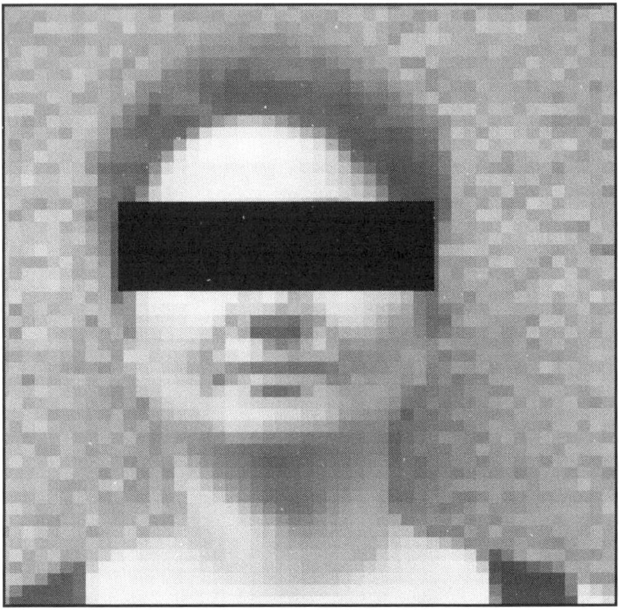

SEMA KOLAT

0820 - 613 - 110

BIOGRAFIE I

Sema Kolat, 38, aus Batman. Die sympathische Sekretärin liebt alle Extremsportarten. "Als Kind war es mein Traum, mal den Mount Everest zu besteigen." Heute würde die vierfache Mutter lieber mal Bungeejumping von der Golden-Gate-Bridge machen. Wenn sie mal nicht joggt oder Rad fährt, trifft sich Sema am liebsten mit ihren Freunden. Lange Abende bei einem guten Wein oder einen schönen Diavortrag – dafür würde sie alles geben. Ihre Stärken seien ihre Spontaneität und Neugierde. Manchen Menschen sei sie manchmal allerdings ein bisschen zu aufgedreht, sagt sie.

meine Arbeit." (Schlingensief) ++ 18.5. FP-Unterreiner bezeichnet Schlingensiefs Inszenieru

1998 wurde Semas Mann verhaftet und wegen des Besitzes einer unregistrierten Schusswaffe in der Antiterrorabteilung des Polizeipräsidiums verhört. "Als er nach Hause kam, zitterte er am ganzen Leib", erzählt sie. Er sagte, dass ihm die Augen verbunden und er mit Elektroschocks gequält wurde. Dann hatte man ihn an den Armen aufgehängt und mit dem Kopf gegen die Wand geschlagen. Kemal erstattete beim Staatsanwalt Anzeige, woraufhin ihn zwei Polizeibeamte aufsuchten und ihm damit drohten, ihn anzuzünden und zu verbrennen. In völliger Verzweiflung setzte sich Kemal im September 1998 selbst in Brand. Nach seinem Freitod wurde Sema von der Polizei massiv bedroht. Im Frühjahr 1999 gelang ihr mit ihren Kindern die Flucht nach Österreich. Seither lebt sie hier.

Im Zusammenhang mit dem Container reizt Sema eigentlich nur das Geld. Da ist sie ehrlich, gibt sie zu. Damit sie sich endlich mal wieder was Schönes leisten kann. Schließlich will man nicht immer nur den anderen dabei zusehen, wie die es sich gutgehen lassen.

BIOGRAFIE II

Ich komme aus Armenien, mein Mann wurde dort politisch verfolgt, ich bin zusammen mit ihm geflüchtet, ich lasse meine Familie nicht alleine. Mein Mann war verantwortlich für die letzte Wahl, dabei wurden viele gefälschte Stimmen abgegeben, und man hat ihn dafür zur Rechenschaft gezogen. Sie haben sein Auto angezündet und später haben sie auch unser Haus in Brand gesteckt. In dieser Lebensgefahr wollten wir nicht länger leben, und dann sind wir nach Russland gegangen. Dort war es uns aber auch zu gefährlich, weil Armenien und Russland so stark zusammengehören, dass man uns sofort gefunden hätte, wenn man sucht. Von Russland sind wir in die Ukraine geflüchtet und mit einem LKW nach Österreich gebracht worden. Der war beladen mit Kartons, und in einem winzigen Zwischenraum in der Mitte hat sich meine Familie versteckt.

Ich bin am 4. Januar 1999 nach Österreich gekommen und seit eineinhalb Jahren hier. Meine Familie und ich haben einen Asylantrag gestellt, der ist schon einmal abgelehnt worden, und jetzt sind wir in Berufung gegangen.

als Gewaltaufruf ++ Dies sei keine Kunst und in einer Demokratie unduldbar ++ "Bondy wird

CARL HEGEMANN
SPEKULATION MIT AUSLÄNDERN

**„Wer viel Geld hat, kann spekulieren.
Wer wenig Geld hat, darf nicht spekulieren.
Wer kein Geld hat, muss spekulieren."**
Andre Kostolany

Eigentlich ist das alles kein Thema. Ausländerfeindlichkeit passt nicht in die Zeit. Die grenzenlose technologische Entwicklung und die sich entwickelnde Grenzenlosigkeit der Märkte erledigen das Thema automatisch. Im Internet hat sowieso jeder eine beliebig angenommene Identität, sein Aussehen und seine Staatsangehörigkeit und seine spezifisch heimatlichen Eigenarten sind keine Themen im "chatroom", die Geschäftssprache (englisch) ist für alle dieselbe, und wer mit der Technik und dem Ton, der dort herrscht, umgehen kann, gehört zur weltweiten Familie im globalen Dorf, in dem Rassismus sozusagen schon aus technischen Gründen einfach keinen Platz hat. Die Nazi-Seiten im Internet, auf die sich gerade alles stürzt, wären dann so etwas Ähnliches wie Klo-Inschriften, die schon durch das Medium, in dem sie erscheinen, bedeutungslos sind.

Auch die Realisierung des Profits, als letztem allgemeingültigen Movens der gesellschaftlichen Entwicklung, ist völlig unabhängig von nationalen oder ethnischen Erwägungen. Es gibt keinen deutschen oder österreichischen Profit, und es gibt kein weißes oder schwarzes Kapital, sondern nur hohe oder niedrige Rendite der Unternehmen und Shareholder. Geld ist Geld, stinkt nicht, hat keine Hautfarbe und ist beliebig konvertierbar. Der Kapitalismus macht alles gleich gültig. Schollenhafte Ressentiments sind ökonomisch kontraproduktiv und sterben deshalb über kurz oder lang ab, sie scheitern am stummen Zwang der Verhältnisse. Antifaschistische Initiativen der Autonomen, die ihrerseits den Feind möglichst stark machen müssen, um ihre eigene Existenz zu legitimieren, und ausländerfreundliche Aufklärungskampagnen etwa der Bild-Zeitung (die täglichen Ausländerporträts: "Ich lebe in Deutschland") sind nur flankierende Maßnahmen, die dieser allgemeinen gesellschaftlichen Tendenz entsprechen. So gesehen sind Rassismus, Ausländerfeindlichkeit und Nationalismus verschwindende Überbleibsel aus

feudalen Verhältnissen, deren Ökonomie familiäre und an den Boden gebundene Strukturen hatte, die nur durch Distanz gegenüber dem Fremden funktionierten, in denen eben nicht der Erfolg am Markt und Konkurrenzfähigkeit entscheidend war, sondern gegenseitige Hilfe und intakte, d. h. durch nichts bezweifelte oder relativierte Hierarchien.

Vielleicht macht man es sich aber zu einfach, rassistische Gewalt und Fremdenhass mit einem solchen Modell verschwindender Restbestände aus einer anderen Epoche abzutun. Christoph Schlingensief hat sich mit dem anachronistisch scheinenden Phänomen unabhängig von solchen historisierenden Interpretationen beschäftigt. Seine beiläufigen Äußerungen "Ausländer dienen der Spekulation ... sie sind Geld ... eine andere Währung" verweisen auf etwas völlig anderes, das man im aufrechten und "eisenharten" (G. Schroeder) Kampf der herrschenden Medien, Regierungen und Unternehmerverbände gegen rechts leicht übersehen kann. Sie enthalten die Frage, ob der entfesselte Kapitalismus selbst bei bestimmten Teilen der Gesellschaft Hass und Gewalt gegen andere Teile hervorruft und ob in der grassierenden Ausländerfeindlichkeit selbst verkappt marktwirtschaftliche Orientierungsmuster am Werk sind. Ich meine damit weniger das durchschaubare populistische Ausnutzen einer politischen Marktlücke durch Haiders massenpsychologisches Kalkül als die Frage nach dem Kalkül der vom Marktgeschehen ausgeschlossenen Außenseiter, die aus der Geschäftswelt herausfallen, weil sie dort mangels Geld und mangels Nachfrage nach ihrer Arbeitskraft nicht auf die marktwirtschaftlich vorgesehene Weise reüssieren können. Aus dieser ausgeschlossenen Gruppe rekrutieren sich ja Ausländerhasser und gewalttätige Rassisten im Wesentlichen.

Die extensive und intensive Totalität des Kapitalismus, die in der Globalisierung ihre Vollendung findet, gibt der gesamten Gesellschaft ihre Aura oder ihre "spezifische Beleuchtung", wie Marx schon sagte, der sich nichts und niemand entziehen kann. Wenn alles zur Ware wird, wenn alles nach Verwertung strebt, wenn das Kapitalverhältnis noch in die subtilsten menschlichen Beziehungen eindringt, sind auch die Menschen, die ohne Geld und Arbeit aus dem Marktgeschehen formell ausgeschlossen sind, nicht abgetrennt von den Verhaltensmustern zu sehen, die diese Totalität erzwingt.

Wer kein Geld hat, muß sich einen Ersatz suchen. Das heißt: Wer vom Markt ausgeschlossen ist, wer nicht in die Lage versetzt ist, Arbeitskraft oder Geld am Markt einzusetzen, wer in der Risikogesellschaft die üblichen Wege der

mannes Schlingensief ist die Spitze der persönlichen Attacken. Bondy lässt ein Mindestmaß an

Konkurrenz und Aggression nicht beschreiten kann, muß sich eben andere Wege suchen, sich auf den Markt zu beziehen. Einer der meistzitierten Sätze des denkenden Spekulanten Andre Kostolany macht das ganz klar: "Wer viel Geld hat, kann spekulieren, wer wenig Geld hat, darf nicht spekulieren, wer kein Geld hat, muss spekulieren." Wer kein Geld hat, muss spekulieren, aber womit? Zum Beispiel mit Ausländern oder mit Ausländerfeindlichkeit, er handelt dabei mit großem Risiko und befolgt damit, was für den Spekulanten laut Kostolany "am schwersten", aber für den Erfolg sehr wichtig ist, nämlich: "das Gegenteil von dem zu machen, was die Mehrheit tut". Sein aggressives und unangepasstes kriminelles Verhalten als riskante und selbständige Spekulation zu deuten, als Versuch, kapitalistische Tugenden in einem Bereich zu realisieren, wo sie nicht hingehören, würde den gewalttätigen Rassismus als gefährliche Zwangsspekulation von Mittellosen ("wer kein Geld hat, muss spekulieren") erscheinen lassen, nicht mehr als feudales Relikt, sondern als selbst vom Kapitalverhältnis erzwungen. Vergleichbar wäre dies etwa dem Verhalten des S-Bahn-Surfers, der mangels anderer Möglichkeiten bei seinem riskanten Sport "das Kapitalverhältnis am eigenen Körper ausagiert", wie Brian Massumi gezeigt hat[1]. Autoaggression und Fremdenhass liegen nah beieinander. Und die Vorstellung, dass sich die mittellosen Freaks und Idioten, die aus der Gesellschaft herausfallen, für die der Markt keine Verwendung hat, mit ihren mörderischen und/oder selbstmörderischen Aktionen kapitalkonform verhalten könnten, nur eben ohne Kapital, lässt die zerstörerischen Phänomene, mit denen wir es in rechtsradikalen Zusammenhängen zu tun haben, in einem anderen Licht erscheinen. Man sollte das zumindest mal untersuchen. Die moralische Kritik, stamme sie von autonomen Antifa-Gruppen oder von Unternehmerverbänden, wäre dann das feudale Relikt, und die Rechtsradikalen wären diejenigen, die den Kapitalbegriff mindestens genauso verinnerlicht hätten wie Kostolany und Kollegen, nur dass sie auf Grund ihrer persönlichen Situation, als Pauperisierte, nicht Segensreiches für sich und andere daraus machen könnten. Eine moralische Verdammung ihrer Taten, die aus dem Feudalismus stammende, mittlerweile gegenstandslose Wertorientierungen voraussetzen müsste, wäre dann völlig wirkungslos. Denn dass unsere Gesellschaft nicht durch Moral geprägt ist, sondern durch ökonomischen Druck, können gerade die nicht bestreiten, die jetzt versuchen, von höchster Stelle aus das Treiben der Neonazis mit moralischen Argumenten zu stoppen, denn sie rea-

1 Brian Massumi, Einführung in die Angst, in: Karten zu Tausend Plateaus, Berlin 1994.

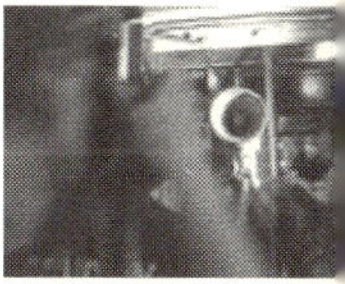

gieren ja mit ihren Kampagnen ganz offen auf die wirtschaftlichen Nachteile, die die rassistischen Umtriebe in Europa und speziell am "Standort Deutschland" hervorrufen.
Die jungen Neonazis haben nicht feudale, obsolet gewordene Orientierungsmuster, sondern moderne; sie sind wie Kostolany, sie spekulieren riskant und hoffen auf den Flächenbrand, der ihre Investition dann am Ende doch noch (vielleicht sogar ökonomisch) lohnend erscheinen lassen könnte. Sie sind gezwungen zu spekulieren, weil sie kein Geld und keine Perspektive haben, und machen das mit sich selbst ab und mit anderen, die auch kein Geld und keine Perspektive haben. Was die Neonazis machen, ist also weder als rassistisch transformierter Antikapitalismus von rechts noch als feudales Relikt zu erklären. Die neuen Nazis sind einfach Unternehmertypen, die ein neues/altes Produkt lancieren wollen, etwas gesellschaftlich Verpöntes zum Verkaufsschlager machen wollen, die den langen Arm der Marktwirtschaft in Bereiche verlängern wollen, wo er bisher nicht hinlangte. Dies kann wie jede riskante Geschäftsidee scheitern oder auch nicht, je nachdem wie stark die Konkurrenz und die Nachfrage sind. Wenn die Marktwirtschaft für alle funktioniert, hat diese abseitige Geschäftsidee keine Chance, wenn aber in zunehmendem Maße ganze Bevölkerungsgruppen nichts anderes haben als ihren eigenen Körper oder den der Fremden, in die sie investieren und mit denen sie spekulieren können, kann diese Geschäftsidee sehr erfolgreich werden, das heißt sehr gefährlich, sehr tödlich.
Auch Schlingensief spekuliert; aber anders als die Rechtsradikalen verhält er sich nicht Kostolany-konform: Er hat wenig Geld (zumindest nach den Maßstäben Kostolanys) und darf deshalb eigentlich nicht spekulieren. Er spekuliert aber trotzdem, und er geht ein hohes Risiko ein (auch physisch), ohne wirtschaftlich dazu gezwungen zu sein. Er ist ein Künstler, der ohne Zwang handelt, und fällt damit aus dem Kapitalverhältnis heraus. Seine Haltung ist transzendent.

Leibesübungen auf dem Container

Schlingensief und Bondy lehnen ab ++ 23. 5. Erstes Treffen mit dem gesamten Team und

➪ Hallo, ich heiße Birgit und möchte dich gerne kennelernen!
(info@orf.at, e-mail vom 12.6.2000)

vochen ++ Projektaufbau beginnt ++ Insassen müssen noch gefunden werden ++ Besprechung

ARCHIBALDO DE LA CRUZ I

DIE GESCHICHTE VOM BEZIRKSVORSTEHER RICHARD SCHMITZ

Textmontage aus einem Gespräch zwischen Christoph Schlingensief und Claus Philipp

Ein Vorgang, der das ganze Ding immer wieder in Trab gehalten hat, war die Ungewissheit, welcher Platz kommt für den Container in Frage bzw. kriegen wir überhaupt einen Platz. Und eine Zentralfigur in der Entscheidung für den Platz vor der Oper war der Vorsteher des 1. Wiener Gemeindebezirks, Herr Schmitz.

Man hatte uns bereits Plätze angeboten, die alle nicht so berauschend waren – so Nicht-Fisch-nicht-Fleisch-Plätze. Dann kam die Grazer Premiere samt "Tötet Wolfgang Schüssel", und das ganze Domino-Ding fing langsam an loszurasen, und im ersten Augenblick sah es aus, als würde alles kaputtgehen. Aber es entstand ein Ornament, und bei diesem Domino-Spiel mit dem Ornament war es so, dass jedes Steinchen nachher nicht mehr wusste, warum es sich bewegt hat. So ungefähr würde ich die Platzsuche beschreiben: Nachdem alles planiert war in den Köpfen und in den Herzen, war endlich ein Ornament zu sehen, und das war dann unser Platz an der Oper.

Bondy sagte jedenfalls auch, wir brauchen einen anderen Platz, und dann wurde uns einer vorgeschlagen, der war für uns schon utopisch gut – nämlich vor dem Hotel Sacher, am Anfang der Kärntner Straße, neben der Oper. Da sind so Lüftungsschlitze im Boden, aber es wäre irgendwie genug Platz für den Container gewesen. Es sah so aus, als wäre dieser Platz wirklich denkbar. Dafür war aber ein Treffen mit Vertretern diverser Magistrats-

abteilungen notwendig, da kommt zum Beispiel die Abteilung 34 oder wie auch immer, die haben verschiedene Zahlen, und die ist nur dafür zuständig, ob der Schäferhund, den unsere Sicherheitsleute haben, auch wirklich alle sechs Stunden einen Haufen machen kann. Und dann war da einer vom Gartenbauamt, der sagte, die Blumentöpfe bei den Lüftungsschächten an dem möglichen Standplatz sind auf gar keinen Fall auch nur um einen Zentimeter zu verschieben, weil sonst die klimatischen Verhältnisse für das Parkhaus und für die Pflanzen gestört sind. Die Abluft aus dem Parkhaus werde durch die Pflanzen dermaßen zirkuliert und assimiliert, dass da ein besonderes Klima entstehe. Nur ein Zentimeter reiche, um dieses Biotop am Anfang der Kärntnerstraße und neben der Oper und gegenüber vom Hotel Sacher völlig außer Rand und Band zu bringen!

Die Begrüßungszeremonie beim Treffen an der Oper war völlig abstrus. Mir gab man kaum die Hand, so unter dem Motto: "Schmierfink, dir geb' ich nicht die Hand." Da waren zum Beispiel zwei Mitarbeiter vom Herrn Operndirektor Holender, und der eine sah aus wie das Hausmonster aus der Adams-Family, mit so lange herunterhängenden Haaren und eckigen Schultern, das einen völlig emotionslos anblickt. Das war der einzige, der gar niemandem die Hand gab, das war völlig abwegig für ihn.

Und dann gab es noch zwei, drei Frauen, die waren eigentlich ganz nett, und eine Leiterin, deren Name weiß ich nicht mehr, die den ganzen Vorgang beaufsichtigen musste. Als diese verkrampfte Begrüßungsarie abgelaufen war, stürmte dann noch Heinz Sichrovsky vom NEWS-Magazin dazu und rief immer: "Das wird nichts, ich habe telefoniert, die Genehmigung kriegen Sie nicht, was haben Sie jetzt vor, Herr Schlingensief?" Dazu kam ein Fotograf mit einem Teleobjektiv, mit dem er aus jeder Distanz hätte mitfotografieren können, worauf dann wieder ein Magistratsamtsleiter oder irgendwie Bediensteter rief: "Was machen Sie für Fotos? Sie haben kein Recht, das zu fotografieren."

Die Situation war hochbrisant. Ein Magistratsbeamter meinte: "So nicht, nicht in der Öffentlichkeit, nur in Hinterräumen". Daraufhin haben sich die Mitarbeiter der Oper bereit erklärt, das oben in irgendeinem Saal zu machen, und es war eine endlose Wanderung, wir haben fast dreißig Minuten verloren. Dann: Hinsetzen. Und diese sehr, sehr gute Leiterin der Veranstaltung fing einfach knallhart an, mich abzufragen. Die hat das in einer grandiosen Zügigkeit gemacht. Wenn diese Frau nur ein Hundertstel

zirksamt Wien) ++ 24.5. Wiener FP: Durch Schlingensief wird Eskalation der Gewalt heraufbe-

Lamento der Magistratsleute zugelassen hätte, wäre es zu gar nichts gekommen.

Das ging also reihum, und irgendwann kamen wir dann zum Assistenten von Herrn Schmitz – einem Mann mit einem Toupet auf dem Kopf, der sehr seriös aussah und mir auf dem Platz vor der Oper die Hand auch nur sehr unwillig geben mochte, sich aber an dem Tisch in der Oper als Kooperationspartner ausgab: Er habe nämlich auch so das Gefühl, das wäre eine gute Aktion, man solle sich aber einen Platz suchen, der auch effektiv wäre, und er hätte eine Super-Alternative für uns: den Parkplatz hinter der Secession. Da wären 15.000 Autos am Tag, die da vorbeifahren.

Ich meinte daraufhin, dass es sich hier aber um eine Kunstausstellung handelt und dass es auch in Museen eigentlich üblich wäre, dass die Betrachter aus dem Auto aussteigen, um sich auf etwas einlassen zu können, und das wäre an diesem Platz wohl nicht gegeben. Ich würde schon gerne auch mit den Fahrern sprechen. Er darauf: Aber ich wolle doch Beachtung, die würde ich da kriegen, das würde dann auch reichen. Jedenfalls war die Stimmung nicht besonders gut, es gab auch den Arbeiterbezirk Favoriten als Vorschlag, und zwar mit der Perspektive, dass dort die FPÖ-Wähler das Problem in einem impulsiven Gewalt-Akt beenden oder irgendwie selber in die Hand nehmen, aber das war auch keine Alternative. Den Heldenplatz gab es auch noch. Dieser Kooperationspartner, der Mitarbeiter von Herrn Schmitz, war also plötzlich auf dem besten Wege, zu sagen: Wir können da noch mal darüber reden, und die Secession, denken Sie darüber nach, nicht schlecht ...

Dann sagten die Mitarbeiter von Herrn Holender in einem ganz unterkühlten, unemotionalen Tonfall: Wir lehnen das vor der Oper ab, diese Aktion belastet unseren Sängerbetrieb, die Probenräume können dann nicht mehr genutzt werden, die Sänger können nicht mehr proben, die Stimmen werden dadurch unklar, wir lehnen das ab. Darauf wieder diese Leiterin: Das ist Ihre Meinung, wir können ja eine Begehung der Probenräume anstreben.

Jedenfalls war das Thema durch, wir sind dann gegangen, und Bondy war wie ein unruhiges Kind, das gerne Fußball spielen gehen würde, aber nicht darf, weil sich die Eltern noch nicht über die Waschmaschine geeinigt haben, und das Trikot ist immer noch nicht gewaschen. So ähnlich ging's mir auch, bis Bondy sagte, er müsse Schmitz treffen, das ginge gar nicht anders. Also haben wir herumtelefoniert, und wir bekamen tatsächlich einen Termin – in einem historischen Verwaltungsgebäude, extrem gut renoviert, also auch schon noch ein bisschen Gewölbe an der Decke, aber auch Linoleum oder

schworen ++ Bondy bezeichnet den Regisseur als "geeigneten gesellschaftspolitischen Baromet

Steinboden, alles ein bisschen unterkühlt, und da ging es dann um die Ecke rum mit diesem Assistenten von Schmitz, der uns abgeholt hatte, in das Zimmer von Herrn Schmitz, so ein bisschen ausgestattet wie von Anna Viebrock, ein bisschen historisch, schon heimelig, aber auch teuer, aus einer besonderen Zeit kommend. Herr Schmitz trug ein ähnliches Toupet wie sein Assistent und ein beigefarbenes Sakko mit Krawattentüchlein. Er empfing uns, mich auch, mit Handschlag, allerdings sehr neutral. Und dann hat er sich etwas verklausuliert gleich so geäußert, dass er keine Möglichkeit sieht.

Daraufhin meldete sich der Assistent, der so auf die Stuhlkante nach vorne rutschte: "Ich kann genau verstehen, Herr Schmitz, was Sie sagen, ich glaube auch, es gibt keine Möglichkeit, da sehe ich gar keine Möglichkeit, denn das hat auch das Blumenamt gesagt, wir können diese Kübel nicht verschieben, und dann sehe ich auch einen großen Engpass dort in diesem Eingangsbereich, und die Oper hat auch abgelehnt, also da stimme ich Herrn Bezirksamtsleiter Herrn Schmitz absolut zu. Große Bedenken!"

Dann kam das Gespräch kurz zum Erliegen, und Bondy hat Herrn Schmitz einen Artikel aus Le Monde gezeigt und gesagt: "Ich habe ein Interview mit Le Monde gemacht, halbe Seite mit großem Foto. Und ich mache noch mehrere Artikel in Le Monde, Libération usw. Ich werde jetzt viel gefragt, von der FAZ zum Beispiel, alle sind sehr interessiert in diesem Moment und wollen wissen, wie es läuft, und ich werde denen natürlich auch erzählen, wenn Sie kooperativ sind, aber wenn es nicht klappt, dann muss ich eben sagen: Österreich hat Angst."

Das hat den Herrn Schmitz ganz kurz zu einem Zögern gebracht, er bekam jetzt gleichsam eine staatstragende Funktion und musste das Geschick Österreichs entscheiden. Da hat er aber auch noch mal seinen eigenen Standpunkt klargemacht, nämlich eine innere Verletzung, die er wohl erfahren hatte durch mich, denn er sagte plötzlich: "Sie haben auf Ihrer Internet-Seite über mich hergezogen." Ich habe gesagt, das habe ich nicht, und ich

Unterreiner: "Das ist ein Skandal!!!" ++ Marboe wird zum Handeln aufgefordert – Schlingensiof

war mir sehr sicher, dass ich das nicht gemacht hatte. Obwohl ich das manchmal mache, habe ich das da nicht gemacht, da war ich mir sehr sicher, war aber doch irritiert, weil er noch einmal behauptete, ich hätte es wirklich gemacht. Dann habe ich schon gedacht, ich hätte mich wohl abends irgendwann mit einer Flasche Rotwein im Kopf ans Internet gesetzt und hätte da dann irgendwelche Beschimpfungskanonaden auf meine Seite geschrieben ... Schmitz ging mit mir zu seinem Schreibtisch und zeigte mir einen riesigen Packen Papierausdrucke meiner Internet-Seiten. Mit Fotos und Texten, es gab da einige Blätter, da waren mit gelbem Edding Textstellen markiert, und er sagte: "Da, da steht's, da haben Sie über mich hergezogen." Ich gucke auf das Blatt, da steht auch wirklich "Schmitz", in dem Moment wird mir heiß und kalt, sehe aber plötzlich, dass das aus meinem Pressespiegel, eine Seite war aus der Kronenzeitung, die über Herrn Schmitz als Entscheidungsträger für diesen Platz unter dem Motto "Hoffentlich entschei-

det sich Herr Schmitz gegen das Projekt" ein bisschen gedroht hatte, ihn gleichzeitig aber auch als zu weich in seiner Entscheidungsfähigkeit darstellte. Ich sage zu Herrn Schmitz: "Herr Schmitz, das ist wirklich nicht von mir." Da ist er kurz erstarrt, hat sich das angeguckt, merkte, dass das wirk-

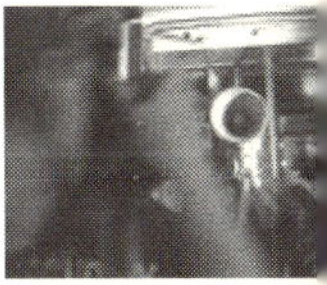

lich so ist, hat mich dann angeguckt und hat dann so sechsmal, siebenmal hintereinander ganz laut "Ja! Ja! Jajajaja!" gerufen, dann war wieder Stille, und wir sind zurückgegangen zu der Sitzgruppe, wo Bondy wieder der Junge war, der aufs Fußballfeld will, und Schmitz hat sich eine Pfeife angezündet, ein langsamer Vorgang. Er hat sich dann noch ein Lineal besorgt und hat dann auf den Plänen immer wieder abgemessen, mit Bleistift was markiert, erst nach links, dann nach rechts, immer hin und her, und irgendwann kam er zu dem Entschluss, dass dieser Platz gegenüber dem Hotel Sacher nicht funktioniert – aber vorne, ganz weit vorne am Ring, direkt neben dem Haupteingang der Oper, da könnte er es sich vorstellen. Bondy und ich – wir hatten ganz kurzen Blickkontakt gehabt – sind innerlich zusammengezuckt, weil wir dachten, das kann ja nicht sein, wie kann das sein, dass der Mann diesen Platz angibt, und der ist noch viel besser. Und in dem Moment rückte der Assistent von Herrn Schmitz plötzlich wieder auf die Stuhlkante vorne: "Ja", sagte er, "da muss ich Bezirksamtsleiter Schmitz wirklich Recht geben, das ist eine Möglichkeit, die wirklich auch in Betracht zu ziehen ist, a) weil es dort keine Blumenkübel gibt, b) weil es auch optimal ist vom Platz her. Ich kann nur sagen, Herr Schmitz, das kann ich verstehen, diesen Platz kann ich mir auch vorstellen." Dann war also allgemeines, ungläubiges Aufatmen, wir haben uns mit Handschlag verabschiedet, Herr Schmitz war in dem Moment sehr sehr freundlich, ein ganz anderer Mensch.

mmt zu keiner Einigung ++ Standort an der Oper völlig indiskutabel! ++ Opernintendant Holender

„Congratulations everybody!
This is the place to be.
And we need this project in Los Angeles,
in Australia, in New York, in Brazil.
This project has to go all over the world right now.
All over the world. This project.
And this project is how Australia can
show leadership in the new century.
And take this discussion all over the world.
That leadership.“

Peter Sellars

gegen Projekt und Standort ++ Bondy im Gespräch mit Holender ++ Holender sagt Unterstützung

Einzige Bedingung: "Es darf nicht lauter werden als ein Gewitter" ++ 25. 6. Vertragsabschluss

Wien ist endlich wieder Filmstadt

The Last Austrian Movie: Schrei nach Liebe aus dem Asylantencontainer

Claus Philipp

Wien – „Liebe Touristen, schießen Sie Ihre Fotos. Schicken Sie sie hinaus in die Welt. Zeigen Sie den Leuten da draußen das wahre Österreich. Konfrontieren sie die guten Menschen mit dem Bösen, das hier in reinster Form regiert." So oder ähnlich dröhnt Christoph Schlingensiefs Stimme durch ein (klägliches) Megaphon über den nächtlichen Karajan-Platz.

Wir sehen: Bretterverschläge. Haider-Zitate, FP-Flaggen, ein *Kronen Zeitung*-Transparent, den Slogan „Ausländer raus". Wir sehen: Fotos von Asylanten, die man abschieben kann, und das möglichst jeden Tag, weil das Abschieben, so Schlingensief, „süchtig macht". Aber: Wir sehen nichts, was nicht schon zuvor gesagt oder plakatiert worden wäre. Und das beschäftigt das Publikum vor der Staatsoper dermaßen, dass es fast übersieht, dass es von dem, was im Container passiert, eigentlich nichts sieht. Man sieht sich selbst beim Nichts-Sehen und Alles-schon-gehört-Haben zu.

Wenn es also tatsächlich Zusammenhänge geben sollte zwischen dieser Wiener Innenstadt und Gegenwart und den Slogans, die in ihr aufgeblüht sind, dann werden sie dokumentiert allein auf willkürlichen Touristenfotos und auf den Videos zahlreicher TV-Teams. Sie werden jetzt in geballter Form vervielfältigt – für eine anonyme internationale Öffentlichkeit. Eine Öffentlichkeit, die sich, angeblich schon seit geraumer Zeit, mehr oder weniger informiert, ein Bild von Österreich gemacht hat. Und das ist der wahre Horror, den Schlingensief unter dem Motto „Bitte liebt Österreich!" evoziert: Nicht die Kombination *Krone*-FP-Container schockiert (an die scheinen sich manche Passanten längst gewöhnt zu haben), sondern das Ausmaß und die Wucht, mit der sich eine solche Konstellation medial aufblasen lässt – bis zur Unkenntlichkeit. Schlingensief führt uns vor, wie behutsam man mit (Bild-)Sprache heute umgehen müsste, und er tut es, indem er Bild- und Sprachmuster zu Tode strapaziert.

Regime der Klischees

„Wien soll wieder Filmstadt werden", hieß es noch vor wenigen Jahren, weil die Vermittlung von Österreichbildern angeblich auch für Tourismuszwecke unabdingbar sei. Einmal Staatsoper im US-Fernsehen – das bringe Tausende Nächtigungen mehr! Nun, hier haben wir den Salat. Die Bilder und Klischees, die wir bis zur Bewusstlosigkeit herbeigeredet haben, wenden sich gegen uns. Seit Sonntag tausendfach in jeder Agentur, jeder Zeitung, auf unzähligen Websites. Wir verkaufen uns blendend. Aber keiner kann das so gewollt haben. Oder?

Erstaunlich ist dabei die fast milde Abgeklärtheit des Regisseurs. Nie zuvor agierte und inszenierte Christoph Schlingensief verhaltener. Kein Bad in der Menge, sondern distanzierter Alleingang wird hier demonstriert.

Nie waren Schlingensiefs räumliche Arrangements so unaufwendig. Dass dann die simpelsten Signal-Kombinationen das in seinem Werk bisher vielschichtigste (Medien-)Echo auslösen, muss er mitbedacht haben: Schon im Container von „Big Brother" haben simple alltägliche Handreichungen den Spezialeffekten des TV-Kinos den Rang abgelaufen. Denn, frei nach McLuhan: Die Message ist mittlerweile die Verbreitung, die Quote, die die Medien ermöglichen. Österreich und seine Politiker sollten die Missverständnisse, die daraus resultieren, überdenken.

mit WEBFREETV.com ++ Übertragung ist gesichert ++ Festlegung der technischen Details: Anz

Containerreport (I) FAZ

WIEN, 12. Juni

Das Projekt „Bitte liebt Österreich" hat am Sonntag begonnen (vgl. Feuilleton vom 7. und 10. Juni). Wir gingen mit den Asylbewerben gegen sechs auf den Platz vor der Oper in Wien und zeigten ihnen den von Kameras überwachten Container, in dem sie eine Woche lang wohnen sollen. Zwei Männer aus Armenien stiegen daraufhin aus, der Stolz verböte es ihnen, so sagten sie, permanent vor Kameras zu leben. Es gab auch kurze Krisen bei den Vertretern von Nigeria und Zimbabwe. Die Asylbewerber hatten Sorgen, erkannt zu werden. Deswegen bekamen sie alle Perücken. Um neun sollten sie einziehen, zuvor kletterten wir auf das Dach des Containers. Der Schauspieler André Wagner rollte eine FPÖ-Fahne aus und ich zog das Laken weg, unter dem der Schriftzug „Ausländer raus" prangte.

Um viertel nach neun fuhren die zwölf Ausländer mit ihrem Bus vor. Alle hielten sich eine „Kronenzeitung" vors Gesicht. Als sie den Container betraten, beschlich uns ein seltsames Gefühl, man spürte, wie sehr dieses Projekt an die Grenzen geht, wie schwierig es ist, ihm einen Namen zu geben. Ich spürte einen Riss, aber noch weiß ich nicht, ob er für die Stabilität unbedeutend bleibt, oder ob er dazu führt, dass alles auseinander bricht. Über „www.auslanderraus.at" kann man über acht Kameras das Leben der Asylbewerber verfolgen und jeden Abend einen von ihnen herauswählen. Im Internet kann man auch die Biographien der Asylbewerber nachlesen. Alles wird offen gelegt, dennoch sollte man diese Transparenz nicht mit der Wahrheit verwechseln. Schon nach dreißig Minuten gab es 70 000 Zugriffe auf die Internet-Seite und der Server brach kurzzeitig zusammen Vor dem Container wurden derweil Flugblätter verteilt. Alte Männer schrieen. Dann kam die Nacht über Wien.

Auch der Pfingstmontag begann mit schreienden alten Männern. Kurz darauf kam ein Vertreter der ÖVP. Er erklärte, diese Aktion sei genau das, was man zur Zeit nicht brauchen könne. Aber eben darum geht es: um eine optische Beschädigung, um das Produzieren von Bildern, die das auf die Spitze treiben, was Europa von Österreich befürchtet. Vor dem Container hielten Touristenbusse mit Japanern und Amerikanern. Die Touristen fotografieren entsetzt die FPÖ-Fahne und die Aufschrift „Ausländer raus", zwei Fremdenführerinnen redeten beschwörend auf mich ein, dass das nun die Bilder seien, die diese Japaner und Amerikaner mit in ihre Heimat trügen. Und dort hielte man das alles für real. Ich antwortete ihnen, es sei real, und ich sei von der FPÖ. Sie riefen „Das kann doch nicht wahr sein". Aber daran, wie sie es riefen, spürte man, dass auch bei ihnen ein leiser Zweifel gesät wurde, ob es nicht vielleicht doch wahr sein könnte. Diesen Zweifel teile ich.

CHRISTOPH SCHLINGENSIEF

ras, Positionierung ++ 1.6. Marboe distanziert sich in der Kronen Zeitung: "Unbegreiflich, dass

ARMIN THURNHER

DAS BILD ÖSTERREICHS MUSS WIEDER SAUBER WERDEN

Europe ist watching you. Ja, es fehlt diesem Vaterland gänzlich am Bewusstsein dieses Problems. Anstelle des "großen Bonner Narrativs des Nie Wieder", wie das der deutsche Soziologe Heinz Bude ausdrückt, west hierzulande die kleine Wiener Amnesie des Durchwurstelns und Fortschiebens. Wiederaufbau in ideologischer Hinsicht fand nicht statt; stattdessen setzte es Restauration und Austrochauvinismus satt. Eine Minderheit der Generation der Post-1989er versuchte, dieses Narrativ nachzuholen, von Waldheim bis zum Protest gegen Schwarzblau, aber der Nachkriegsfehlstart ließ sich nicht mehr ausbessern. Die Mehrheit dieser Generation wandte sich, ungehemmt von jedem nach deutscher Art nagenden Gefühl der Schuld, dafür umso ungenierter den neuen "Erregungssphären Macht, Geld und Wissen" (Bude) zu. Vor allem den Gebrauch von Macht und Geld galt es gegen das alte Regime des postfeudalen sozialen Systems der zünftischen Beschränkungen von Tüchtigkeit durchzusetzen; das Wissen, insofern es nicht Macht bedeutet, bleibt hierzulande gern den Volkshochschulen überlassen.
Ungehemmt: Deswegen bieten die österreichischen Macht- und Geldeliten einen etwas unangenehmen Anblick, vor allem, wenn sie sich mit dem befreiten Gestus "Jetzt holen wir uns endlich, was uns zusteht" präsentieren. Ungehemmt: Deswegen gluckst jetzt der alte Sumpf auf einmal vernehmlich. Oder hört man ihn nur besser? Man liest es nicht nur auf den Leserbriefseiten der Kronen Zeitung, man schnappt es nicht nur am Stammtisch auf, auch in Konzertsälen, vornehmsten Tempeln des Bürgertums, kann man Konversationen wie diese hören, die der ehemalige Generalsekretär der Industriellenvereinigung, Herbert Krejci, jeder Hysterie unverdächtig, voller Abscheu überliefert: "Da diskutiert man, ob Abbado den dritten Satz von Mahlers Fünfter Symphonie so dirigiert wie Muti. Und dann hören sie Klassifizierungen wie: 'Alle Amerikaner sind verjudet, aller Neger stinken, und alle Italiener sind faul.'"
Sicher, diese Stimmen gab es unter jeder Regierung. Jede war dagegen, keine hat etwas dagegen getan. In Kombination mit dem polit-ökonomischen Durchbruch der Generation Gier können einen diese Stimmen schon ein wenig beunruhigen. Aber wo Gefahr ist, wächst bekanntlich das Rettende

die Festwochen so etwas machen. Ich vermeide bewusst das Wort Kunst in diesem Zusammenh

auch. Gehen wir also ungeachtet der Wiener Amnesie von der Unschuldsvermutung aus und einigen wir uns darauf, Jörg Haider für ein reines Lamperl zu halten. Glauben wir ihm seinen Rückzug in die zweite Reihe. Nehmen wir an, auch die programmiert, verstockt und ferngesteuert wirkenden unter den FPÖ-Ministern seien stolze, eigenständige Charaktere. Und unterstellen wir, dass Europa Österreich monumentales Unrecht antut. Dann ... Ja, was dann? Dann haben wir kein Problem.

Dann haben wir nur noch ein Medienproblem. Schon steht sie uns vor Augen, die mediale Variante der unschuldigen, von Macht und Geld erregten Erfolgsgesellschaft. Schon nimmt der auf die Spitze getriebene Exhibitionismus der Schönen, Reichen und Gierigen mediale Gestalt an. Österreicher spielen bei diesem Formgebungsprozess eine führende Rolle. Zum Beispiel Josef Andorfer: Der Mann hat Ideen, Gefühl und Biss. Er gehörte einst zu jenem dynamischen Erfolgsteam, das den öffentlich-rechtlichen ORF auf kommerzielle Linie brachte, nun brachte er dem deutschen Sender RTL II viel Freude und Erfolg, jene Ingredienzen, ohne die man sich den Fortschritt ungern vorstellt. Andorfer, einer jener Auslandsösterreicher, die den Deutschen vormachen, was ein reines Lamperl ist, hat bei ihnen ein sogenanntes Programmformat eingeführt, die Real-Life-Soap.

Der Wahrheit die Ehre: Erfunden haben es die Holländer, aber denen sieht man ja alles nach. Popularisiert haben es die Deutschen, an denen immer alles hängenbleibt. Jetzt macht auch das österreichische Fernsehen das Beste draus und engagiert sich passenderweise in einer Koproduktion mit RTL II bei "Expedition Robinson". Zugleich schafft der ORF, ganz im Dienste seines öffentlich-rechtlichen Auftrags "der Darbietung von einwandfreier Unterhaltung" (Rundfunkgesetz), ein eigenes Format, "Taxi Orange". Es gehe um Tüchtigkeit, um den Beweis erfolgreichen Geschäftssinns, versichert die zuständige Intendantin. Derlei interessiere das Publikum viel mehr als nackige Weiber und knackige Buben unter der Dusche. Als hätte nicht nackter Geschäftssinn die Duschenden eben dorthin getrieben. Dennoch nehmen sich "Taxi Orange" oder "Big Brother" gegen Veranstaltungen wie "Maulwurf", "Inselduell" oder gar die Menschenjagd "Reality Run" harmlos aus. Auch deren Verantwortliche werden nicht müde, darauf hinzuweisen, dass es sich bei den Teilnehmern stets um Freiwillige handle. Eine Schutzbehauptung selbstverständlich. Bilden sich nicht alle Teilnehmer am Leben ein, sie nähmen freiwillig daran teil?

r verweist auf die Alleinverantwortung der Wiener Festwochen ++ FP-Unterreiner: "Marboe auf

Die Freiwilligkeit ist also kein konstitutives Element des Big-Brother-Syndroms, der Wille zum Exhibitionismus schon eher. Mit der Beteiligung der FPÖ an der Regierung gelang es dieser Partei, den Exhibitionismus ihrer Exponenten nicht nur auf die europäische Ebene zu hieven, nein, es gelang ihr, das Land selbst in eine Art Big-Brother-Container zu schieben, wo es sich nun dem Urteil des europäischen Publikums ausgesetzt sieht. Die Erregung um die Veranstaltung des Aktionskünstlers Christoph Schlingensief wird dadurch verständlich. Schlingensief hatte mitten in Wien einen Container aufgestellt, auf dem er die Marke des führenden Mediums und einen Slogan der tonangebenden Partei ausstellte. Im Container selbst saßen Ausländer, über deren Abschiebung das Publikum disponieren sollte.

Weder die Ausländerthematik, das Überhandnehmen von Exhibitionismus und Voyeurismus, noch die allergeschickteste Vermarktung hätten die um Schlingensief ausbrechende Hysterie erklären können. Es brauchte schon das Gefühl, dass sich ein ganzes Land wenn nicht ertappt, so zumindest dargestellt fühlte. Da saß man bequem vor dem Fernseher, die Salznuss zwischen den Zähnen, und erfuhr aus dem Gerät, mit dessen Hilfe man sich gerade daran gewöhnt hatte, andere auszuspähen, dass man selber unter Beobachtung stand, unfreiwillig, wenn auch nicht ohne eigenes Zutun. Eine paradoxe Umkehrung der allabendlichen Situation.

Die 14 Mitgliedsstaaten beobachteten Österreich und stellten ihm Aufgaben. Die EU übernahm – in Gestalt der Kommission – die Rolle der deutschen Landesmedienbehörden (es sind 15). Das heißt, sie spielten die Rolle besorgter Warmduscher, um in der Metaphorik des Genres zu bleiben. Anfangs berieten diese Behörden, ob sie das Big-Brother-Spektakel verbieten sollten, sie gelangten aber dann zum Schluss, es verstoße zwar gegen die Menschenwürde, aber einstweilen wollten sie nur den Finger heben und alles genau beobachten. Wachsam sein. Die Kommission gab bekannt, sie bewache und hüte die europäischen Verträge und werde alles ganz genau beobachten.

Schließlich legten sich die Vierzehn auf das etwas traditionelle Format des Weisenberichts fest. Drei sogenannte weise Männer sollten Österreich untersuchen; der Präsident des Europäischen Gerichtshofs, sozusagen der Präsident der europäischen Jury, beharrte jedoch auf der Zustimmung aller 15, also auch des zu beobachtenden Österreich. Dieses, kein Spaßverderber, spielte gerne mit. Zu prüfen haben die Weisen, ob die österreichische Regierung europäische Grundwerte einhält, insbesondere Minderheiten-, Flüchtlings- und Immigrantenrechte. Außerdem haben sie die Entwicklung

der "politischen Natur der FPÖ" zu untersuchen. Auf der Grundlage dieses Berichts sollen die Vierzehn ihre bilateralen Beziehungen zu Österreich "neu bewerten".
Vor allem die Idee mit der "politischen Natur" der FPÖ erregte Heiterkeit im Land. Der Unterhaltungswert stieg, und alles prustete, als der Kanzler mit feinem Lächeln Thomas von Aquin bemühte, um die scholastische Verstiegenheit der Idee darzutun. Die Regierung erkannte sofort die Chance und erhöhte den Einsatz, indem sie unter allgemeinem Schenkelklatschen mit dem Instrument der Volksbefragung drohte. Um es mit einem Wort unserer Fernsehintendantin zu sagen: "Voyeurismus als Betrachtung des Lebens anderer ist das Wesen des Fernsehens." Oder des Glücks. Oder des politischen Status von Österreich in Europa. Waren wir nicht seit jeher ein theatralisches Land? So ist es Österreich mit der Erfindung von "Big Brother Europe" gelungen, seine barocke theatralische Sendung samt zugehörigem österreichischem Menschen in den medialen Raum zeitgenössischer Politik zu transponieren. Ein Land hat sein großes europäisches Narrativ gefunden. Als österreichischer Fernseher kann man nur staunend davor stehen und ein heißes Danke stammeln.
15. Juni 2000, ein heißer Abend. Ich schlenderte nicht ganz absichtslos durch Wien, hatte vor, ein Feuilleton über den Stand der Dinge abzufassen. Jeden Donnerstag abend treffen sich seit der Bildung der schwarzblauen Koalition Demonstranten am Ballhausplatz, um irgendwohin zu marschieren, geleitet von einer noch immer erstaunlich toleranten Polizei. Auch wenn den Beamten die Demos schon auf die Nerven gehen, die Boulevardblätter ihre Hetze allmählich verschärfen, verläuft alles bis auf wenige Ausnahmen friedlich. Die Krone brachte sogar den Leserbrief einer betagten Dauerdemonstrantin, allerdings nur, um den Hohn vieler weiterer Leserbriefe über sie zu ergießen. Anfangs hatten sogar einige Polizisten von ihren Gewissenskonflikten berichtet (manche sagten, sie hätten selbst gern demonstriert; wir sind im Roten Wien), und der Wiener Polizeipräsident selbst hatte seine Tochter von einer Demonstration abgeholt, die Teilnahme durchaus nicht missbilligend. Ehemalige Kanzler und Minister fanden sich anfangs unter den Demonstranten. Jetzt aber, an diesem Juniabend, schien schon etwas die Luft draußen.
Ich ging schnell hinüber ins Kunsthistorische Museum, wo am gleichen Abend, keine 300 Meter Luftlinie entfernt, die Ausstellung "Kaiser Karl V. – Macht und Ohnmacht Europas" eröffnet werden sollte. Festredner: der

larboe ++ Er urteile im Vorfeld ein Kunstprojekt ab, das er noch gar nicht kenne ++ 14:38

Marboe weist FPÖ-Kritik als Gipfel der Selbstentlarvung und des grundsätzlichen Unverständn

lle gleich!
ür Österreich?"

ne offene und freie Kulturpolitik zurück ++ 15.20 Marboe fühlt sich durchschaubar von links

Bundeskanzler. Überall in der Stadt hingen Plakate mit dem Tizian-Porträt des Habsburgers, auf dem dessen Gemächtschutz provozierend aus dem Goldwams ragt. Mit dem rechten Zeigefinger deutet Karl darauf, von links schnuppert eine mächtige weiße Ulmer Dogge daran. Ohne ein weiteres österreichisches Spezifikum daraus machen zu wollen: Alle haben es gesehen, niemand hat davon geredet.

Im summenden marmornen Kuppelsaal Hunderte Konservative, die Blüte des Wiener Konservativismus, so dicht, wie man sie nicht einmal bei Jubiläen der Presse findet. Dort drängt sich noch der eine oder andere Liberale oder Sozialdemokrat dazwischen. Nicht hier. Geschlossen schwitzten die repräsentativen Kulturalisten, eine Stunde fast mussten sie dünsten, ehe ihr Kanzler eintraf, begrüßt mit enthusiastischem Applaus. Wenn das die Demonstranten wüssten, dachte ich. Der holländische Festredner Wim Blockmans warnte davor, angesichts des Renaissance-Themas leichtfertige Parallelen zur Gegenwart zu ziehen. Schüssel hatte offenbar genau das vorgehabt, disponierte aber geschickt aus dem Stegreif um, vermied die Antwort auf den Vorredner, wo sie angebracht gewesen wäre ("Politik verhält sich sträflich untätig gegenüber dem Diktat der kommerziellen Massenmedienkultur"), holte sich nur ein paarmal den sicheren Applaus ("unser Traum ist ein partnerschaftliches, kein zentralstaatliches Europa") ab.

Während Schüssel mit der Prominenz die Ausstellung besichtigte (ich ging nicht mit, das Thema Karls Gemächt blieb sicher ausgespart), brachen beinahe schweigend und routiniert, nur von etwas Getrommel akkompagniert, die Demonstranten vom Ballhausplatz auf. Knapp 1500 mögen es gewesen sein. Es konnte an diesem Abend für sie nur ein Ziel geben: die von Christoph Schlingensief als Projekt der Wiener Festwochen errichtete Container-Stadt. Schlingensief spielte seit Beginn der Woche auf die Welt der Real-Soap-Operas nach dem Muster von Big Brother an. Gefüllt mit Asylanten, geschmäht von der Kronen Zeitung, umstritten von den Bösen und gefeiert von den Guten, stand seine Aktion eine Woche derart im Mittelpunkt der Aufmerksamkeit, dass man schon allein deswegen den Hut vor Schlingensief ziehen musste. Er holte das Beste aus allen Akteuren, er motivierte FPÖ und Kronen Zeitung von Tag zu Tag mehr, bis diese endlich seine Aktion mit einer Schlagzeile krönte: "Container-Show kostet Millionen." Festwochen-Chef Luc Bondy sei zufrieden, berichtete die Krone, "er brauchte den Provokateur Schlingensief, um seine Kunstschickeria zufrieden zu stellen". Der Wiener Kulturstadtrat Peter Marboe musste sich von Krone-Herausgeber Hans

und entlarvend von rechts kritisiert ++ All dies sei Bestätigung für seine urbane und

Dichand eine "Steuergeld vernichtende Niete" nennen lassen und fing strafweise eine fette, fiese Kampagne an, weil er zu Recht auf der Freiheit der Kunst beharrte und den geforderten Eingriff verweigerte. Die FPÖ weiß in solchen Fällen Rat: Freiheit der Kunst im allgemeinen ja, aber das hier ist keine Kunst! "Wie selbst der Intendant der Festwochen, Luc Bondy, zugab, hatte diese Aktion nichts mit Kunst zu tun, sondern war laut Bondy eine politische Veranstaltung", berichtete das Parteiorgan Neue Freie Zeitung.

Provokateur Schlingensief hatte die Republik Dichand in den Schlingen seines Doublebind gefangen: Wer gegen die Entfernung des Transparents "Ausländer raus" war, sprach sich scheinbar für dessen Inhalt aus; wer es entfernen wollte, gegen die Freiheit der Kunst. Die Ebene des Theatralischen (alles wird Theater, sobald es auf der Bühne passiert) tat ein übriges. Denn der Doublebind, so zeigte Schlingensief, ist die Verfahrensweise der österreichischen Politik. Wie sonst soll man verfahren, fragte der Philosoph Burghart Schmidt, wenn "das offizielle Österreich die Satire methodisch zur Verblödung Europas und Österreichs selber einsetzt?" Zum Beispiel Kanzler Schüssel: Löst erst die Sanktionen aus, schlägt alle Warnungen in den Wind und vergattert dann die Bevölkerung zum nationalen Schulterschluss. Das gleiche Spiel mit Europa: Er fordert das Ende der Sanktionen und erschwert es zugleich durch Drohungen. Schlägt selbst ein Monitoring vor und lehnt es, wird es angeboten, ab, weil sich die Lage stabilisiert habe.

Wie der Kanzler und sein Widerpart, der Landeshauptmann von Kärnten, aneinander gebunden sind, grenzt an eine doppelmasochistische Doppelmasche. Auch der alte Mann in der Muthgasse, der Herausgeber der Kronen Zeitung, spielte seine Rolle nicht schlecht. Man ist ja viel an parademokratischem Gedankengut gewohnt, aber was Schlingensief bei der Krone-Kampagne an Verfassungsverständnis zutage förderte, war doch ein starkes Stück. "Sogar Hilmar Kabas hätte sich seine Lump-Hump-Dump-Affäre erspart, hätte er zeitgerecht bei Kulturstadtrat Marboe das Privileg der 'künstlerischen Freiheit' eingeholt. Und erst der Windholz aus NÖ!", schrieb allen Ernstes der außenpolitische (!) Krone-Kommentator Kurt Seinitz. Niemals vergessen: Es handelt sich um das politische Leitmedium des Landes.

Den Höhepunkt seiner Inszenierung schenkten Schlingensief jedoch die Demonstranten. An jenem Donnerstag bewegten sie sich mit gelassener Sicherheit auf die Staatsoper zu, neben der Schlingensiefs Container-City in einem abgezäunten Areal stand, geschmückt mit dem provokanten Slogan

lturpolitik ++ 3.6. Schlingensief bezeichnet FPÖ als "Brunnenvergifter" und Schüssel als

"Ausländer raus", mit dem abgewandelten Logo der Kronen Zeitung und mit Fotos der "Asylanten". Die Menge versammelte sich vor dem Platz, eine Frau und ein Mann durchbrachen die Abzäunung und erkletterten das Dach. Die Security griff nicht ein, als der Demonstrant versuchte, das hölzerne Schild mit dem Slogan zu zertrümmern und die Demonstrantin Widerstandsslogans auf die Reste sprühte.
Schlingensief beobachtete die Szenerie gelassen. Ohne sichtbare Regung nahm er den Jubel zur Kenntnis, als das Schild fiel. Nun war es ihm gelungen, auch diese Akteure in sein Spiel "Bitte liebt Österreich!" zu integrieren. Später sagte er, sie hätten als österreichische Bevölkerung die Bewährungsprobe bestanden. Das stimmte so zwar nicht, denn bei der österreichischen Bevölkerung überwog längst das patriotische "Mir lossn uns nix gfoin", das so merkwürdig mit der Hilfsbereitschaft gegenüber Nachbarn in Not kontrastiert. Schlingensief hatte die Demonstranten in ihrer Doppelrolle vorgeführt: zugleich Gegner des rechten Chauvinismus und linke Patrioten. Schulterschluss auch hier! Immerhin: Das Container-Spiel hatte stattfinden dürfen, die neue Regierung hatte es nicht verboten, der polit-mediale Mob hatte es nicht abgeschafft, obwohl Touristen, ebenfalls von Schlingensief genarrt, besorgt bei ihren Botschaften anriefen und zuerst glaubten, dem hässlichen Österreich ins Antlitz zu schauen. ...
Nach der Befreiung des Containers von seinem Slogan schrieb Uwe Mattheiss in der Süddeutschen Zeitung über die Demonstranten: "Sie vollziehen gegen Haider symbolisch und nachträglich, was viele ihrer Eltern und Großeltern gegen Hitler unterlassen haben. Die österreichische Opposition muss nun endlich klären, ob es ihr um die Demokratie geht oder um die Wiederherstellung der Identifikation mit dem nationalen Kollektiv. Aus der symbolischen Intervention der Linksnationalen in die symbolische Intervention Schlingensiefs spricht der Herzenswunsch einer breiten Öffentlichkeit: Das Bild Österreichs muss wieder sauber werden!"

d dreißig Schlägereien hinter sich. Er würde nicht das falsche Spiel von politischer Korrektheit

CONTAINERTAGEBUCH. KARIN CERNY

Sonntag, 11.6. Zur Eröffnung sprechen Vertreter des Widerstands-Österreich. Mit Blasmusik ziehen die Asylwerber ein. Schlingensief: "Das ist die Wahrheit, das ist die FPÖ, das ist die Krone, das ist Österreich." Schirmherr Paulus Manker bleibt über Nacht im Container. Über 70.000 Besucher schalten sich per Internet zu. Der Server stürzt mehrmals ab.

spielen, sondern sein Maul aufreißen und in die Scheiße reinrennen. ++ Mortier und Bachler wer

Schlingensief-Double
André Wagner

Das Theater und sein Double

„Es fließen ineinander Traum und Wachen, Wahrheit und Lüge. Sicherheit ist nirgends. Wir wissen nichts von anderen, nichts von uns, wir spielen immer, wer es weiß, ist klug."

nach Schnitzler

scheinheilig abgeurteilt ++ 4.6. Das Magazin FORMAT veröffentlicht angeblichen Standort neben

Staatsoper ++ Schlingensief dementiert: "Solche verfrühten Äußerungen gefährden das Projekt"

ält die hochgeputschte Berichterstattung einzelner Medien für unsensibel ++ Verhandlungen

DIETRICH KUHLBRODT
BERICHT DER EUROPÄISCHEN KOMMISSION

"Als Testbeobachter der Europäischen Kommission freue ich mich, hier oben zu stehen und Leute zu beobachten, die ihrerseits etwas beobachten. Ich als Beobachter der Europäischen Kommission bin aus Testgründen hier, um zuzusehen, was passiert, wenn man sich gegenseitig beobachtet. Sie sind hier, beobachten die Asylanten, und wir werden dann – möglicherweise von der Europäischen Union aus – Sie beobachten, wie Sie Asylanten beobachten. Was ich hier gesehen habe, ist aber, es passiert viel mehr: Sie beobachten sich gegenseitig. Mit dieser Neuigkeit werde ich nach Brüssel wieder zurückkommen, denn es passiert alles nach demselben Raster. Man steht hier oben oder eine Etage tiefer. Wenn man fertig ist mit dem, was man gesagt hat, kommt jemand und sagt, das ist ja wohl der letzte Dreck, was du sagst; du bist ja selbst ein Ausländer, was willst du eigentlich hier? Und dann kommt garantiert ein anderer oder eine andere und sagt dem, der mich angemacht hat, nein nein, das ist doch nicht richtig. Und immer nach 90 Sekunden kann ich weggehen – völlig unbemerkt –, dann sprechen zwei miteinander. Und dann gehe ich einen Kaffee trinken und komme wieder, dann sprechen die immer noch miteinander, aber mit einem Mal ist der ganze Platz voll, und überall stehen kleine Gruppen und reden miteinander. Das ist eine Neuigkeit, auf die ich nicht gefasst war. Hier ist irgendwie tatsächlich ein Forum entstanden, und zwar ein ganz konkretes Forum. Es gibt natürlich das Forum von den Leuten dort, von WebfreeTV. Das ist natürlich sehr viel größer. Aber was man hier sinnlich sieht, das ist etwas, das als Nachricht um die Welt gehen sollte.
Was ich nochmal wiederholen will für die, die jetzt noch dazugekommen sind: eine Befragung von ATV. ATV hat eine Umfrage unter den Österreichern gemacht – oder waren es die Wiener, egal –, wie die Akzeptanz ist dieser Installation, dieser Kunstinstallation, die zu großen Teilen ja noch immer steht. Diese Zahlen, die soeben von ATV veröffentlicht worden sind, zeigen eine Akzeptanz von 75,4% für die Installation aller Befragten und von 24,6% gegen die Installation. Und die Moderatorin, die Sie alle kennen, die Frau Schmidt, hat dieser Veranstaltung hier und der Entscheidung über die Abschiebung von zwei Asylanten, die hier gleich erfolgt, großen Erfolg gewünscht. Ich darf das hier wiedergeben und mich bedanken."

seien trotzdem auf gutem Weg ++ Viele Hindernisse bereits ausgeräumt ++ 4.6. Bekleidu

Das Lager ist eröffn
Ausländer in Todesa

ne Woche, 24 Stunden non-stop: Abschieben!

e "Erste österreichische alitionswoche" beginnt ıte: 12 Asylanten in vier ntainern. Sieben Tage, non-p. Jeden Tag werden zwei des ndes verwiesen!

Neue Lager Zeitung
ABHÄNGIG

Wien, Sonntag abend, 21 Uhr: Die österreichische Koalitionswoche ist eröffnet. "Bitte liebt Österreich!", verlangt Christoph Schlingensief, Leiter des Lagers. Mit deutscher Strenge und Ordnung wird er bis nächsten Samstag das Lager führen.
Die Insassen wurden handverlesen: 12 Asylanten mit teilweise schwebenden Verfahren, davon vier illegale Einwanderer. Die Schwarzen waren sogar amtsbekannte Drogendealer auf Wiens Straßen, bevor sie die Behörden einwiesen. Weiters sind interniert; Ein gejagter Farmerssohn aus Zimbabwe, eine Sportlehrerin aus Pristina und ein Schauspieler aus dem Iran. In Exklusivinterviews wurde bekannt, daß die Insassen bei einer Abschiebung in ihre Heimat um ihr Leben fürchten.
Von Aufsehern konnten wir erfragen, daß die Ausländer täglich körperliche und geistige Ertüchtigung erhalten werden.
Die **"Neue Lager Zeitung"** wird täglich mit Geheiminformationen vom Ort des Geschehens berichten und Sie auf dem neuesten Stand halten. Schauen Sie auch im Internet zu, was im Lager passiert: **www.auslaenderraus.at**.

Halten Sie Ihr Land sauber: Schieben Sie ab!

;erleiter Christoph Schlingen-: ist sich sicher, daß ganz Öster-:h mitmachen wird: "Die Überndung muß ein Ende haben, so ın das doch nicht weitergehen", int der Capo von 'Container y'.
er kann sich per Telefon einen der mehrere! -Ausländer wäh-, und dafür sorgen, daß er dort-zurückkehrt, von wo er ommen ist.
nit gibt Schlingensief jedem e Vielzahl von Möglichkeiten: können helfen, Österreichi-en Boden sauber zu halten! Sie ınen dafür sorgen, daß die minalität sinkt! Sie können ür sorgen, daß die Straßen abends wieder sicher werden! Die Vorteile liegen auf der Hand: Österreich gehört wieder dem österreichischen Volk! Es liegt jetzt ganz bei Ihnen!
Jeder Ausländer hat bei der TED-Wahl eine eigene Endziffer: Rufen Sie **0820-613** und wählen Sie dann die Endziffer von dem, der Österreich verlassen soll. Wenn Ihr Anruf registriert wurde, haben Sie Ihre Bürgerpflicht getan! Da Abschiebung süchtig macht, können Sie auch mehrfach anrufen und gleich zwei abschieben.
Die Europäische Referenzwahl finden Sie im Internet unter **www.auslaenderraus.at**: Mit nur einem Klick wird alles gut!

Tagesprogramm

20.50	Musikalische Einstimmung
21.00	Eröffnung Redner: **Rabinovici, Charim, Reinfeld**
20.45	Blasorchester, Einzugsmärsche
21.30	Einzug der Asylanten und von **Paulus Manker** Freischaltung TED- und Referenzwahl

:häft Popp & Kretschmer ruft umliegende Geschäfte zum Widerstand gegen die Aktion auf ++

„Österreich ist auf Grund seiner Topographie, seiner Bevölkerungsdichte und seiner beschränkten Ressourcen kein Einwanderungsland.“

Parteiprogramm der FPÖ

6.6. 10:00 Pressekonferenz im Café Bräunerhof mit Schlingensief und Bondy ++ Der Regis

Blick in den Container; Küchenbereich, 13.6., 21:10

chimpft den ehemaligen SPÖ-Kanzlersprecher Josef Kalina, jetzt Redakteur der Kronen Zeitung.

RAMUS PIROK
0820 - 613 - 107

BIOGRAFIE I

Ramus Pirok, 37, Sportlehrer aus Priština, versteht sich als Lebenskünstler. Er lebt körperbewusst, ist Nichtraucher und interessiert sich für gesunde Ernährung. Seine ganze Leidenschaft gilt dem Marathonlauf, und sein erklärter Wunschtraum ist es, einmal auf Hawaii mitzulaufen. Anbiedern ist nicht sein Fall, Ramus geht Konflikten nicht aus dem Weg. Deshalb gefällt es ihm gar nicht, wenn Leute sich vor Auseinandersetzungen drücken.

Im Zuge der Unterdrückung der Albaner im Kosovo verlor Ramus Ende 1993 zunächst seinen Job. Im Sommer 1996 wurde seine Wohnung beschlagnahmt, und er fand mit seiner Familie bei Verwandten in Prizren Unterschlupf. 1998 wurde er von einem serbischen Spezialkommando der Polizei auf offener Straße aufgegriffen

"Ich verachte Sie!" ++ Schlingensief behauptet, Kalina habe ihn mehrmals mit verstellter Stin

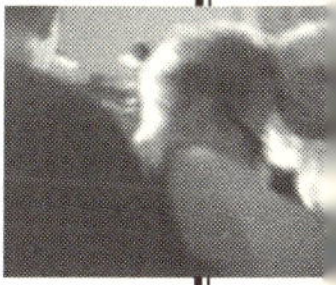

und für mehrere Wochen inhaftiert. Als sich Anfang 1999 die Lage dramatisch zuspitzte, gelang es Ramus und seiner Familie den Kosovo noch vor Einsetzen der Nato-Bombardements zu verlassen. "Wir haben Glück gehabt", sagt er heute. Seit März 1999 lebt Ramus in Österreich. Der Container stellt für Ramus eine persönliche Herausforderung dar; das Geld spielt für ihn nur eine untergeordnete Rolle.

BIOGRAFIE II

Ich komme aus Mazedonien, bin Roma und am 6. 1. 1966 in der Hauptstadt Skopje geboren. Ich habe dort viele Probleme gehabt wegen religiösem Rassismus, ich bin Moslem, die übliche Religion ist dort der Katholizismus. Früher, zu der Zeit als ich geheiratet habe, hatte ich starke Schwierigkeiten, Arbeit zu bekommen, ein Haus zu mieten, immer hieß es: "Du bist Zigeuner, geh dorthin, wo du herkommst!" Der Staat sagt dir das nicht so offen, macht dir aber das Leben so schwer, dass du von selbst woanders hingehst. Ich bin z. B. zum Arbeitsamt gegangen, und die haben mir gesagt, dass ich im Iran oder Irak arbeiten könnte, hier wäre kein Platz für mich. Ich habe mir gedacht, warum, das ist doch keine Diktatur, ich werde doch arbeiten dürfen – und dann musste ich das Land verlassen und bin nach Deutschland gegangen, nach Heidelberg. Ich bin mit meiner Frau seit 13 Jahren verheiratet, und sie ist immer alle Wege mitgegangen. In Deutschland war ich bei der Müllabfuhr, zwölf Jahre lang. Das war aber auch problematisch, weil ich immer nur eine Arbeitserlaubnis für zwei oder drei Monate bekam – alle drei Monate wieder neue Papiere beantragen, wieder zurück zur Müllabfuhr – und keine unbefristete Arbeitserlaubnis. Zwölf Jahre war ich dort, und dann wurde ich plötzlich über Nacht abgeschoben. Ich weiß nicht warum. Aber was auch passieren wird, wohin ich gehen muss, dort werden sie mir wieder sagen: "Wo du herkommst, dort musst du wieder hin." Wenn ich jetzt zurückkehre nach Mazedonien, wäre ich doch dumm – dort habe ich ja nichts.

Hier in Österreich ist es schwer für uns, ich habe zwar keine Aufenthaltsgenehmigung, aber die Kinder müssen zur Schule gehen – da gibt es ein Gesetz. Ich darf drei Jahre nicht arbeiten, bekomme aber nur 6.000 Schilling vom Sozialamt. Für einen ganzen Monat, mit drei Kindern: Essen, Trinken, Kleidung – das ist nichts. Vielleicht gehen diese drei Jahre vorbei und ich bekomme etwas, aber ohne Arbeit zu leben ist ganz schlimm. Es ist schwierig, ohne Genehmigung zu arbeiten, man findet nichts. Ich habe die Leute schon gefragt, aber die sagen nur, ich bekomme mehr Strafe aufgebrummt, wenn sie mich erwischen, als sie mir zahlen. Manchmal habe ich kurzfristig einen Job, aber das Schwarzarbeiten ist für mich gefährlich. Wenn sie mich erwischen, bekomme ich eine Strafe, wenn ich die nicht bezahlen kann, wandere ich ins Gefängnis.

Ich muss kämpfen im Leben, mehr für die Kinder als für mich. Ich lebe wie im Lotto: Von heute für morgen. Ohne Ziel.

rufen, um an Informationen zu kommen ++ Kalina entsetzt ++ Bondy empfindet die

JENS ROSELT

BIG BROTHER: ZUR THEATRALITÄT EINES FERNSEHEREIGNISSES

Dass John gewonnen hat, passte vielen nicht in den Kram. Noch vor einigen Wochen war ich auf einer Tagung, auf der Sozialwissenschaftler ihr Entsetzen darüber kundtaten, dass Jürgen gewinnen werde. Es werfe ein schlechtes Bild auf unsere Gesellschaft, dass die Vordergründigen, die Oberflächlichen immer die Sieger seien. Diese Katastrophe ist ausgeblieben. John hat gewonnen, und sofort kursierte das Gerücht, das Ergebnis müsse manipuliert sein.

Selten beschäftigen sich die Titelseite der Bildzeitung, das Feuilleton der Süddeutschen, Tagungen von Kulturwissenschaftlern und deutsche Ministerpräsidenten mit demselben Phänomen. Intellektuelle, die bis vor kurzem noch an einem eklatanten Mangel an Fernseherfahrung (und teilweise sogar an Fernsehgeräten) litten, nutzen die Gunst der Stunde, um kulturkritische Bemerkungen unters Volk zu bringen. Endlich ist man bei einem kleinen Paradigmenwechsel live dabei. Big Brother – Orwells Schreckensvision, die noch 1984 Anlass zu Angst und Pessimismus gab, kehrt etwa 15 Jahre später wieder als gut geölte Spaß- und Unterhaltungsmaschine. Identifizierte sich der Leser des Romans noch mit dessen gepeinigten und kontrollierten Protagonisten, ist der Fernsehzuschauer selbst zum Überwacher geworden. Das fasziniert. Das macht Spaß. Und das ist für manche der größere Schrecken.

Was ist neu an Big Brother? Eine Grenze sei überschritten worden, ist immer wieder zu hören. Negativ gewendet heißt dies, das Fernsehen streckt uns mit diesem medialen Gladiatorenkampf seine Fratze entgegen, die wir bisher nur unter einem Schleier von Unterhaltung und Information ertragen haben. Optimistischere Zeitgenossen begrüßen den Grenzübertritt als kreative

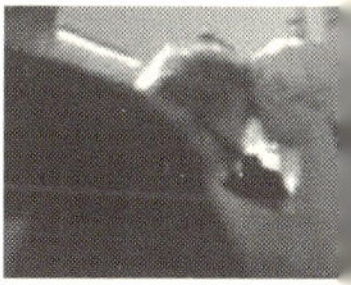

Form, ja sogar als "angewandte Wissenschaft". Tatsächlich aber sieht Big Brother angesichts von 2500 Jahren europäischer Theatergeschichte ganz schön alt aus.

THEATRALITÄT

Wer von Big Brother spricht, bedient sich automatisch der Schlüsselbegriffe, die für Theatralität kennzeichnend sind: Inszenierung, Schein und Sein, Authentizität, Emotion, Voyeurismus, Exhibitionismus und Scham.

Von Theatralität spricht man, wenn es um die Dialektik von Sehen und Gesehen-Werden geht, wenn Menschen Menschen betrachten, wenn Schaulust und Zeigelust sich überschneiden – in einem reflektierten Zusammenhang. Reflektiert meint dabei, dass das Moment des Beobachtens nicht bloßer Nebeneffekt ist, sondern als Voraussetzung und Bedingung der betrachteten Situation ausgestellt wird. Jedes Medium organisiert dieses Aufeinandertreffen in je eigener Weise. Das Theater hat dieses Moment im Laufe seiner Geschichte mitunter derart exzessiv ausgespielt, daß es verboten werden sollte. Die Argumentation von Puritanern und Konsorten berief sich nicht nur auf die dargestellten Stoffe, sondern auf den darstellenden Menschen selbst. Theater gehörte verboten, weil Schauspieler schamlose und verlogene Menschen und ihre Zuschauer nicht minder verwerflich seien. Das Unverschämte nährt sich stets aus den zwei Grundimpulsen kulturellen

Handelns, ohne die auch Big Brother nicht denkbar wäre: Dem "Verlangen zuzuschauen und zu beobachten, zu bewundern und sich faszinieren zu lassen, [mithin dem Ziel,] Vereinigung und Meisterung oder Beherrschung durch aufmerksames Sehen zu erzielen" (Theatophilie), auf der einen Seite und dem Verlangen, "sich auszudrücken und andere durch Selbstdarstellung zu faszinieren" (Delophilie)[1] auf der anderen Seite.

INSZENIERUNG

Wie im Theater gilt auch für Big Brother: Das wahre Leben ist nur dann gut, wenn es designt und zurechtgestutzt ist. Die Zusammenstellung der

1 Léon Wurmser, Die Maske der Scham. Die Psychoanalyse von Schamaffekten und Schamkonflikten, Berlin 1938, 258.

ein Statement zur politischen Situation ++ Er könne nicht so tun, als sei alles normal ++ Als

Asylbewerber-Peepshow. Direkter Blick in den Innenhof

"Erste Weltausstellung der absoluten Freiheit" bezeichnet Schlingensief seine Installation, die

r zeige: ”das Europa der Gutmenschen und das Österreich der Bösmenschen” ++ ”Wien ist

Kandidaten, die räumliche Anlage des Hauses, die einzelnen Aktionen, der Zusammenschnitt von 24 Stunden wahren Lebens auf 45 Minuten wahren Fernsehens verlangt dramaturgisches Fingerspitzengefühl, von dem sich mancher zeitgenössische Theaterautor eine Scheibe abschneiden könnte.

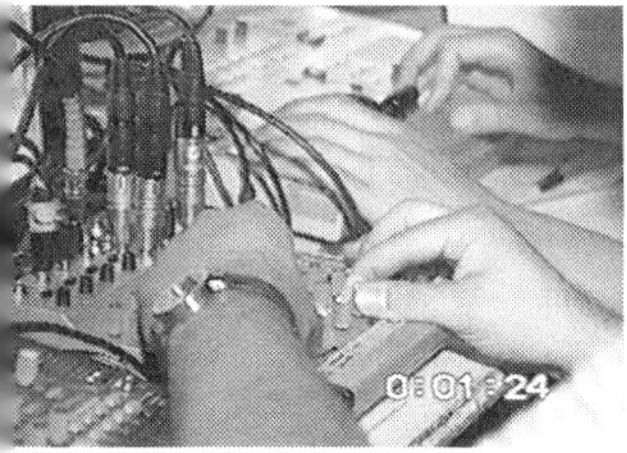

Eine solche Zurichtung nennt man Inszenierung. Der Begriff ist relativ jung. Er tauchte in der 1. Hälfte des 19. Jahrhunderts auf. Als eigenständiger ästhetischer Faktor wurde die Inszenierung erst relevant, als sich das Theater anschickte, die ersten Frühformen von Big Brother zu kreieren. Mit den Experimenten des naturalistischen Theaters in der 2. Hälfte des 19. Jahrhunderts verengt sich der Rahmen des Theaters zum Schlüsselloch. Wohnstuben und Küchen einer dort bisher unterrepräsentierten Unter- und Mittelschicht erschienen auf den Bühnen und ließen Zuschauer und Kritiker, damals wie heute, entsetzt aufschreien: "Hilfe, das wahre Leben. Das kann doch nicht wahr sein." Statt von Authentizität sprach man damals von Wahrhaftigkeit, was für uns heute einen entscheidenden Unterschied markiert. Das Wahrhaftige ist eben nicht das Wahre, sondern das Als-ob-Authentische. Das, was nicht wahr ist, aber wahr sein könnte.

Es ist wohl kein Zufall, dass zur selben Zeit ein weiterer Begriff neu bestimmt wird, der in Zusammenhang mit Big Brother immer wieder auftaucht: die Privatsphäre. Sie ist der Fetisch der bürgerlichen Kultur, der sich bereits im 18. Jahrhundert herausbildet. Was Privatsphäre jedoch ist, bleibt historisch variabel. Bereits im 19. Jahrhundert gerät das Verhältnis von Öffentlichkeit und Privatsphäre, so Richard Sennett, aus dem Gleichgewicht, indem das Öffentliche durch das Private überlagert wird.[2] Roland Barthes spricht angesichts der zeitgleichen Erfindung der Fotografie gar von der "Öffentlichkeit des Privaten: das Private wird als solches öffentlich konsumiert."[3] Unerhört an Big Brother dürfte wohl weniger sein, dass wir Zuschauer in die Privatsphäre anderer Menschen eindringen, als vielmehr, dass die Kandidaten freiwillig bereit sind, sich dabei zugucken zu lassen, wie sie ihre eigene Privatheit herstellen oder inszenieren.

2 Siehe Richard Sennett, Verfall und Ende des öffentlichen Lebens. Die Tyrannei der Intimität, Frankfurt am Main 2000, 42 ff.

3 Roland Barthes, Die helle Kammer, Frankfurt am Main 1989, 109.

wieder Filmstadt. Hier werden die Filme vom bösen Österreich gedreht, die sich Europa erwartet

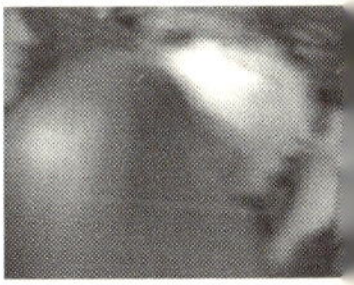

KUNST

Dass Menschen sich selbst, ihre Biografien und Körper, zum Gegenstand der Auseinandersetzung machen, ist vertraut. Dass sie sich ausstellen und vor anderen produzieren, ist ein bekanntes Phänomen, das man zuweilen sogar Kunst nennt. Welche Grenze Big Brother auch verletzen mag, die Performance und Medienkunst der letzten 50 Jahre war schon vorher da. Künstler haben in Glashäusern und Schaufenstern gewohnt. 'Echte' Menschen wurden ins Rampenlicht gezerrt und bewundert. Authentizität war der Schlachtruf, mit dem Performer Hand an sich selbst legten. Verglichen mit dem wahren echten Menschenblut, das in manchem Happening geflossen ist, nimmt sich das bisschen Kotze von Manu geradezu niedlich aus. Zwar wurden diese Formen von einem anderen Publikum, innerhalb eines anderen Kontextes rezipiert, trotzdem wiesen sie auf die gegenwärtige trivialisierte Entwicklung voraus; vielleicht machten sie diese sogar erst möglich. Wer eine Aktion von Christoph Schlingensief erlebt hat, den dürfte Big Brother eigentlich nicht mehr verblüffen. Denn dort wurde schon vorgeführt, dass Menschen zum Material werden können, ohne sich dabei selbst aufgeben zu müssen. Dabei war zu beobachten, welch prickelnde Verbindung Professionalität und Dilettantismus eingehen können.

Eines wurde bei all den Experimenten der letzten Dekaden klar: Das Streben nach Authentizität ist eine Sisyphosarbeit. Wo Authentizität vermittelt ist, ist sie immer schon hergestellt, ein Akt der Darstellung. Auch das Wahre ist eine Ware, die gemacht wird.[4]

Viele werden nun einwenden, dass ein Unterschied besteht zwischen der Aktion einer reflektierenden Künstlerin in einer Galerie und dem Bodypeeling einer gelernten Dachdeckerin in einem Wohncontainer. Dass man den Auftritt eines hauptberuflichen Schauspielers anders zu rezipieren habe als den eines hauptberuflichen ehemaligen Hausbesetzers. Pikanterweise gehen ausgerechnet die Kritiker mit dieser Argumentation den PR-Strategen von RTL2 auf den Leim.

4 Vgl. Christian Strub, Trockene Rede über mögliche Ordnungen der Authentizität, in: Jan Berg, Hans-Otto Hügel und Hajo Kurzenberger (Hg.), Authentizität als Darstellung, Hildesheim 1997, 13 f.

0 Bondy trifft Wolfgang Schüssel ++ Es kommt zu keiner Einigung ++ Schüssel will sich auf

RICHTIGE MENSCHEN

"Das sind richtige Menschen. – Keine Schauspieler." Diese Aussage ist doppelt dumm: Erstens sind auch Schauspieler richtige Menschen, die mitunter an den Folgen ihrer Berufswahl leiden, und zweitens sind auch richtige

Menschen Schauspieler. Über welch ausgeklügelte Inszenierungsstrategien 'einfache' Menschen verfügen, wurde im Container eindrucksvoll vorgeführt. Zum Beispiel Jürgen: Immer lustig, immer vergnügt, stets offenherzig, gibt er sich doch nie preis. Wie John und Andrea bewahrte er sich einen diffusen Rückhalt, eine Art toten Winkel, den die Kameras nicht einsehen konnten. Wie die Narrenfigur im Theater spielte Jürgen auf allen Ebenen, um im Zweifelsfall unverbindlich zu bleiben. Ich glaube nicht, dass die Zuschauer ihm so lange die Stange gehalten haben, weil sie diese Nervensäge für den Menschen der Zukunft halten, sondern weil sie seine Show honorieren. Nicht selten halten Zuschauer gerade jene Bewohner des Containers für besonders überzeugend und echt, bei denen sie am deutlichsten davon ausgehen können, dass sie sich inszenieren. Dieses Paradox, das nicht nur eines des Berufsschauspielers sein muss, beschreibt eines der Hauptmerkmale von Theatralität und Theater, an dem sich Theoretiker und Praktiker immer wieder die Zähne ausbeißen. Selbst Stanislawski, der heute gerne als Kronzeuge für wahrhaftige Gefühle herhalten muss, räumt ein, dass "die Bedingungen des öffentlichen Schaffens" stets "eine Lüge enthalten."[5] Jedes Lächeln hat seine Unschuld verloren, wenn es für einen Beobachter geschieht. Stanislawski empfiehlt deshalb dem Zuschauer, sich den naiven Glauben spielender Kinder anzueignen. Big-Brother-Zuschauer scheinen eher die zynische Variante zu erproben. Jede Gefühlsäußerung steht unter Verdacht, vorgetäuscht zu sein, und jede offensichtliche Täuschung mag etwas Echtes preisgeben oder herstellen.

Wir beobachten Menschen bei ihrer alltäglichen Inszenierungsarbeit, beim Versuch, sympathisch zu sein und doch Aufmerksamkeit zu wecken. Einer wie alle und doch etwas ganz Besonderes. Auf jedem Akt der Selbstdarstellung lastet dabei ein unwahrscheinlicher Authentizitätsdruck. Das ist eine

5 Konstantin S. Stanislawski, Die Arbeit des Schauspielers an sich selbst, Teil I, Berlin 1996, 285.

alltägliche Erfahrung: Echt, poor oder authentic sind Markennamen der Warenwelt, mit denen man sich uniformieren kann, um sich zu unterscheiden.

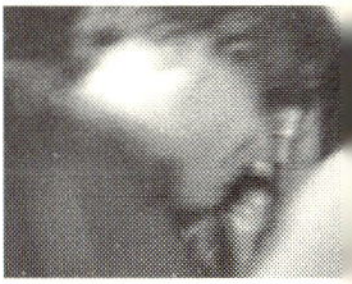

SCHAM

Es gibt ein Regulativ, eine menschliche Grundemotion, die immer mit von der Partie ist, wenn Menschen Menschen betrachten: die Scham. Scham ist eine Hülle um menschliche Subjektivität und Würde, die erfahren wird, wenn man in sie eindringt: eine gefährliche und verlockende Grenzerfahrung, die den Betrachter zur Identifizierung aufruft. Die Möglichkeit, das Verhältnis von Sehen und Gesehenwerden in Schamszenen zu verhandeln bzw. sich ihrer zu bedienen, stellt sich in der medialen Situation des Theaters anders dar als im Fernsehen. Eine nackte Pobacke auf der Bühne kann mehr entsetzen als eine ganze Sexorgie auf dem Bildschirm. Umgekehrt fasziniert mich der zähneputzende John mehr als ein Schauspieler, der auf der Schaubühne nach allen Regeln der Kunst so tut, als würde er sich eine Heroinspritze setzen. Im Fernsehen ist der Zuschauer nie anwesend, sein Blick ist stets vermittelt durch Kameras. Bei Big Brother bleibt der Zuschauer immer anonym, läuft nie Gefahr, selbst erkannt zu werden. Big Brother produziert permanent Schamszenen: intime Verrichtungen oder das Eingeständnis des Mangels intellektueller oder sozialer Kompetenzen. Schamgrenzen sind nicht fix und kaum codierbar, sie werden gesellschaftlich stets neu verhandelt. Für mich war der Schamprotagonist von Big Brother Zlatko. Sein Erfolg wurde mir ver-

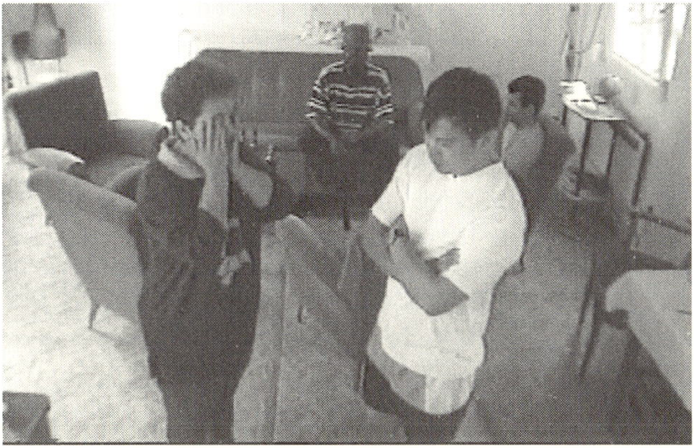

rde ++ 12:27 Positiver Bescheid der Bezirksvorstehung: Herbert-von-Karajan-Platz neben der

ständlicher, als ich einige Akademiker sah, die sich gerade noch lustlos über Lacan unterhalten hatten und plötzlich in Wallung gerieten, als sie sich über einen KFZ-Mechaniker mokieren konnten, der Shakespeare nicht kennt und sich trotzdem ziemlich gut fühlt. Hier trifft zu, was Micha Hilgers über Schammomente in verschiedenen Fernsehsendungen geschrieben hat: "Das eventuell aufkommende Gefühl von Peinlichkeit beim Zuschauer stellt eine Identifikation dar: mir wäre es peinlich, wenn ich an deren Stelle wäre. Die darin enthaltene Versicherung, daß man selbst zum Glück nicht Opfer der Schamszene ist, sondern sie vielmehr kontrolliert betrachten kann, verwandelt Scham in Kontrolle und Lust."[6] Die Lust des Sich-Aussetzens und die Gefahr, sich preiszugeben, markiert ein weiteres Mal eine theatrale Dimension. Wie das Theater Formen entwickelt hat, seine eigene Scheinhaftigkeit zu verhandeln (Metatheater, Theater im Theater), stellt Big Brother sein theatrales Element immer wieder aus, etwa wenn die Bewohner des Hauses Shakespeares "Sommernachtstraum" inszenieren. Der Gipfel schien mir erreicht, als die vier verbleibenden Kandidaten die Rollen untereinander tauschten und so beispielsweise John im Kostüm von Andrea auftrat und ziemlich exakt ihr Verhalten und ihre Bewegungen kopierte.

KEIN THEATER

Man muss jetzt nicht behaupten, dass Big Brother Theater oder Kunst sei. Die mediale Vermittlung entzieht theatraler Ereignishaftigkeit den Boden. Ein einzelner Zuschauer im Parkett des Stadttheaters kann der Aufführung, die er unmittelbar erlebt, gefährlicher werden als die ganze Schar von RTL2-Zuschauern, die sich via Internet, e-mail, Fanmagazin und Handy in der Illusion wiegen, sie hätten Anteil an der Veranstaltung. Sie sind doch nur willfährige Konsumenten, notwendige Statisten eines aalglatten Produkts. Das Raffinierte scheint mir zu sein, dass Big Brother den Diskurs um die Sendung gleich mitdesignt, indem Halb-, Pseudo- und Vollwissenschaftler im Studio aufmarschieren. Kritik wird zum Merchandising-Produkt.

Nach einer guten Theateraufführung kann man zuweilen sprachlos bleiben, unfähig, Irritation oder Begeisterung zu artikulieren. Big Brother hat die gegenteilige Wirkung. Noch bevor die erste Folge ausgestrahlt wurde, quasselten alle sofort los. Und das Quasseln nimmt scheinbar kein Ende.

6 Micha Hilgers, Die infrarote Schamlosigkeit, in: Rolf Kühn, Michael Raub und Michael Titze (Hg.), Scham – ein menschliches Gefühl, Opladen 1997, 94 f.

ingensief dem Motto "Bitte liebt Österreich" gerecht wird ++ 13:48 FORMAT wehrt sich: Äuße-

rungen waren richtig und autorisiert ++ Interview sei über Fax, e-mail und Telefon korrekturgele

Containerreport (II)

WIEN, 13. Juni

Heute Nacht sind zwei Personen in das Gelände eingedrungen und auf den Schlafcontainer geklettert. Der Securitymann, der im Liegestuhl lag, rannte daraufhin aufs Dach, von innen hielt der Vertreter Sri Lankas die Luke zu, damit die Eindringlinge nicht in den Container blicken konnten. Sie versuchten den Schriftzug „Ausländer raus" vom Dach zu reißen, doch der Securitymann konnte sie in die Flucht schlagen. Sie entkamen unerkannt.

Die Vertreterin Armeniens bekam starke Zahnschmerzen, doch sie will nicht den Container verlassen, um sich behandeln zu lassen. Sie wünscht Schmerztabletten. Der Erste, der das Haus verlassen musste, war der Vertreter des Irak. Die Zuschauer auf der Internetseite „auslaenderraus.at" entschieden sich mit irritierender Eindeutigkeit für ihn. Er ließ sich von diesem klaren Votum aber nicht entmutigen und fragte sogleich an, ob er nicht morgen wieder einziehen könne. Alberne Abschiedsszenen, wie sie im Innenhof von Big Brother stattfanden, sind den Asylbewerbern fremd. Für sie ist der Abschied offenbar ein permanenter Lebensinhalt. Die Containerbewohner sind durchtrainierte Weltenbürger, sie sind die wahren Manager des Lebens. Sie sitzen im Container, essen Reis mit Putencurry, rauchen, tanzen sogar, obwohl es heiß ist im Container, sehr heiß. Noch immer glauben derweil die Verwaltungsbeamten der ÖVP, es ginge mir darum, sie zu provozieren. Sie glauben noch immer, diese Aktion sei für sie. Diese Ansicht teile ich nicht.

CHRISTOPH SCHLINGENSIEF

autorisiert worden, Schlingensiefs Agentur und die Wiener Festwochen seien Zeugen ++ 14:40

CONTAINERTAGEBUCH

Montag, 12. 6. Schlingensief fordert Passanten auf: "Machen Sie ein Foto, schicken Sie es in Ihr Heimatland und schreiben Sie hinten drauf: Das ist Österreich." Dann ins Megafon: "Wir sind von der FPÖ." Er stellt einen "wunderbaren Menschen" vor: "Meine Damen und Herren, hier kommt Christoph Schlingensief." Der Schauspieler André Wagner, das Schlingensief-Double aus Graz, sagt immer wieder mal: "Ich bin daran interessiert, dass eine neue Form entsteht, eine Form, die über das Private hinausgeht. Eine Freiheitsform der Gesellschaft im Ganzen. Und ich frage mich, wie diese neue Form entstehen kann. Sie kann glaube ich nur entstehen, im einzelnen Ich des Menschen. Und dieses Ich muss überhaupt erst einmal erreicht werden. Denn eine neue Form kann nicht auf Vorstellungen basieren, die aus der Vergangenheit stammen. Vergangene Vorstellungen werden keine neue Form hervorbringen. Es fließen ineinander Traum und Wachen, Wahrheit und Lüge. Sicherheit ist nirgends. Wir wissen nichts voneinander, wir wissen nichts von uns. Wir spielen immer nur. Wer es weiß, ist klug." Dietrich Kuhlbrodt übermittelt Grüße aus Hamburg. Die Hansestadt, so kündigt er an, wird sich für Wien in Straßburg stark machen. Es gilt, eine alte Schuld abzuleisten. 1864 hat Österreich Hamburg mit seiner Marine geholfen, die dänische Blockade bei Helgoland zu brechen. Jetzt heißt es, Österreich beizustehen, und man wolle sich nicht aus seiner historischen Schuld stehlen. Die Container-Aktion vor der Oper läuft ruhig ab. Schlingensief: "Bitte keine Gewalt, auseinander." Und: "Lauter Nazis hier, man sieht es in den Augen." Ein Passant: "Wo der überall Nazis sieht, Wahnsinn." Schlingensief sagt: "Kommen Sie, demonstrieren Sie gegen sich selber, gegen Ihre Paranoia." Gegen 20.30 Uhr folgt die erste Abschiebung. Per Telefon haben 814 Stimmen den 31-jährigen Iraner Jahanshah Alvandi gewählt, dessen größter Traum eine Filmrolle in Hollywood ist. Auf ihn wartet eine blaue Mercedes-Limousine, die ihn zur Staatsgrenze bringt. Schlingensief: "Es ist ein Schauspieler. Es ist die absolute Wahrheit. Die Biografien wurden von uns geändert." K.C.

germeister Häupl äußert sich gegen Zensurversuche ++ Erste Drohungen gegen Festwochen-

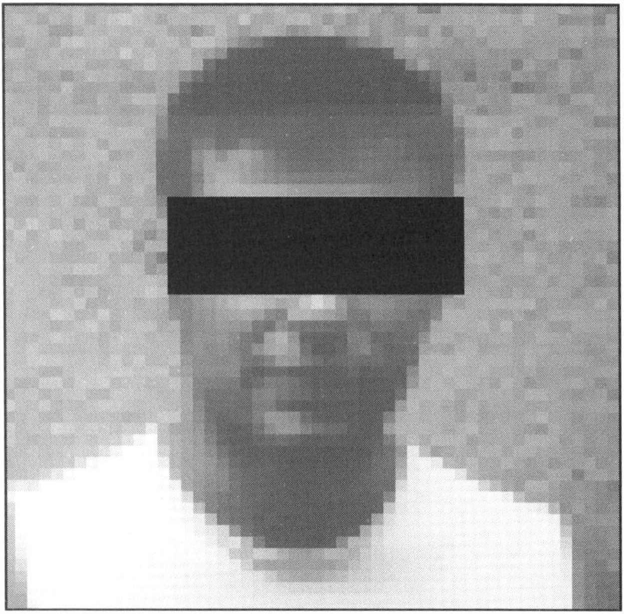

JAHANSHAH ALVANDI

0820 - 613 - 109

Jahanshah Alvandi, Schauspieler aus Iran, 31, wurde in Persepolis geboren. Da sein Vater von Beruf Handlungsreisender war, musste Jahanshah in seinem Leben schon oft umziehen: im Alter von fünf Jahren zog er mit seinen Eltern und seinen beiden Schwestern nach Ferdous, im Alter von elf Jahren nach Gorgan und im Alter von siebzehn Jahren nach Teheran. Die Umzieherei habe ihm gut getan, sagt er, man lernt viele Menschen kennen und vor allem sich selber. In Teheran beendete er die Schule und studierte anschließend Schauspiel. Nach seinem Studium wurde er lei-

Mitarbeiter ++ Festwochen richten Bürgertelefon ein ++ Bürgertelefon schon nach kurzer Zeit ü

der nur an kleinen Bühnen in der Provinz engagiert. Das ist ihm aber egal, nicht jeder kann schließlich gleich das große Los ziehen, findet er. Mutlos ist er nicht geworden: Sein größter Traum ist, irgendwann einmal eine Filmrolle bei einem großen Hollywood-Film zu bekommen.

1996 wurde Jahanshah wegen "Abfall vom Glauben" angeklagt, und kurz darauf hatte ein Gericht die Todesstrafe gegen ihn verhängt. Der Oberste Gerichtshof hob das Urteil in der Berufung auf; doch noch Monate später befand sich Jahanshah in Haft und wartete darauf, sich unter derselben Anklage in einem neuen Verfahren vor einem anderen Gericht verantworten zu müssen. Schließlich wurde er aus dem Gefängnis entlassen, das Gerichtsverfahren wurde jedoch nie eingestellt. Im Frühjahr 1997 gelang Jahanshah die Flucht nach Österreich.

Für Jahanshah stellt der Container nur eine weitere Etappe auf seinem nomadenhaften Weg durchs Leben dar.

OTS0250 5 II 0279 NFW006 KI

Politik/FPÖ/Wien/Unterreiner ***OTS-PRESSEAUSSENDUNG***

FP-Unterreiner: Durch Schlingensief wird die Eskalation der Gewalt heraufbeschworen =

Utl.: VP-Stadtrat Marboe muss handeln!

Wien, 2000-05-24 (fpd) - Aufrufe zum Mord, wie "Tötet Helmut Kohl" und in weiterer Folge "Tötet Wolfgang Schüssel", sind das Markenzeichen des deutschen Politprovokateurs Christoph Schlingensief. Mit solchen Aktionen wird die Eskalation der Gewalt heraufbeschworen, so heute FPÖ-LAbg. Kultursprecherin Mag. Heidemarie Unterreiner in einer Reaktion auf die Ankündigung von Schlingensief, seine "politische Straßenaktion" im Zuge der Wiener Festwochen am Graben stattfinden zu lassen. ****

Luc Bondy gefällt sich zwar dadurch, als Künstler besonders sensible Antennen für die Gefahr wider den Humanismus in der österreichischen Gesellschaft zu haben. Wenn es jedoch um Gewaltaufrufe gegen Österreichische Regierungsmitglieder geht, sind seine Fühler gekappt.
"Herr Bondy hat seine Position als designierter Intendant der Wiener Festwochen mißbraucht, um gegen die Regierung Stimmung zu machen", so Unterreiner. Schlingesief, der bewußt geholt wird, um gegen die Regierung mit Mordaufrufen vorzugehen, ist Bondy's Meinung nach ein "geeigneter gesellschaftspolitischer Barometer". Das ist ein Skandal!!!

VP-Kulturstadtrat Marboe, der für die Bestellung Bondy's verantwortlich ist, stört die Eskalation der Gewalt der Linken nicht weiter. Vielleicht würde er erst hellhörig werden, wenn Schlingesief riefe "Tötet Peter Marboe!", so die Freiheitliche Kultursprecherin.

Für die Aktion Schlingesiefs wurde bereits verstärktes Polizeiaufgebot angeordnet. Es ist zu befürchten, dass diejenigen, die seit Wochen für mehr Humanismus in der Gesellschaft demonstrieren, abermals hetzen: "Widerstand, Widerstand, Schüssel und Haider an die Wand". Die Eskalation der Gewalt wird mit solchen Aktionen absichtlich heraufbeschworen.

Die Gefahr, dass Aufrufe zu Gewalt in die Tat umgesetzt werden, ist nicht zu unterschätzen. "Herr Marboe, handeln sie als zuständiger Kulturstadtrat", so Unterreiner abschließend.
(Schluss) LB nnnn

Rückfragehinweis: Klub der Freiheitlichen

Pressestelle
Tel.: (01) 4000 / 81 798

*** OTS-ORIGINALTEXT UNTER AUSSCHLIESSLICHER INHALTLICHER

APA-OnlineManager

legen in Kooperation mit CHELLO Breitbandkabel für Live-Stream-Übertragung von der Staat

OTS0046 5 II 0273 NFW002 CI 01.Jun 00

Politik/FPÖ/Wien/Unterreiner/Kultur ***OTS-PRESSEAUSSENDUNG***

FP-Unterreiner: Bondy ist für Marboe zum Stolperstein geworde

FP-Unterreiner: Bondy ist zum Stolperstein für Marboe geworde

Utl.: Marboe auf FP-Linie umgeschwenkt

Wien, 2000-06-01 (fpd) - "Es ist zwar schön, dass VP-Stadtrat
die Haltung der Freiheitlichen übernommen hat, ich frage mich aber
wie
er seine bisher gemachten Fehler wieder gutmachen will. Für mich ist jedoch unklar, ob Herr Marboe von selbst gerade noch rechtzeitig den Ernst der Lage erkannt hat, oder sich nur durch Druck der VP-Parteispitze von solchen Aktionen distanziert", so FPÖ-Kultursprecherin LAbg. Mag. Heidemarie Unterreiner in einer ersten Reaktion auf die Kritik des VP-Kulturstadtrates Peter Marboe an der "Big Brother"-Aktion von Christoph Schlingensief. ****

Unterreiner erinnerte daran, dass die Freiheitlichen seit Bekanntwerden des Engagements von Schlingensief durch den designierten Intendanten der Wiener Festwochen Luc Bondy immer wieder betont haben, dass solche Auftritte keine Kunst, sondern reine Provokationen sind und aufgefordert haben, ihn auszuladen. Als Beispiel nannte Unterreiner Schlingensiefs jüngste Aufrufe zum Mord an Spitzenpolitikern wie Wolfgang Schüssel.

Die Freiheitliche Kultursprecherin forderte Peter Marboe auf rasch zu handeln. Schließlich hat er nicht nur als Kulturstadtrat, sondern
auch
als alleiniger Vertreter der Stadt Wien der Wiener Festwochen GesmbH Verantwortung zu tragen. "Falls es stimmt, wie unlängst in den Medien von Marboe selbst kundgetan, dass er bei Vertragsabschluss mit dem designierten Festwochenintendanten Luc Bondy verzichtete hat, sich in "künstlerische Belange einzumischen", hat er jegliche politische Verantwortung aufgegeben und ist Gefangener seiner eigenen Entscheidung", so Unterreiner. Bondy, der mit Schlingensief ein Feigenblatt für seine eigene politische Aggression eingekauft hat, ist somit für Marboe zu einem Stolperstein geworden, schloss Unterreiner. (Schluss) LB nnnn

Rückfragehinweis: Klub der Freiheitlichen
Pressestelle
Tel.: 0664 19 16 323

*** OTS-ORIGINALTEXT UNTER AUSSCHLIESSLICHER INHALTLICHER VERANTWORTUNG DES AUSSENDERS ***

OTS0046 2000-06-01/12:11

011211 Jun 00

APA-OnlineManager

esamter erster Bezirk eine Stunde ohne Kabelfernsehen und Internet ++ 08:00 Anlieferung der

OTS0145 5 KI 0206 GKR004 CI 02.Jun 00

Kultur/Festwochen/Grüne ***OTS-PRESSEAUSSENDUNG***

Huemer an Marboe: Wenn Kunst nicht provozieren darf, ist sie nicht frei=

Utl.: Persönlicher Geschmack unerheblich für Festwochen-Gestaltung

Wien (Grüne) - "Die Verantwortung des künstlerischen Niveaus für die Festwochen liegt bei den zuständigen IntendantInnen. Ihr persönlicher Geschmack für oder gegen einzelne Projekte aus dem Festwochenprogramm ist unerheblich und - wie ich hoffe - ohne weitere Konsequenz für die Durchführung", wendet sich heute die Kulturspecherin der Wiener Grünen Friedrun Huemer an Kulturstadtrat Marboe angesichts seiner Wortmeldungen im Zusammenhang mit dem Schlingensief-Projekt im Rahmen der Festwochen. "Wenn Kunst nicht provozieren darf, ist sie auch nicht frei. Gleichzeitig wird niemand gezwungen, sich provozieren zu lassen. Die erste Provokation ist ja augenscheinlich bereits gelungen: Die Fixierung eines Aufführungsortes für das Schlingensief-Projekt gleicht bereits einer Herbergssuche", so die Grüne Kulturpolitikerin.

Stadträtin Huemer kritisiert weiters, dass Marboe bereits im Vorfeld ein Kunstprojekt aburteilt, das er noch gar nicht kennen kann. Überdies hatte Marboe Kritik laut werden lassen , "es sei ihm unbegreiflich sei, dass die Festwochen so etwas machen". Derartigen Aussagen eines Kulturpolitikers - noch dazu eines amstführendes Kulturstadtrates - ist nach Ansicht der Grünen kaum noch etwas hinzuzufügen.

"Herr Marboe, wenn Ihnen langweilig wird, dann meiden Sie am besten den Aufführungsplatz.", schließt Huemer

Rückfragehinweis: Pressereferat

Tel.: (01) 4000 - 81814

*** OTS-ORIGINALTEXT UNTER AUSSCHLIESSLICHER INHALTLICHER

VERANTWORTUNG DES AUSSENDERS ***

OTS0145 2000-06-02/12:20

021220 Jun 00

APA-OnlineManager

M wie Marboe

"Die Seele der Menschen

muß in ihren tiefsten Tiefen verängstigt werden durch scheinbar sinnlose Verbrechen, die nur den einen Zweck haben, nämlich Angst und Schrecken zu verbreiten!"

"M – Eine Stadt sucht einen Mörder",
Fritz Lang

"Marboe war M und Archibaldo in einer Person. Eine zerrissene Persönlichkeit. Um das Böse wissend und voller Angst, dass es nach außen tritt."

Elisabeth Piquont
Psychologin

iecontainer ++ Technische Installation durch WEBFREETV.com und Bühnentechnik des Theaters

SVEN GÄCHTER

IM LAND DES MEUCHELNS

Jemand musste Peter Marboe verleumdet haben, denn ohne dass er sich etwas Böses gedacht hätte, wurde ihm eines Morgens das Misstrauen ausgesprochen. Treten Sie zurück!, forderte Hilmar Kabas, Obmann der Wiener FPÖ, der schon deshalb eine amüsante Figur abgibt, weil er es als bislang einziger österreichischer Spitzenpolitiker schaffte, Opfer eines Tortenanschlags zu werden. Rücktrittsforderungen stehen in Österreich auf der politischen Tagesordnung und bleiben deshalb in der Regel rundum folgenlos; sie gehören zur heimischen Diskursfolklore wie der Obers zum kleinen Braunen im Wiener Kaffeehaus.

Nicht, dass Hilmar Kabas es nicht bitter ernst gemeint hätte. Schließlich hatte sich Marboe keines weniger skandalösen Vergehens schuldig gemacht, als es "der linken Kulturschickeria recht machen" zu wollen. "Aus diesem Grund übernehmen Sie widerstandslos deren marxistischen Kulturbegriff und lassen die Dinge ohne eigenen politischen Gestaltungswillen treiben", keifte Kabas. Enden würde eine solche Einstellung "letztlich im Tolerieren von schrankenlosen Provokationen, die ohne jeden künstlerischen Wert sind", der "Zerstörung unserer gesellschaftlichen Grundwerte" dienten und "die Schädigung des Bildes Österreichs im Ausland" zum Ziel hätten. Marboe: ein Krypto-Marxist, ein Tabu-Verhöhner, ein Werte-Zertrümmerer. In den Augen eines rechtspopulistischen Bedenkenträgers sind das keine Kavaliersdelikte, es sind Todsünden wider den vaterländischen Spirit und als solche mit der schlimmsten aller Strafen zu ahnden: Entfernung aus dem Amt!

Peter Marboe ist Kulturstadtrat von Wien, und er ist es mit jener kühlen Leidenschaft, die einen liberalen Politiker mit christlich-konservativer Grundprägung auszeichnet. Man muss sich Peter Marboe als einen maximal moderaten Menschen vorstellen. Immer auf Dialog bedacht. Tolerant fast bis zur Selbstverleugnung. Sachlich, nüchtern, frei von Ressentiments und vorgefassten Meinungen. Es gibt nichts, worüber man mit Marboe nicht zivilisiert sprechen könnte, und es gibt nichts Zivilisiertes, was Marboe ungeprüft zurückweisen würde. Das ist auch der Grund, weshalb Peter Marboe so schlecht zur öffentlichen Hassfigur taugt. Ein Mann, der den demokratisch-gepflegten Diskurs über alles stellt, polarisiert nicht – er langweilt gelegent-

lich höchstens. Sachfremde Argumente entkräftet er lächelnd, und dummdreiste Anwürfe perlen von ihm ab wie Regentropfen von einem frisch imprägnierten Burberry-Mantel. So viel weltläufige Gelassenheit kann die Holzköpfe einer Partei, deren Programm auf einem schier unerschöpflichen Aggressionsreservoir basiert, durchaus zur Weißglut treiben.

Was aber hatte Marboe falsch gemacht? Genau genommen, nichts. Und damit, genau genommen, alles. Denn Marboe ist nicht nur Wiener Kulturstadtrat und als solcher oberster Vollstrecker der offiziellen Kulturpolitik der Stadt Wien, sondern auch Präsident der Wiener Festwochen, dessen einzige Funktion darin besteht, die Festwochen-Intendanten zu berufen und ihnen die künstlerische Verantwortung zu übertragen. Wenn die Festwochen-Direktoren Luc Bondy und Hortensia Völckers also den deutschen "Aktionisten" Christoph Schlingensief einluden, im Rahmen der Festwochen ein Projekt zu gestalten, hatte das mit Marboe nicht das Geringste zu tun. Dass der Skandal um Schlingensiefs Container-Aktion "Bitte liebt Österreich" dann allerdings voll auf Marboe zurückschlug, hatte wiederum sehr viel mit österreichischer Innenpolitik und ihrer mörderischen Eigendynamik zu tun. Wie alle um die Kunst entfachten medialen Skandale im Stammland der Operette beruhte auch dieser auf Ignoranz, Unterstellungen und perfiden Tatsachenverdrehungen.

" Jeder Asylant holt sofort ine Familie nach und lässt ie gesundheitlich sanieren. f Kosten der tüchtigen und leißigen Österreicher. "
FPÖ

Marboe, von Amts wegen bloß eine Randfigur, wurde unversehens zum Hauptdarsteller in einem kruden Politdrama, das er weder angezettelt hatte noch kontrollieren konnte. Und das Schlimmste: Marboe, der große Kommunikator, Versöhner und Beschwichtiger, sah sich plötzlich nur noch von Feinden umzingelt. Die Generalsekretärin seiner eigenen Partei (ÖVP), in Fragen der Kunst völlig unbeleckt, schaltete sich in die Debatte ein und erklärte die Schlingensief-Aktion ganz unberufen für "fragwürdig und kontraproduktiv"; die "Kronen Zeitung", der allmächtige Boulevard-Koloss, denunzierte Marboe als "Steuergeld vernichtende Niete", die Freiheitlichen forderten hartes Durchgreifen – sprich: den Stopp der Aktion – und, genau, Marboes Rücktritt – und Marboe tat, was er sonst selten tut: Er wurde nervös und bekannte Farbe.

Als aufgeklärter Politiker musste er zunächst einmal die erhobenen Zensur-

Wollen jetzt den Satz "Tötet Wolfgang Schüssel!" im Kontext bewerten ++ 15:00 Statistencasting

forderungen zurückweisen, um sich dann erstens – als Festwochenpräsident – von seinen Intendanten zu distanzieren (die er mit scharfen Worten zu einer Sachverhaltsdarstellung aufforderte) und zweitens – als sichtlich tief betroffener Privatmann – vom Urheber der öffentlichen Aufregung: "Herr Schlingensief ist für Dinge verantwortlich, die im tiefsten Kern unredlich sind", klagte Marboe in einem Interview mit "profil". "Er hat die Unwahrheit

Erschienen am 19.06.2000 in der Kronen Zeitung

Container-Künstler Schlingensief fordert:

„TÖTET SCHÜSSEL!"

„AUSLÄNDER RAUS"

Eine Woche lang wurden vor der Wiener Staatsoper Touristen vom einschlägig bekannten Polit-Rabauken Christof Schlingensief gegen Wien und Österreich aufgehetzt. Mit vielen Steuermillionen Unterstützung für seine menschenverachtende Container-Aktion die ein Teil der Wiener Festwochen war. Dies alles passierte in voller Verantwortung des Wiener ÖVP-Kulturstadtrats Marboe.

Jetzt reicht es!

Treten Sie zurück, Herr Stadtrat Marboe!

Die Wiener Freiheitlichen

mit Schlingensief, Lilienthal und Rauter findet an einem geheimen Ort statt ++ Wiener Festwoc

in seine Provokation eingebaut, im konkreten Fall die Unwahrheit des Zitats. Er sagt, ich hätte ihn nach der Festwochen-Pressekonferenz umarmt und ihm versichert, wie wichtig er sei. Kein Wort davon ist wahr. Wahr ist, dass ich bei Schlingensief nach fünf Minuten den Fernseher abdrehe, weil er langweilig ist und sich wiederholt. Diese Meinung lasse ich mir von niemandem verbieten. Es gehört zum Wesen des künstlerischen Diskurses, seine Meinung äußern zu dürfen." Es braucht viel, um den stets konzilianten Peter Marboe in einen Zustand der Erregung zu versetzen. Einigen besonders penetranten Dumpfdrosseln der FPÖ gelang es im Lauf der Jahre hin und wieder. Dem

Aus dem Film "1. April 2000"

n Verantwortung für Projekt an Schlingensief abgeben ++ Kann Big Brother auf Rechte-

begnadeten Unruhestifter Schlingensief gelang es binnen einer Woche, und es erweckte mit Sicherheit keinerlei Gefühle der Solidarität in Marboe, dass Schlingensief bald selbst einige Klagen von der FPÖ am Hals hatte.
Um Kunst ging es bei der künstlich hochgepeitschten Rezeption von "Bitte liebt Österreich" natürlich keine Sekunde. Es ging, natürlich, um Politik, so wie es in Österreich immer um Politik geht, wenn eine durch den Boulevard legitimierte Öffentlichkeit sich plötzlich ganz heftig für Kunst zu interessieren beginnt. Die einzige Existenzberechtigung, die Kunst und insbesondere Künstler in felix Austria für sich reklamieren dürfen, ist jene, für tages- oder wahlpolitische Zwecke instrumentalisiert werden zu können.
Festwochen-Direktor Luc Bondy wies nicht ohne eine Spur Fatalismus darauf hin, dass die ganzen Zänkereien auf dem Hintergrund des bevorstehenden Wiener Wahlkampfs zu sehen seien. Es droht ein besonders wüster Wahlkampf zu werden, denn nach der schwarz-blauen Wende auf Bundesebene ist eine Koalition zwischen ÖVP und FPÖ auch in der Bundeshauptstadt eine beklemmend realistische Option. Die Freiheitlichen haben die Schlingensief-Aktion schon genüsslich dazu benutzt, ihre Messer zu wetzen, und sie werden in der heißen Phase des Wahlkampfs keine Gelegenheit auslassen, den Geist des Containers wieder heraufzubeschwören und wütend auf den liberalen Buhmann Marboe einzuprügeln. Das Phantom Schlingensief wird noch länger durch die Wiener Innenpolitik geistern und den armen, unschuldigen Peter Marboe verfolgen. Den Geist, den Marboe nicht rief, wird er so bald nicht wieder los sein.

ien, 15. Juni 2000

PETER MARBOE
AMTSFÜHRENDER STADTRAT
FÜR KULTUR
VON WIEN

errn
hristoph Schlingensief
o Wiener Festwochen

ehargasse 11
)60 Wien

err Schlingensief!

verschiedenen Wiener Zeitungen werden Zitate wiedergegeben, die ahrheitswidrig und verleumderisch sind und – da von Ihnen unwidersprochen – fensichtlich unter dem Titel „Kunst" als Teil Ihres Provokationskonzeptes ıgesehen werden.

h habe Sie anlässlich der Festwochen-Pressekonferenz das erste und einzige Mal troffen, und bei dieser kurzen Begegnung gab es weder eine Umarmung noch nen der von Ihnen nunmehr kolportierten Sätze. Ihr Kalkül der Vereinnahmung ird noch durchschaubarer, wenn man weiß, dass ich nicht Mitglied des ÖVP-undesparteivorstandes bin und daher weder für noch gegen etwas gestimmt ıben kann.

ie Richtigkeit meiner kritischen und distanzierenden Äußerungen Ihnen und rem spekulativen Aktionismus gegenüber in verschiedenen Tages- und ochenzeitungen haben Sie nun selbst mit Ihren läppischen Aussagen ndrucksvoll bekräftigt. Das Mindeste, das man in einer zivilisierten Gesellschaft tzt von Ihnen erwarten darf ist eine umgehende Richtigstellung und ıtschuldigung.

rbeiten dauern bis nach Mitternacht ++ Erste Angriffe vor Ort ++ Biografien müssen geändert

werden. Zu gefährlich. ++ Schlingensief/Lilienthal: "Die Identität der Asylbewerber muss vers

werden, um sie zu schützen!" ++ Sandra Umathum soll das übernehmen ++ 8.6 11:34

ZEIT IM BILD 3, ORF, 13. 6. 2000

Christoph Schlingensief Theater- und Filmregisseur ***Heidemarie Unterreiner*** Kultursprecherin der Wiener FPÖ ***Friedrun Huemer*** Kultursprecherin der Wiener Grünen ***Gerhard Salcher*** Kultursprecher der Wiener ÖVP ***Roman Rafreider*** Moderator

Sprecher 20 Uhr 30 heute Abend beim Container-Platz der Erregung nahe der Staatsoper in Wien. Im Rahmen der täglichen Abschiebung müssen wieder drei sogenannte Asylanten die sogenannte Heimreise antreten – bewacht von Securities, die, ähnlich wie bei der Vorlage "Big Brother", einen reibungslosen Ablauf garantieren sollen. Doch statt des Teenager-Gekreisches wie bei "Big Brother" ist es beim Container-Dorf in Wien nach dem Auszug der Ausgeschiedenen ruhig. Viele denken nach über das, was draußen ist und was drinnen sein könnte.

Thomas Rottenberg, Journalist, vor dem Container Ich habe gelernt, dass die eigentlichen Ereignisse hier im Kopf passieren. Da sitzen Menschen drinnen im Container herum, so ähnlich wie bei Big Brother auch, und tun eigentlich nichts. Und dann stehen Leute davor und denken darüber nach, was die da nichts Tuenden eigentlich tun könnten. Und alles, was hier passiert, passiert in den Köpfen der Leute. Es werden einfach Vorurteile an diese Container-Wand geknallt. Und was da drinnen passiert? Der Container könnte genauso gut leer sein. Es ist völlig egal.

Sprecher Das sagt der Journalist Thomas Rottenberg, der selbst einige Zeit im Container verbracht hat. Dass die Ereignisse im Kopf Hundertausende bewegen können – diese Erfahrung hat der Wiener Internet-TV-Sender webfreetv gemacht. Zu Spitzenzeiten haben heute stündlich bis zu 80.000 Internet-User die Web-Übertragungen besucht, offenbar sehr zum Missfallen einiger Hacker. Am Nachmittag legte eine Organisation mit dem Namen "Recht und Ordnung" die Server lahm. Es wurde Anzeige gegen Unbekannt erstattet. Eine Anzeige eingereicht hat aber auch die Kronenzeitung. Beklagt

Vertragsverhandlungen mit Wiener Festwochen festgefahren++ Schlingensief droht mit Abreis

werden sollen die Wiener Festwochen wegen der missbräuchlichen Verwendung des Logos der Zeitung. Für teilweise heftige Reaktionen sorgt das provokative Container-Dorf aber auch vor Ort. Sowohl bei In- wie bei Ausländern.

Dietrich Kuhlbrodt, Teilnehmer am Container-Projekt (im Insert des ORF fälschlicherweise als Josef Bierbichler, Schauspieler, ausgewiesen) Die Leute, wie man sieht, brüllen sich auch an. Sie lassen das raus, was sie haben. Aber sie sind im Gespräch. Es wird endlich mal mit Inhalten gefüllt, was das abstrakte "Ausländer raus" eigentlich bedeutet. Was ist das eigentlich? Sonst ist es ja nur eine abstrakte Formel, deren sich populistische Politiker bedienen, und jetzt merkt man das: Da steckt ganz was anderes drin. Und das ist eben der berühmte "Mann auf der Straße", der bedient werden sollte, jetzt aber selbst aktiv wird und dazu kommt, seine Meinung zu äußern.

Passant A Frechheit is! Es wird alles, alles als Kunst verkauft! Jeder Scheiß! Ich muss es wirklich sagen: Jeder Scheiß wird als Kunst verkauft. In Österreich. Ja. Also, ich finde das nicht in Ordnung. Wir müssen das zahlen. Ich möchte nicht wissen, was das kostet. Und wir müssen dafür auch noch geradestehen.

Schnitt ins Studio

Moderator Tja, Herr Schlingensief, die Wiener sind empört, die Touristen entsetzt. Das haben wir gesehen und gehört, und das sind auch in etwa die Schlagzeilen der Tageszeitungen von morgen – und nicht nur der Kronenzeitung. Ist es das, was Sie gewollt haben?

Schlingensief Wir haben hier ein Filmdorf errichtet. Wir produzieren Bilder, die Jörg Haider und seine Parolen einfach einmal beim Wort nehmen. Wir haben diese Parolen jetzt als sinnlos entlarvt. Letztendlich hätten sie ja nur einen Sinn, wenn sie auch verwirklicht werden. Jetzt werden sie verwirklicht; Europa sieht, was wäre wenn ... Und Österreich sieht dabei sehr schlecht aus, weil nun eben die VP-FP-Koalition das Schild "Ausländer raus" seit

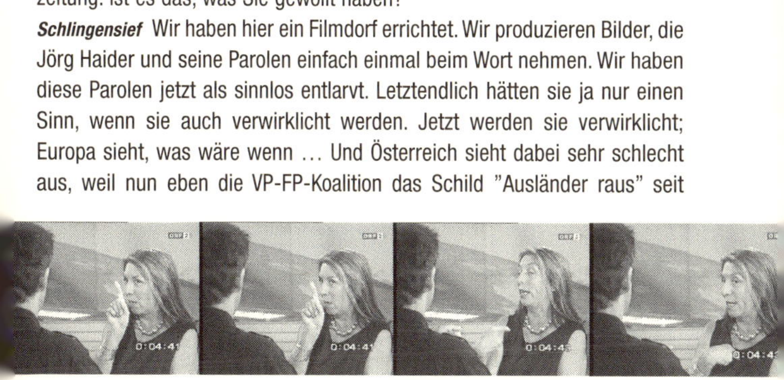

Festwochen übernehmen Vollhaftung, Bondy bittet Schlingensief aber, behutsam vorzugehen

zweieinhalb Tagen oben hängen lässt, und das ist doch sehr bezeichnend.

Moderator Ist es das, was Sie ein bisschen wollten: Ein bisschen provozieren?

Schlingensief Provokation ist ein Mittel für Doofe. Das ist das, was die FPÖ sehr oft vorhat. Das, was wir machen, ist eine Selbstprovokation – eine leere Fläche, auf die projizieren Sie Ihr Bild drauf – Ihren Film –, und Sie haben pausenlos das Problem, dass sich die Bilder gegen Sie selbst kehren. Bei einer Provokation provoziere ich Sie, und dann habe ich Sie provoziert, und dann gehe ich wieder. Dieses Ding funktioniert auch, wenn ich nicht da bin, und das merken Sie auch, wenn Sie dran vorbeigehen.

Moderator Frau Unterreiner, Sie sind die Kultursprecherin der Wiener FPÖ. Sie schreiben in einer Aussendung, der Herr Schlingensief sei "verhaltensgestört". Fühlen Sie sich provoziert?

Unterreiner Ich fühle mich überhaupt nicht provoziert vom Herrn Schlingensief, aber es ist bezeichnend für die Ära des Herrn Kulturstadtrats Peter Marboe, dass politische Agitation zu einem Mittel wird, um Kulturpolitik zu machen. Das lehnen wir ab. Genauso wie die Verherrlichung von Kindesmissbrauch, von Gewalt an und für sich, von Blasphemie, von Themen, die wir nicht als Kunst erachten. Hier wird unter dem Deckmäntelchen …

Schlingensief Aber das ist doch Volksverhetzung! Sie machen pausenlos Volksverhetzung! Schauen Sie doch nur auf Ihre Wahlplakate! Ihre Partei wird von uns doch nur beim Wort genommen ...

Unterreiner Hören Sie auf! So können Sie sich bei Ihrem Container benehmen. Jetzt sind Sie im ORF! Sie werden jetzt schweigen!

Schlingensief … und wir haben gesagt, wir machen das jetzt mal wahr!

Moderator Herr Schlingensief, wir haben vorher ausgemacht, dass wir schon eine lebendige Diskussion führen wollen – aber nicht alle durcheinander …

++ 10.6. Bühnenbildnerin Wetzel will abreisen ++ Managerin Kaloff schlichtet ++ Wetzel

Schlingensief Ja, aber man hört immer, dass die Frau Unterreiner sonst durch und über alle drüber redet …

Unterreiner Sehen Sie, das ist ein typisches Beispiel. Herr Schlingensief wird genau aus diesen Gründen eingekauft – um politische Agitation zu betreiben. Er wird dafür bezahlt, und das ist sein Geschäft, und dann gibt es einen Herrn Luc Bondy, den designierten Festwochenintendanten, der ganz bewusst in einer sehr sehr sensiblen politischen Zeit einen Herrn Schlingensief eingekauft hat, um politische Agitation zu betreiben. Wir lehnen das ab. Das hat überhaupt nichts mit Freiheit der Kunst zu tun. Denn: Aufruf zum Mord, ganz egal, ob das Ziel der Herr Bundeskanzler oder sonst ein Politiker ist, ist nicht Kunst.

Schlingensief Aber Sie machen doch selbst permanent den Aufruf zum Mord. Sie rufen pausenlos auf. Und es ist doch ziemlich primitiv und hohl und dumm, was Sie hier gerade wieder versuchen. Eingekauft!

Unterreiner Ich wiederhole: Sie werden mit Steuergeldern aus dem Ausland eingekauft, um Österreich und die Menschen, die dafür zahlen müssen, zu vernadern!

Wildes verbales Durcheinander

Moderator Ich habe jetzt leider keine Glocke dabei. Ich würde sie läuten. Leider habe ich sie nicht mit. Nächstes Mal nehme ich sie mit. Die Frau Huemer schnauft schon, will unbedingt was sagen und darf jetzt auch etwas sagen.

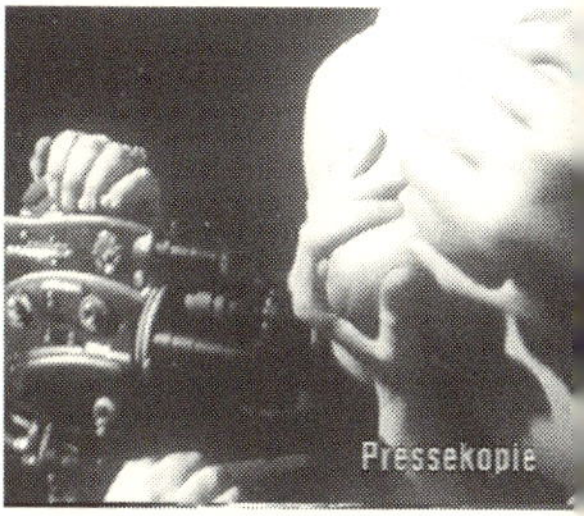

Huemer Auch wenn ich nicht schnaufe: Ich will jetzt schon einmal etwas klarstellen. Die Frau Unterreiner hat jetzt auf Schlingensiefs jüngste Inszenierung im Grazer Schauspielhaus angespielt, wo der Satz "Tötet Wolfgang Schüssel" fiel …

Unterreiner Sehen Sie, das ist seine Masche!

Huemer Das war aber eine Äußerung in einem künstlerischen Kontext, auf einer Theaterbühne – und Kunst funktioniert ein bisschen anders. Kunst verknappt, verkürzt, darf zuspitzen und ist nicht an den normalen Regeln der üblichen Äußerungen zu messen. Kunst folgt anderen Gesetzen. Das ist zu akzeptieren. Und die Politiker, ob Opposition oder an der Macht, haben dafür zu sorgen, dass die Kunst frei ist, auch wenn sie provoziert.

willig ++ 11.6. 12 Lagerinsassen (Asylbewerber) erreichen Theater an der Wien und werden

Unterreiner Auch wenn sie Aufruf zum Mord ist?

Schlingensief Aber es gibt doch unzählige Beispiele von Theaterstücken, in denen das passiert. Gehen Sie doch einmal ins Theater! Sie haben doch noch nie ein Theater von innen gesehen!

Unterreiner *(in erneutem wildem, unverstehbarem Getümmel)* Herr Schlingensief, vergleichen Sie sich nicht mit wahren Künstlern! Sie sind ein Agitator. Sie sind kein Künstler. Sie wollen sich als Künstler verkaufen. Aber Sie sind ein Agitator!

Schlingensief Warum sind Sie noch nie im Theater gewesen? Das darf doch nicht wahr sein, dass jemand als Kultursprecherin der FPÖ noch nie im Theater war!

Unterreiner Sie wollen sich doch nicht mit einem echten Theatermacher vergleichen!

Schlingensief Ein rechter Theatermacher will ich ja auch gar nicht sein. Was soll denn das?

Unterreiner "Echter" hab ich gesagt. "Echter"!

Moderator Jetzt muss aber der Herr Salcher zu Wort kommen dürfen. Er hält sich diplomatisch zurück. Es wurde aber schon sein Parteikollege, VP-Kulturstadtrat Marboe, angegriffen. Herr Salcher …

Salcher Damit einmal nicht der Herr Schlingensief im Mittelpunkt steht, möchte ich die Gelegenheit ergreifen und fragen, warum die Frau Magister Unterreiner hier immer den obersten Kultursheriff von Österreich spielt: Eine Partei wie die Ihre, die den langjährigen persönlichen Öffentlichkeitsberater des verurteilten Otto Mühl zu ihrem Generalsekretär macht, die sollte sich mit dem Herrn Schlingensief gar nicht erst auseinandersetzen. Sie können in dieser Diskussion nämlich überhaupt nichts sagen, weil Sie sind kein Maßstab dafür, was in dieser Stadt stattfinden soll und was nicht.

> ⇨ Betreff: Frau Unterreiner!
> hallo! Sowas von peinlichem Auftritt wie von dieser Frau, das habe ich mit 42 Jahren in Wien noch nie gesehen. Da war der berühmte "Club 2" von der Nina Hagen schwach dagegen. Wenigstens hat sich diese Nazibraut nicht ausgezogen. Geboren ist sie 1947, 2 Kinder, geschieden. liebe grüße: RokkerMur
> (RokkerMur, e-mail an die Festwochen vom 14. 6.)

Unterreiner Jetzt wird es aber peinlich. Sie lenken nur ab!

Salcher Egal, ich hab mir die Aktion angeschaut, ich war vor wenigen Stunden dort, Sie haben mich vielleicht sogar gesehen. Ich halte die Aktion an sich für schlecht. Ich halte sie auch für ziemlich langweilig. Und ich halte sie für falsch. Warum langweilig? Da sitzen ein paar bezahlte Schauspieler, die sich die Fußball-Europameisterschaft anschauen. Es gab im Rahmen der Festwochen bessere Schauspieler. Und falsch ist sie, weil dort der Eindruck erweckt wird, dass hier die FPÖ oder die Kronenzeitung eine politische Aktion machen. Aber, und das sage ich auch dazu: Niemand in diesem Land oder in dieser Stadt hat das Recht, eine derartige Aktion einfach abzuschaffen oder zu verbieten. Und den Herrn Schlingensief in Handschellen abführen zu lassen: Damit käme man ihm ja nur entgegen.

Schlingensief Hören Sie auf! Als ob das meine Absicht wäre! Das ist doch totaler Quatsch. Ihre Koalitionspartner von der FPÖ müssten sich in Handschellen abführen lassen. Sie haben diese Leute in der Regierung und Sie sind verantwortlich für diese Isolation Österreichs!

Unterreiner Sie sind nicht hier als Politiker! Sie sind eingekauft worden!

Schlingensief Die Angst wächst!

Salcher Also, ich spiele hier in Ihrem Theaterstück nicht mit!

Unterreiner Sie sind eingekauft!

Schlingensief Als Außenstehender bemerke ich: Die Angst wächst, und Sie haben den Fehler gemacht, weil Sie mit dieser Partei angefangen haben.

Unterreiner Aber was geht Sie unsere Innenpolitik an?! Sie sind eingekauft! Sie agitieren!

Schlingensief Die Sanktionen werden nicht abgebrochen. Das ist einfach so. Die Sanktionen werden bleiben. Sie können machen, was Sie wollen!

Salcher Das können Sie doch gar nicht entscheiden!

Moderator *(mitten ins immer heftigere Gruppengebrüll)* Ja, ja: Künstler gegen Politiker – ein tödliches Gespann …

Schlingensief … und wenn dieses Schild noch länger da oben hängt …

Unterreiner … wissen Sie, wie unverschämt Sie sind?!

Salcher Na, wenn der Herr Schlingensief so etwas sagt, dann beweist er: Er ist kein Künstler, sondern er ist bestenfalls ein Aktionsdramaturg.

Unterreiner Ein Agitator ist er! Eingekauft! Er hat sogar eine österreichische Tageszeitung in Misskredit gebracht!

rafien geschrieben werden. ++ Schlingensief-Double André Wagner trifft ein. Erste Einweisung

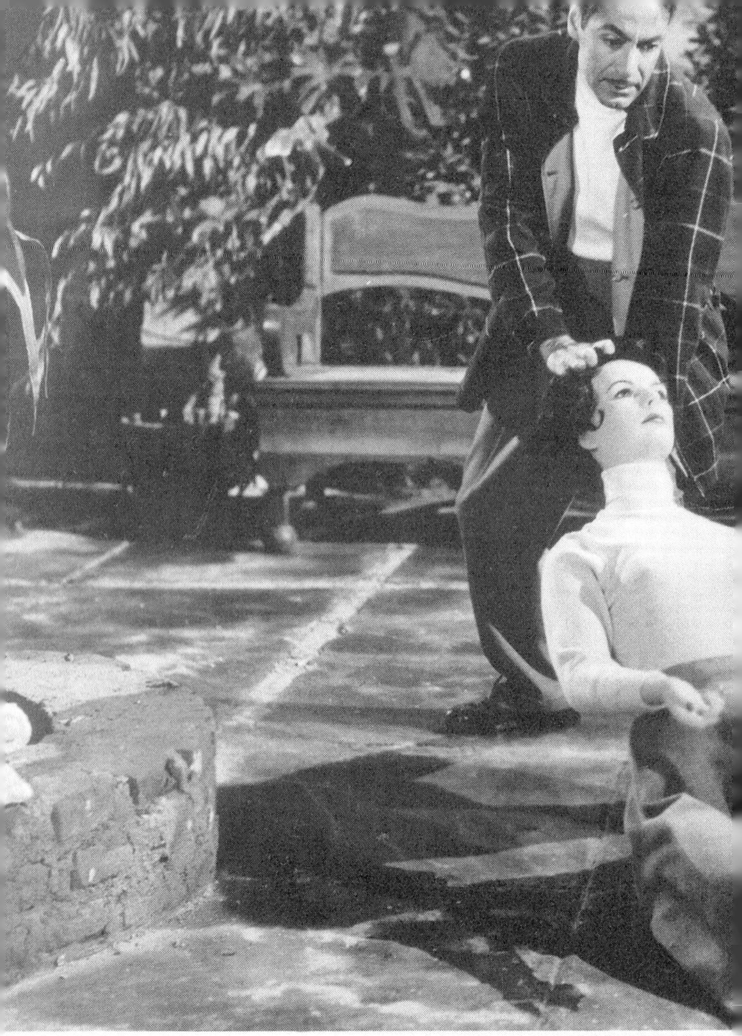

Luis Bunuel

Das verbrecherische Leben des Archibaldo de la Cruz

durch Schlingensief ++ 16:48 Umathums zuletzt gefälschte Biografien werden ins Webdesigr

ros Lava,
o Alonso,
acedo,
a Welter

Produktion: Alianza Cinematografica

Verleih: Neue Filmkunst Walter Kirchner

.auslaenderraus.at aufgenommen ++ 18:00 Begehung der Container mit den Asylbewerbern.

Totale Eskalation, in der Wortfetzen wie Agitation, Stadtbild, Schild etc. wiederholt werden

Moderator Ich würde jetzt aber doch gerne eine Runde weiterkommen. Herr Schlingensief, ein recht unverdächtiger Mann, der österreichische Botschafter in Paris, Franz Ceska, erzählt von einer recht seltsamen Begegnung mit empörten französischen Geschäftsleuten, die sagen: Ihre Aktion sei der Beweis, dass die Vorwürfe gegen Österreich der Wahrheit entsprechen. Kann es sein, dass Sie mit dieser Aktion missverstanden wurden – von Touristen, von Ausländern in Österreich? Oder wollen Sie eigentlich missverstanden werden?

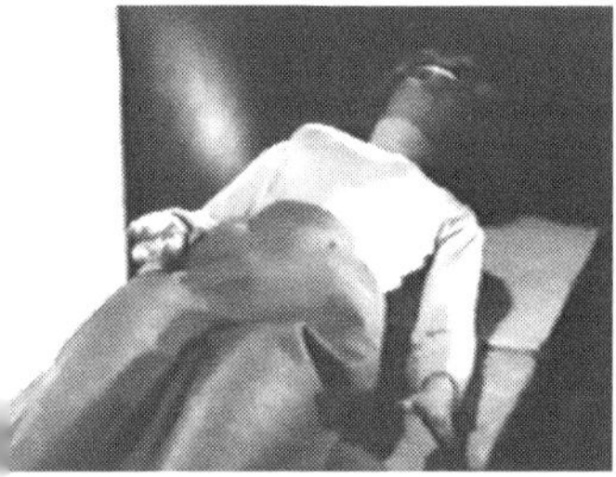

Schlingensief Ich kann Ihnen nur soviel sagen: Seit zweieinhalb Tagen steht mitten in Wien bei der Oper für alle Touristen und Filmkameras der Welt der Satz "Ausländer raus". Ich finde das sehr interessant. In Berlin wäre dieses Schild nach einer Stunde weg, in Frankreich nach zwei Stunden. Aber hier hängt es nach zweieinhalb Tagen noch immer. Diesen Satz können Sie sich im Ausland aber nicht leisten, und das ist Ihr Problem. Sie haben ein Problem!

Getümmel: Schande, Agitator!, Problem

Huemer Ja, tatsächlich wird in Österreich so ein Spruch nicht weggemacht. Das ist die Normalität. Man darf ja Ausländer raus sagen und wird dafür nicht zur Rede gestellt in diesem Land. Die Sprüche der FPÖ sind ganz normal.
Schlingensief Und wir haben die FPÖ beim Wort genommen. Wir haben Ihre Plakate aufgehängt, Ihre Plakate gezeigt, die Volksverhetzung allergrößter Sorte sind ...
Moderator Herr Schlingensief, man muss auch zuhören können. Also: Jetzt darf die FPÖ sprechen ...
Unterreiner Wir haben einen Bezirksvorsteher Schmitz ...
Schlingensief Aber jetzt fangen Sie nicht schon wieder an mit irgendwelchen kleinen ...
Unterreiner Ja, aber Herr Schlingensief, wir haben einen Bezirksvorsteher ...

++ Dolmetscher übersetzen. ++ Armenische Familie steigt aus und will zurück ins L

Schlingensief Das ist so langweilig!

Unterreiner … und der duldet es, er billigt es, genau wie Sie gesagt haben, an dem Platz vor der Oper, genau das ist geschehen, was Schlingensief wollte! Die Leute glauben im Ernst, dass das wirklich eine echte Abschieb-Aktion ist. Sie haben Österreich im Ausland vernadert und diffamiert!

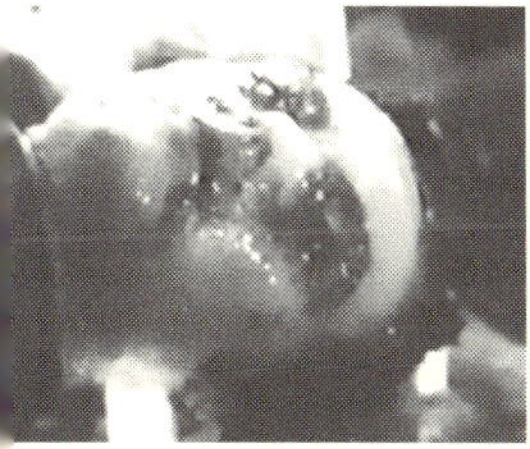

Schlingensief *(inzwischen zu Salcher gewandt)* In Ihrer Partei gibt es doch genug Leute, die gegen diese Koalition sind!

Unterreiner Zweitens gibt es einen Stadtrat Marboe …

Schlingensief Ja, jetzt geht es um Marboe, und dann machen Sie noch ein paar Namen auf …

Unterreiner … lassen Sie mich doch einmal ausreden! – der genauso mitspielt bei dem Spiel und der genauso nicht durchschaut, dass er…

Schlingensief Sie durchschauen doch auch nichts!

Unterreiner … in Wirklichkeit von einem Bondy und einem Schlingensief …

Schlingensief Frau Unterreiner, was durchschauen Sie denn? Sie durchschauen nichts! Sie waren noch nicht einmal im Theater. Sie wissen noch nicht einmal, wie Theater funktioniert!

Unterreiner Sie glauben, Sie können mit Theater Politik machen! Ihr Schlingensief-Mief wird gottseidank verboten sein!

Schlingensief Das ist doch wieder nur "in den Wind gereimt". Sie haben noch nicht einmal die Grundbegriffe von Theater begriffen.

Moderator Wir sind doch nicht im Bierzelt!

Schlingensief Da haben Sie recht. Hervorragend!

Unterreiner *(schreiend)* Und! Und! Wir haben zwei ÖVP-Politiker, die sich eingesetzt haben, dass Schlingensief geholt wurde.

Salcher Das stimmt nicht! Die Bundespolitik hat in ihrer Gesamtheit, von Marboe über alle anderen Politiker, dargelegt, dass wir diese Aktion für falsch halten, dass sie aber bei den Festwochen stattfindet …

ündung: "Fühlen uns ausgestellt wie Affen im Zoo" ++ Klärung weiterer Bedenken durch

Unterreiner Ohoh! Nana! Haha!

Salcher … dass es also Verantwortung der Festwochen ist, und solange der Herr Schlingensief nicht gegen das österreichische Strafgesetz verstößt … Wenn die FPÖ der Meinung ist, dass er das tut …

Unterrciner Ja!

Salcher … so wie die Kronenzeitung, dann klagen Sie doch, dann ist es Sache der Staatsanwälte, das zu entscheiden. Als Kulturpolitiker – und das ist es, was Sie nicht verstehen …

Tumult

… können wir nicht als Schergen einspringen und sagen: "Das gehört weg, das gehört abgeschafft!" Das ist nicht machbar in einem kulturellen … äh … Kulturstaat.

Unterreiner Aber es ist auch nicht Aufgabe eines Kulturpolitikers, sich überhaupt in dieser Weise zu äußern!

Tumult

Salcher *(zu Huemer)* Darf ich bitte eine Frage stellen: Wenn morgen Herr Schlingensief auf seinem Container plakatiert: "Es lebe Adolf Hitler" – sind Sie dann auch noch der Meinung, dass das dort hängen soll?

Unterreiner Dann kann ich in aller Stille …

Schlingensief Das würde ich nie plakatieren. Ich nehme doch nur die Parolen Ihres *(zu Salcher)* Koalitionspartners wahr, ich nehme das ernst, was Ihre Koalitionspartner sagen.

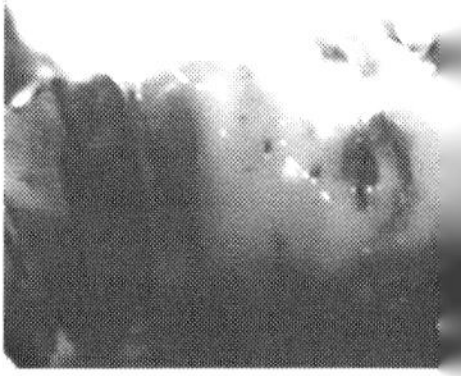

Salcher In Wien ist die FPÖ nicht unser Koalitionspartner!

Schlingensief Das ist mir völlig egal – in der Regierungskoalition! Dass Sie natürlich diesen Koalitionspartner ablehnen, das weiß ich auch.

Salcher Herr Schlingensief, wenn Sie Politik machen wollen, dann kandidieren Sie doch als politische Partei, das ist Ihr gutes Recht.

Schlingensief Warum nehmen Sie denn die FPÖ ins Regierungsamt?

Unterreiner Weil die ÖVP sich nichts traut! Sie traut sich nichts!

Schlingensief und Lilienthal ++ Asylbewerber bekommen ihre Rollennamen zugeteilt und werde

Schlingensief *(zu Unterreiner)* Warum sind Sie dann überhaupt mit der ÖVP zusammen? Was ist denn da los?

Tumult, Geschrei, Moderator versucht sich durchzusetzen, möchte wieder "klingeln", wie er sagt

Moderator Eine Abschlussfrage habe ich jetzt noch an Herrn Schlingensief, betreffs Herrn Haider ...

Tumult

Moderator Schenken Sie mir noch eine Chance, mich als Moderator einzubringen? Das ist furchtbar nett von Ihnen! *(zu Schlingensief)* Sie haben heute Jörg Haider, das inzwischen einfache Parteimitglied, den Kärntner Landeshauptmann, eingeladen in den Container. Hat er Ihnen schon geantwortet?
Schlingensief Wir haben eine Einladung rausgeschickt. Cohn-Bendit und ich haben diesen Brief verfasst, und wir warten halt ab, und Freitag kann er dann kommen.
Moderator Und hat er Ihnen noch nicht zurückgeschrieben oder telefoniert?
Schlingensief *(zu Unterreiner)* Hat er sich schon bei Ihnen gemeldet? Haben Sie vielleicht die Telefonnummer von Haider?
Unterreiner Ich kann mir nicht vorstellen, dass Jörg Haider mit jemandem ernsthaft diskutiert, der zu einem Politikermord aufruft, das kann ich mir nicht vorstellen.
Moderator *(zu Schlingensief)* Er hat sich also noch nicht gemeldet?
Schlingensief Ich habe heute noch nicht darüber gesprochen; ich bin so aufgeregt gewesen, weil ich jetzt in dieser Sendung Frau Unterreiner treffe.
Moderator Was wäre eigentlich seine Aufgabe, was sollte er tun im Container?
Schlingensief Der Vorschlag ist der, dass er auch ein paar Österreicher mitbringt und dass man einfach auch sie rauswählt und dass man sie nach Frankreich bringt und dass sie dort eben auch mit Vollverpflegung und allen Vorkommnissen eben leben können und mal Erfahrungen im Ausland machen. Die Isolation von Österreich wird ja nun wirklich immer größer, und es ist vielleicht ganz gut, wenn einfach mal jemand sieht, wie man in Frankreich lebt. Ich selber muss natürlich auch sagen, dass ich glaube, dass die Europäische Gemeinschaft einen großen Fehler macht, wenn sie glaubt, dass

nur in Österreich Nazis leben. Aber Herrn Haider einzuladen ist ein persönlicher Wunsch von uns, weil der diese Parolen letzten Endes ja auch ins Leben gerufen hat und für diese Parolen steht und immer sagt: "Ich wusste nichts davon. Wenn der das gesagt hat, dann hätte ich ihn sofort entlassen." Diese Lügengeschichten! Wir haben sie realisiert, wir nehmen die FPÖ beim Wort, und wir spielen das mal durch. Wir fragen uns: Wie lange hängt dieser Satz da oben noch herum? Wie lange ist diese Koalition zum Beispiel noch bereit …

Unterreiner Also ich würde sagen, wir drei sind viel zu manierlich! Wir sind viel zu manierlich!

Tumult

Salcher *(zu Schlingensief)* Wenn Sie Kulturpolitiker wären, würden Sie den Satz, Ihren eigenen Satz dann runternehmen lassen?

Schlingensief Meinen eigenen?

Salcher Ja, Ihren eigenen! Würden Sie, wenn Sie Kulturpolitiker wären, das verbieten? Würden Sie es zensurieren?

Schlingensief Von Verbot kann keine Rede sein!

Salcher Aber Sie regen sich auf, dass wir es nicht abmontieren!

Schlingensief Schaun Sie, wenn Schüssel die Koalition verlässt, ist er der König von Europa!

Moderator Wir sind am Ende unserer Sendung …

Schlingensief Dann ist er König von Europa!

Unterreiner Ich möchte schon noch einen Sager haben!!

Moderator Sie haben die ganze Nacht noch Zeit …

Salcher Ich freue mich, dass ich die beiden (Schlingensief und wen?) einmal kennen gelernt habe.

Moderator Wir stellen Ihnen dahinten einen Raum zur Verfügung, eine sehr nette Sitzecke, mit Polstergarnitur, da können Sie die ganze Nacht noch diskutieren. Wir müssen leider jetzt mit dem nächsten Beitrag weitermachen. Ich bedanke mich bei Ihnen trotz allem und wünsche Ihnen einen schönen Abend.

Schlingensief Bitte schön.

++ Reden von Doron Rabinovici (Autor), Isolde Charim (Philosophin) und Sebastian Rein

„Mann kann sich bei mir darauf verlassen: Wenn ich einmal etwas gesagt habe, dann meine ich es so.“
Jörg Haider

:tikwissenschafter) ++ Insassen werde mit einem Bus angekarrt ++ Traditionelle Blaskapelle zur

KONZENTRATION FÜR JÖRG HAIDER

… an Dr. Jörg Haider

Sehr geehrter Herr Haider,

wie Sie vielleicht aus der Presse oder von Ihren Parteifreunden wissen, hat der Theater- und Filmregisseur Christoph Schlingensief als künstlerisch-politischen Beitrag zu den diesjährigen Wiener Festwochen zwölf Asylsuchende aus Nicht-EU-Ländern zu einer an die Fernsehserie "Big Brother" erinnernden sechstägigen Performance eingeladen. Diese Veranstaltung, angesiedelt zwischen Theater und Realität, soll die vorurteilslose und sachliche Auseinandersetzung über dieses keineswegs auf Österreich beschränkte Thema fördern. Diese Auseinandersetzung möchten wir als Künstler und Politiker ohne Scheuklappen auch mit Ihnen führen. Auch wenn uns, obwohl Sie früher ja auch einmal zum Theater wollten, wahrscheinlich nicht allzu viel verbindet, teilen wir mit Ihnen doch zumindest einen gemeinsamen Anspruch: Freie Kommunikation und direkte Auseinandersetzung auch mit dem politischen Gegner.

Deshalb möchten wir Sie im Rahmen dieses Festwochenprojektes mit dem Titel "Bitte liebt Österreich" für den kommenden Freitag, den 16. Juni, ernsthaft zu einem Gespräch mit den Asylbewerbern einladen. Wenn Sie aus Gründen des Proporzes zwölf junge Österreicher und Österreicherinnen, gerne auch in ihren Landestrachten, mitbringen möchten, ist uns dies selbstverständlich recht. Wir würden uns sogar sehr darüber freuen und können uns gut vorstellen, komplementär zu unserem Asylantenprojekt per Internet und TED durch die in Europa lebenden Ausländer auch abstimmen zu lassen, wer von diesen 12 Österreichern eine Zeitlang im Ausland leben soll … (zwanglos und demokratisch).

Wir wissen, dass Sie in Kärnten als Landeshauptmann Ihren politischen und kulturellen Verpflichtungen nachgehen müssen, dieser Termin aber erfordert Ihre Teilnahme und müsste größte Präferenz haben, dient er doch der Ver-

ständigung und Zusammenarbeit in Europa. Als Gesprächspartner stehen selbstverständlich auch die Einladenden zur Verfügung: neben Christoph Schlingensief und dem Grünen-Fraktionsvorsitzenden Peter Pilz auch der französische Europaabgeordnete Daniel Cohn-Bendit, der für Freitag die Patenschaft für die Asylbewerber im Container am Herbert-von-Karajan-Platz übernommen hat. Das Gespräch soll 12.00 Uhr dortselbst stattfinden.
Vielleicht lassen die spezifischen Möglichkeiten des Kunst- und Theaterrahmens etwas zu, das im strengen Reglement des politisch kalkulierten Diskurses gewöhnlich nicht vorkommen darf: Offenheit und die Überwindung der konventionellen und nichtssagenden Formelhaftigkeit, mit der Politiker die Auseinandersetzung banalisieren und blockieren. Wir haben zwar gehört, dass Sie zur Zeit eher Stille als Lärm brauchen, aber die Nachdenklichkeit, die wir fördern wollen, gedeiht ja in der Stille, das Spektakuläre ist nur ein medialer Verstärker. Politik ist die ernsteste Sache von der Welt, aber so ernst nun auch wieder nicht, rufen wir Ihnen mit Theodor W. Adorno zu, der ein seriöser Denker und Ästhet war, und freuen uns auf Ihre Zusage.

Mit freundlichen Grüßen!

Christoph Schlingensief Daniel Cohn-Bendit Peter Pilz

Wien, am 13. Juni 2000

…sem Moment natürlich Schauspieler, und natürlich ist alles wahr", erklärt Schlingensief zur

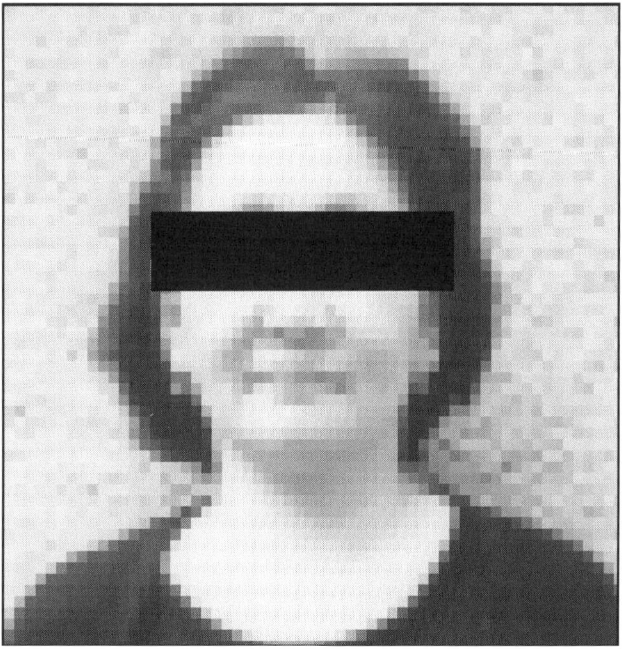

GONG XIAOWEI
0820 - 613 - 100

Gong Xiaowei, 35, Journalistin aus Peking ist eine ruhige Person. Menschen, die sich immer in den Vordergrund spielen müssen, nerven sie. Die erklärte Feministin kennt vor allem Machos gegenüber kein Pardon: "Da könnte ich Pickel kriegen." In ihrer Freizeit sieht Gong am liebsten fern. Abends nach der Arbeit den Tag als Couchpotato zu beenden ist für sie Erholung pur.

1993 verfaßte Gong verschiedene Artikel für zwei Hongkonger Zeitschriften, in denen sie angeblich "wichtigste Staatsgeheimnisse" veröffentlicht hatte. Es ging dabei vor allem um strukturelle Reformen innerhalb der chinesischen Kommunistischen Partei und in der Verwaltung. Im Oktober 1993 wurde Gong fest-

Identität der Container-Bewohner ++ Jubel der Zuschauer bei der Enthüllung des Schildes m

genommen. Ihr Verfahren fand im Geheimen statt. Weder ihr Ehemann noch ihre Anwälte waren – wie es gesetzlich vorgeschrieben ist – über den anberaumten Termin informiert worden. 1994 wurde noch dreimal gegen sie verhandelt. Jedesmal befand das Gericht, die gegen Gong präsentierten Beweise "bedürften einer weiteren Prüfung", womit das Gericht zum Ausdruck brachte, dass sie für eine Verurteilung nicht ausreichten. Statt sie auf freien Fuß zu setzen, wurde ihr Fall jedesmal zwecks weiterer Ermittlungen an die Staatsanwaltschaft zurückverwiesen. Ende 1994 wurde Gong schließlich zu fünf Jahren Freiheitsentzug verurteilt. Seit November 1999 ist sie aus der Haft entlassen, darf ihren Beruf als Journalistin jedoch nicht mehr ausüben. Das Schreibverbot zwang sie, Anfang dieses Jahres ihr Land zu verlassen.

Der Container ist für Gong in erster Linie ein Feldforschungsprojekt, bei dem sie Ideen für ein neues Buch sammeln will. Sie möchte ihre Erfahrungen hinterher im Bezug auf Orwells "1984" beschreiben und analysieren.

hrift "Ausländer raus" ++ Einige Touristen lassen sich das Schild übersetzen und sind irritiert

Containerreport (III) FAZ

WIEN, 14. Juni

Die Stimmung wird immer gereizter. Heute Nacht kam es zu einem Brandanschlag. Wie die Vertreterin Armeniens berichtet, deren Zahnschmerzen etwas gelindert sind, drangen heute Nacht gegen ein Uhr drei Männer in das Gelände ein und ein etwa sechzigjähriger Mann warf einen Brandsatz gegen die Schlafzimmertür der Frauen. Zuvor mussten gestern Abend wieder zwei Bewohner das Haus verlassen. Die österreichischen Zuschauer entschieden sich per TED dafür, die Vertreterin Chinas und den Vertreter Zimbabwes abzuschieben. Auch über ihren großen Porträts, die am Zaun des Geländes hängen, klebt deshalb seit gestern Nacht der rote Schriftzug „Abgeschoben".

Heute Morgen schrien die alten Männer so laut wie nie. Je leerer es im Container wird, umso voller wird es davor. Man kann sein eigenes Wort nicht verstehen, ich höre Rufe wie „Gehen Sie nach Berlin" oder „In der Türkei ist es viel schlimmer", ich sehe blitzende Augen. Nur in dem kurzen Moment, wenn die Abgeschobenen den Container verlassen, befällt die Menge eine irritierende Stummheit, es wird gespenstisch still. Ich weiß nicht, was diese Menschen tun, wenn auch der letzte Containermensch abgeschoben ist.

Im Fernsehen diskutierte ich mit Frau Unterrciner von der FPÖ. Ich sei, so sagt sie, kein Künstler, sondern ein Agitator. Ich solle eine Partei gründen und Österreich mit meiner Kunst in Ruhe lassen. Sie sagt Kunst immer so, dass man die Anführungszeichen mitdenken soll. Aber meine Kunst will Anführungszeichen zerstören. Auf dem Container steht noch immer der riesige Schriftzug „Ausländer raus". Ich sage den Menschen, es sei ein Test gewesen, wie lange es ein Land ertragen könne, solch einen Schriftzug im Herzen seiner Hauptstadt zu ertragen. Inzwischen erträgt das Land es schon drei Tage lang. Und der Test geht weiter.

Der französische Botschafter hat sich jetzt beschwert. Alle Franzosen würden denken, Österreich sei wirklich so schlimm wie befürchtet. Im Innern des Containers sitzen derweil die beiden letzten Vertreter Afrikas sehr ängstlich auf ihrer Holzbank und blicken durch die Spiegelfolie auf die schreiende Menge vor dem Zaun. Sie haben Bedenken, ob die Menschen draußen wirklich nicht böse sind. Ich teile diese Bedenken.

CHRISTOPH SCHLINGENSIEF

CONTAINERTAGEBUCH

Dienstag, 13.6. Wie jeden Morgen gemeinsames Turnen und gegen Mittag Deutschstunde, "damit die Asylbewerber etwas Deutsch lernen, bevor sie abgeschoben werden". Ein älterer Herr, der gerade vorbeikommt, sagt: "Sie bringen die Leute auseinander." Eine ältere Frau ruft: "Wir brauchen doch die Ausländer. Wir lieben sie! Macht das bei euch daheim." Und weiter: "Jetzt fangts schon wieder einen Krieg an, und dann sind die Österreicher schuld." Dann sagt sie: "Jetzt geh ich aber, sonst rege ich mich noch auf." Bleibt aber. Schlingensief beruhigt: "Wir werden eine Lösung finden. Wir nehmen das Schild 'Ausländer raus' runter und ändern es in 'Ausländer rein'. Österreich wird das Ausländeraufnahmelager in Europa. Und jeder Ausländer hat das Recht auf einen gratis Internet-Anschluß."

Am Nachmittag haben Hacker namens "Recht und Ordnung" den Server lahmgelegt. Eine Anzeige gegen Unbekannt wurde erstattet. Im Container hängt

++ Fahnen der FPÖ und ein Transparent der Kronen Zeitung werden am Container befesti

man rum und guckt Fußball-EM. Die "Kronen Zeitung" titelt "Touristen entsetzt, Wiener empört" und zwei "geprüfte Fremdenführerinnen machen ihrem Ärger Luft": "Da werden Millionen Schilling dafür aufgewendet, damit Gäste in unsere Stadt kommen, und dann werden sie an einem der kulturellen Wahrzeichen so empfangen. Mit diesem 'entsetzlichen Schild, das so überhaupt nicht zu Wien und Österreich passt'." Das Schild bleibt, nicht so das Logo der "Kronen Zeitung". Die "Krone" kündigt eine Klage gegen die Wiener Festwochen an, und Redakteur Josef Kalina, ehemaliger Pressesprecher von Viktor Klima, hetzt nun täglich gegen das Projekt.
Gegen 20.15 Uhr Schlingensief: "Das ist ein Test: Wie bescheuert ist eure Koalition? In ganz Europa und USA gibt es Fotos mit 'Ausländer raus'. Österreich macht sich gerade selber schlecht. In Deutschland wäre so ein Schild nach einer Stunde weg. Ihr habt ein Problem. Diesen Satz kann sich Österreich im Ausland nicht leisten". Wie jeden Abend wird vor dem Container die "Neue Lager Zeitung" verteilt, ein Blatt im Stil der "Krone", das den Tag zusammenfasst. Etwa so: "Krone lässt Lager im Stich. FPÖ hält die Fahne hoch." Und Schlingensief sagt exklusiv hier: "Ich bin traurig über das Verhalten der Kronen Zeitung, so gute Freunde verliert man nicht jeden Tag."
Schlingensief erzählt, dass in der Nacht zwei Personen versucht hätten, in das Lager einzudringen, um das Schild abzumontieren. Der Schauspieler Sepp Bierbichler, der einige Stunden im Container verbracht hat, fasst seine Eindrücke zusammen: "Es war enorm heiß und schwierig sich zu verständigen mit all den verschiedenen Sprachen." Dann werden zwei Leute abgeschoben, die Chinesin Gong Xiaowei und Dumiso Mungoshi aus Simbabwe.
Um 24 Uhr diskutiert Schlingensief live im ORF-Studio mit Kulturpolitik-Vertretern. Schlingensief auf den Provokationsvorwurf: "Provokation ist ein Mittel für Doofe. Das ist doch eine Selbstprovokation. Hier ist eine leere Fläche, da projizieren Sie Ihr Bild, Ihren Film drauf. Und Sie haben pausenlos das Problem, dass die Bilder sich gegen Sie selber kehren." Die Wiener FPÖ versucht trotzdem Stimmung für den Wahlkampf und Mobbing gegen Festwochenintendanten Luc Bondy und ÖVP-Kulturstadtrat Peter Marboe zu betreiben. Schlingensief fährt erfolgreich die Taktik: Man darf die FPÖ nicht zu Wort kommen lassen. Stimmengewirr. FP-Kultursprecherin Heidemarie Unterreiner: "Herr Schlingensief wird mit Steuergeldern eingekauft, um Politagitation zu machen." Mit Sätzen wie "Tötet Wolfgang Schüssel" – im Rahmen von "Schnitzler's Brain" im Grazer Schauspielhaus – werde "eine Eskalation

s Manker zieht als Schirmherr mit ein ++ "Hier wird sich zeigen, ob wir das, was wir auf

der Gewalt heraufbeschworen", hieß es in Presseaussendungen der Wiener FPÖ. Unterreiner: "Aufruf zum Mord bleibt Aufruf zum Mord." Schlingensief: "Sie rufen pausenlos dazu auf. Außerdem gibt es viele Theaterstücke, in denen gemordet wird". Unterreiner: "Sie sind ein Agitator, Sie sind kein Künstler." Schlingensief: "Sie wissen nicht mal, wie Theater funktioniert. Das kann ja nicht wahr sein, dass jemand, der Kultursprecher der FPÖ ist, noch nie im Theater gewesen ist." In einem offenen Brief laden Schlingensief und Daniel Cohn-Bendit Jörg Haider für Freitag in den Container. K.C.

➯ Bianka. Datum: 14.06.00, 21:19:13
Betreff: Sendung "Wien heute" v. 14.6.00
Werter Hr. Schlingensief
in obig genannter Sendung waren sie erbost darueber weil das "Auslaender raus" Transparent nach vier Tagen noch immer haengt und gaben dazu die Stellungnahme ab, dass es in Deutschland (in Berlin) maximal eine Stunde dauern wuerde und das Transparent waere weg. Nun ist es ja so eine Sache - laesst man es nicht zu, will man die "Kunst" zensieren, laesst man es unter dem Deckmantel Kunst zu, kritisieren sie selbst als Initiator das es geschehen darf. Machen sie es sich nicht ein bisschen leicht?
Ich bin der Überzeugung JA, sie machen alles nur um selbst im Gespraech zu bleiben (naja- man ist ja Unternehmer - auch als Kuenstler).
Bei uns wurden keine Asylantenheime abgefackelt, im ehemaligen Osten Deutschlands werden schlimmere Parolen als "Auslaender raus" geschreiben und gerufen, also haben sie Schmutz genug vor der eigenen Tuere, aber dort macht es wahrscheinlich nicht so viel Spass und man ist mit Sicherheit auch nicht so profitabel wie das Spektakel das sie hier abziehen. Oder aber ist man in Deutschland vielleicht gar froh darueber sie fuer eine Weile "angebracht" zu haben. Einmal noch zurueck zu ihrem Zitat: "In Berlin waere das Transparent in einer Stunde weg". Soll es hier auch so sein? So wie in Deutschland? Ist die Freihheit der Kunst nun einzuschraenken oder nicht? Warum haben sie diese Meinung? Weil sie Patriot sind? Weil sie Nationalstolz ihrem Land gegenueber haben? Oder vielleicht gar weil sie von uns erwarten das wir wie Deutsche zu Denken und zu Handeln haben? Guter Mann, dass was sie hier abziehen will auch der von ihnen so verachtete Herr Haider - alles hat Deutsch zu sein!! (e-mail an die Festwochen vom 14. 6.)

Plakaten angeboten bekommen, auch wirklich wollen" (Manker) ++ 21:00 Webserver zum e

KRONE

stag, 13. Juni 2000 — LOKALES — Seite 15

wochen finanzieren skandalträchtige Schlingensief-Aktion vor der Wiener Oper

uristen entsetzt, Wiener empört

ngsten in Wien. Bus um Bus setzt nd ausländische Besucher vor der Oper. usende rollen auf der Ringstraße vorbei. trauen dieser Tage ihren Augen nicht: änder raus" prangt weithin sichtbar auf Tafel. Christoph Schlingesiefs von den er Festwochen finanziertes Spektakel unter Touristen für Entsetzen und unter ern für Empörung.

„Unsere Gäste sind ratlos bis entsetzt", empören sich die beiden Fremdenführerinnen über die Container mit den „Ausländer raus"-Tafeln. Sie werden bei Stadtrat Marboe protestieren.

e Kaminski und Mag. ud Turanitz, beide ch geprüfte Fremden-innen machen ihrem Luft: „Da werden Mil- Schilling dafür auf-det, damit Gäste in un-Stadt kommen, und

ON JOSEF KALINA

verden sie an einem der llen Wahrzeichen so empfangen."

len steht ob der verunsi-n Reaktionen der Tou- der Ärger ins Gesicht ieben. Als sie ihre nehmungen dem Initia- ganzen Aktion, dem hen Theaterprovoka-chlingensief vortragen und ihn ersuchen, doch dieses „entsetzliche Schild, das so überhaupt nicht zu Wien und Österreich passt", zu entfernen, ernten sie nichts als ein blasiertes Nicht-einmal-ignoriert-Werden.

Gemeinsam mit anderen empörten Passanten aus Wien nehmen sich die engagierten Frauen vor, beim zuständigen ÖVP-Stadtrat Peter Marboe zu protestieren. „Wir können wenigstens noch erklären, dass das keine Aktion von Wienern gegen Ausländer ist, sondern ein künstliches Kulturspektakel." Mit Sorge müsse einen aber erfüllen, wie viele Menschen den Spruch lesen, glauben, dass das zur Realität in Österreich gehört und zu Hause darüber berichten, wie fremdenfeindlich man hier ist. Unterdessen geht das Spektakel weiter. Zwölf Schauspieler geben „Asylwerber", jeden Tag soll das Publikum zwei per Telefonwahl „abschieben". Schwarz gekleidete „Security-Männer" sollen für das nötige Ambiente sorgen.

Foto: Andi Schiel

Aufschlussreiches Detail der Schlingensief-Aktion vor Oper.

berfordert. Zugriffszahlen schnellen in astronomische Höhe ++ 21:20 WEBFREETV.com-Server

MARK SIEMONS

DER AUGENBLICK, IN DEM SICH DAS REALE ZEIGT

ÜBER SELBSTPROVOKATION UND DIE LEERE

Das Konzept der Selbstprovokation stößt weithin auf Nichtbeachtung. Zumeist wird es als bloßer Abwehrmechanismus verstanden, mit dem Schlingensief die Etikette "Provokateur" von sich fernhält. "Provokation ist was für Dumme", pflegte er schon bei der "Deutschlandsuche" 1999 und jetzt wieder bei der Container-Aktion in Wien zu sagen: "Was ich will, ist Selbstprovokation." Die Verweigerungsgeste versteht man sofort. "Provokation" gehört wie "Ironie", "Widerspenstigkeit" überhaupt und "Kritik" zum Arsenal der allseits anerkannten Mittel, das die bürgerliche Öffentlichkeit dem unbürgerlichen Künstler zugesteht. Als solches läuft es zusehends ins Leere. Kein Künstler, der etwas auf sich hält, kann sich Zuschreibungen wie diese erlauben. Er muss sie zurückweisen, will er sich nicht selbst aufgeben. Aus diesem Grund hält man die "Selbstprovokation" für nichts weiter als ein

launiges Widerwort und überhört dabei, dass das Konzept ins Zentrum der Schlingensief'schen Aktionen führt. Denn unabhängig von deren jeweiligem Gegenstand drehen sie sich jedes Mal um die Möglichkeiten und Grenzen von "Aktionen", von Handlung und Erfahrung überhaupt. Wer "provozieren" will, ist sich seiner selbst, seiner Mittel und Ziele gewiss. Er weiß, wie die Welt ist und wie sie sein sollte: nicht so, aber doch so. Er steht auf einem festen Boden, von dem aus er das Publikum zu jener Klarheit über sich bringen will, die er selber schon hat – aufgrund einer höheren Einsicht wohl, die ihm als dem genialischen, dem bürgerlichen Einerlei enthobenen Künstler eben möglich ist. Wer so etwas annimmt, kann wahrlich nicht sehr intelligent sein.

Der Selbstprovokateur macht solche Annahmen nicht. Er ist sich seiner selbst, seiner Mittel und Ziele höchst ungewiss. Die Aktion ist für ihn kein Mittel, um andere zu belehren, sondern um etwas über sich selbst herauszufinden. Im Falle Schlingensiefs ist die Selbstprovokation sogar noch mehr als das: Sie ist für ihn kein Mittel unter vielen, sie ist das einzig mögliche. Denn der Zustand der Öffentlichkeit lässt ihm keine andere Wahl. Wie soll

stürzt zum ersten Mal ab ++ 70 000 Besucher pro Stunde ++ Ansonsten keine wei

kommnisse ++ Aktion beginnt ruhig ++ 12.6. Fast nur Touristen am Platz ++ Vereinzelte

man etwas über sich und die Welt erfahren, wenn alle Begriffe und Bilder, die dafür zur Verfügung stehen, verbraucht sind und daher von vornherein unwirklich, falsch?

Als Schlingensief zum Bundestagswahlkampf 1998 die Partei "Chance 2000" gründete, entwarf er dafür eine eigene Systemtheorie. Die Öffentlichkeit ist besetzt von Gewerkschaften, Kirchen, Medien und Parteien, die eine Realität eigener Art, fern der wirklichen Wirklichkeit schaffen, kurz: dem System 1; alles, was wirklich ist, die wirklichen Menschen, zum Beispiel die Arbeitslosen oder die Behinderten oder du und ich, das System 2 also, kommen in ihr nicht vor. Die Frage ist nun: Wie können sie wieder sichtbar werden, ohne dass das System 1 sie schluckt? Man könnte einwenden, das sei die Frage aller Kunst – doch im Falle Schlingensiefs ist die Kunst ausdrücklich in das System 1 eingeschlossen. Auch die Kunst ist korrupt, von Interessen und Stereotypen zerfressen wie Politik und Moral. Wo bleibt da noch ein Hebel, um sich aus dem Schattenreich von System 1 herauszukatapultieren?

Der Selbstprovokateur hat also das deutliche Bewusstsein, dass sein Verlangen nach wirklicher Erfahrung unter normalen Bedingungen nicht gestillt werden kann. Gemeint ist nicht die vereinzelte Privaterfahrung, sondern eine Erfahrung im öffentlichen Raum, die Erfahrung eines wie auch immer gearteten kollektiven Zusammenhangs, sei es einer Klasse oder einer Generation. Auch die, die wie Schlingensief 1960 oder später geboren sind, wollen ihr Achtundsechzig erleben, die Intensität und Beschleunigung einer richtigen Revolte. Die Frage ist nur: in wessen Namen und zu welchem Zweck? Alle denkbaren Ziele scheinen diskreditiert zu sein, durch die Geschichte oder doch zumindest durch ihre mediale Verwertung. Die politische und gesellschaftliche Wirklichkeit selbst verflüchtigt sich im Zuge ihrer medialen Verarbeitung. Jedes Ereignis ist erst einmal nur ein Medienereignis, zu dem man sich daher auch nur medial und strategisch verhalten kann.

Für das Theater und alle Kunst, die sich auf die Gegenwart einlassen will, ist das natürlich fatal. Wer die durch Medien vermittelten Themen aufgreift – und andere öffentliche Themen gibt es nicht –, entgeht nicht den Fallen der Affirmation und Unwirklichkeit. Wie er sich auch dazu verhält, er ist in das

entwirklichende Spiel eingebunden und von Erfahrung entfernter als je zuvor. In dieser Lage konstruiert Schlingensief nun Versuchsanordnungen zwischen primärer und sekundärer Wirklichkeit, in denen es ihm und seinen Mitstreitern trotzdem möglich ist, zu handeln und so zu politisch-existentiellen Erfahrungen zu kommen. Die Versuchsanordnung besteht aus einer dritten Wirklichkeit, bestückt mit aus dem Zusammenhang gelösten Elementen der zweiten Wirklichkeit (Medien-Themen), die auf solche Weise in die erste Wirklichkeit (die Straße) implantiert sind, dass sie den Implanteur selbst unter Zugzwang setzen – ohne dass er vorher, bevor die Situation da ist, wissen könnte, wie er reagieren wird. Das ist die Selbstprovokation. Entscheidend ist, dass der Schwebezustand zwischen erster und zweiter Wirklichkeit, zwischen Leben und Kunst, Ernst und Ironie, ständig aufrechterhalten bleibt; von ihm hängt die Spannung ab, die die Versuchsanordnung braucht.

Die politische Struktur wird so durch eine existentielle Spiegelung erhellt und umgekehrt. Die Situation erinnert an die Ausgangslage von Fellinis Film "8½". Marcello Mastroianni als berühmter Regisseur will einen neuen Film drehen und bestellt ein beträchtliches Aufgebot an Schauspielern, Technikern und Komparsen. Und plötzlich weiß er nicht mehr, welchen Film er eigentlich drehen wollte, geschweige denn, was aus seinem Leben werden soll. Alle Welt läuft aufgeregt um ihn herum, er hat selber einen Prozess in Gang gebracht, dem er nicht mehr entgehen kann, er ist gezwungen, unter Aufbietung all seines Charmes zu reagieren und sich so Stück für Stück weiter nach vorn zu wursteln.

Ähnlich Schlingensief. Mit einem phänomenalen Aufwand an Beredsamkeit, Logistik und medial verstärkter Agitation bestellte er 1998 alle Welt in ein Ostberliner Zirkuszelt, wo eine Partei gegründet werden sollte. Aber das Programm kannte er nicht, er wusste nicht, wie die Partei strukturiert sein und wie sie agieren soll. Das einzige Programm war er selbst und alle, die mitmachen wollten; was daraus entstünde, würde sich ergeben. "Wähle dich selbst" und "Beweise, dass es dich noch gibt" waren die Slogans der Partei. Der Apparat sollte dafür die Infrastruktur bereitstellen: Jeder sollte sich selbst wählen können. Das Absehen von jedem weitergehenden Inhalt war sogar strikte Bedingung, denn Programme sind hoffnungslos ans System 1 verloren und daher desavouiert. Weite Teile der Kritik verbuchten die Aktion als Spektakel der Spaß-Guerilla, aber das Publikum reagierte anders. Noch am

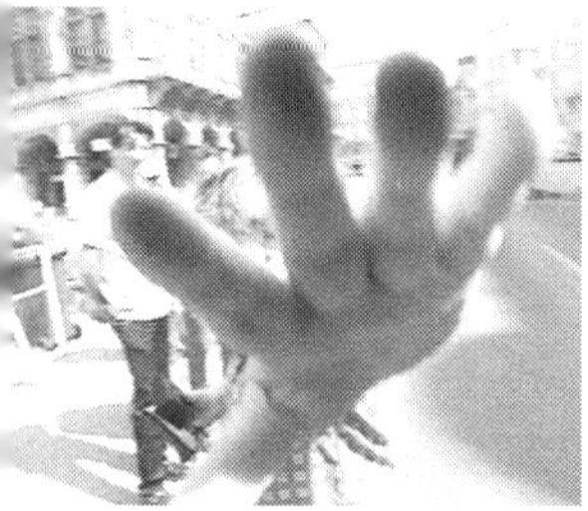

Gründungsabend ließen sich dreihundertzwölf Anwesende als Mitglieder einschreiben, und schon nach drei Monaten soll die Partei nach eigenen Angaben in sieben Landesverbänden 16.800 Mitglieder gehabt haben. Sie wussten zwar, dass die Bewegung erklärtermaßen kein Ziel hatte, aber sie ließen sich davon nicht den Ernst nehmen, mit dem sie sich bei ihr engagierten. Aus der fiktiven Bewegung wurde eine reale. Der Erfolg beruhte offenbar gerade nicht auf einem besonders hoch entwickelten Ulk-Bewusstsein, wie manche Kommentatoren annahmen, sondern auf dem glatten Gegenteil: Ein in Sarkasmus und Ironie durchaus geübtes Publikum demonstrierte da seine Sehnsucht nach ganz unironischem Engagement. Wenn es kein Ziel mehr gibt, das eine Bewegung hervorbringen kann, dann muss sich die Bewegung eben selber ein Ziel schaffen.

"Chance 2000" war der Versuch, zu erfahren, wie es ist, wenn man Teil einer richtigen Bewegung wird. Im Jahr danach wurde der Versuch folgerichtig im Volksbühnen-Stück "Berliner Republik" fortgesetzt. Hier ging es nun darum, zu erfahren, wie es in Kanzler Schröder aussieht, der ja, genaugenommen, kein anderes Programm hat als die Schlingensief-Partei: eine permanente Bewegung ohne Ziel, ein Engagement ohne Programm, eine wahre Emotion inmitten des Rollenspiels ringsum. "Es geht darum, dass wir wieder Angst haben", sagte Schlingensief-Schröder; "ich habe so viel Angst, weil ich keine Angst mehr habe." Momente der Verzweiflung sammelten sich in seinen Augen. Doch die "Berliner Republik" war nur dem Gestus nach eine Selbstprovokation; ansonsten hatte Schlingensief mit dieser Inszenierung wieder die Grenze zurück in Richtung konventionelles Theater überschritten. Rückkopplungen von seiten der Außenwelt waren nur in geringem Maß vorgesehen, und daher fehlte der Aktion die Spannung der früheren Recherchen. Die frühere Offenheit gegenüber Zuschauerreaktionen hatte erst wieder die "Deutschlandsuche" von 1999, der jedoch der eingängige Grundgedanke fehlte, um an den Erfolg der Parteigründung anschließen zu können. Auch hier polemisierte Schlingensief wieder gegen die Erwartung, er

Insassen betrachten Passanten durch Spiegelfolie, können dabei selbst aber nicht gesehen we

wolle sich lustig machen: "Ist doch eigentlich alles ganz lieb gemeint", rief er, selber schon etwas enerviert, in Neubrandenburg aus. "Aber gerade das ist nicht glaubhaft, nicht mehr vermittelbar."

In Wien erreichte das Konzept der Selbstprovokation nun seinen bisherigen Höhepunkt. Die Lage war hier kommunikationsstrategisch besonders verseucht und verworren, gerade weil sie es mit einer scheinbar eindeutigen Zweiteilung zu tun hatte. Jede Wortmeldung gegen die FPÖ und deren Regierungsbeteiligung versank augenblicklich in der Wirkungs-, ja Bedeutungslosigkeit, weil sie in ihrer Erwartbarkeit schon längst in das Kalkül Haiders einbezogen war. Die Anhänger der FPÖ gerieren sich ja gerade als Rebellen gegen die Scheinheiligkeit der sogenannten "politischen Korrektheit" und machen sich so gegen jegliches politisches oder moralisches Argument immun. Noch aus den handfestesten Anklagen wurde so ein zunehmend entwirklichter Austausch von Codes, in dem jede Intervention nur noch der Selbstbestätigung diente. Insgeheim geht jede Seite davon aus, dass es nur um Worte geht; das Böse und das Gute liegen im Code, den man wählt. Das Eigentümliche an Schlingensiefs Installation in Wien war nun, dass eine offensichtlich fiktive Situation die allfällige politische Rhetorik erst wirklich machte. Die explizite oder implizite Forderung "Ausländer raus",

die sich einen realistischen Anstrich gibt, tatsächlich aber völlig unrealisierbar im Raum hängt, bekam durch die aus der Fernsehsendung Big Brother bekannte Spielregel eine Operationalisierung. Reale Asylbewerber mit erfundenen Legenden konnten vom Publikum aus dem Container, in dem sie sich aufhielten, herausgewählt werden. Wer herausgewählt wurde, wurde abgeschoben; Sieger war, wer übrig blieb: Er durfte eine Österreicherin heiraten. Wie bei Big Brother ging es also um wirkliche Menschen in einer wirklichen Situation, doch der Rahmen als ganzer war völlig erfunden bis zur Absurdität.

Daraus ließe sich zunächst die Konsequenz ableiten: Wenn erst ein fiktiver Rahmen einem Diskurs Realität geben kann, erweist sich der Diskurs selbst

18:00 Paulus Manker verlässt Container und gibt Pressekonferenz. "Die Umstände im Container

als fiktiv. Mehr noch: Die Banalität und Primitivität der Forderung und der mit ihr verbundenen Forderungen kamen zu sich selbst. Das Ressentiment der Rechten ging diesmal ins Leere, weil sie sich nicht linken Behauptungen gegenübersahen, sondern ihrem eigenen Spiegelbild. Doch mit einer solchen Moral war die Aktion noch keineswegs erschöpft.

Alle Zuschauer und schon die zufälligen Passanten wurden vielmehr nolens volens zu Mitspielern am Big-Brother-Spiel und damit an der "Ausländer raus"-Kampagne. Mit einem Mal gab es keine Sphäre der eindeutigen Moral mehr, auf die man sich zurückziehen und von wo aus man sich aus dem bösen Spiel heraushalten konnte. Wie man sich auch verhielt, man war so oder so in die Fatalität einbezogen. Die guten Menschen, die in der sicheren Gewissheit über Schlingensiefs kulturellen und politischen Wert applaudierten, als zum Beginn der Aktion das "Ausländer raus"-Schild enthüllt wurde, sehen sich auf einmal in der Rolle der Demagogen, gegen die sie Front zu machen glaubten. Und die guten Menschen von der traditionellen Donnerstags-Demonstration gegen Haider, die eines Tages den Container stürmten und die FPÖ-Fahne herunterrissen, mussten überrascht feststellen, dass sie mit ihrem symbolischen Akt realen Asylbewerbern Angst machten, die sie doch prinzipiell zu verteidigen glaubten.

"Wir wollen euch befreien", sollen sie verdattert den im Container Kauernden gesagt haben, worauf diese entgegneten, sie wollten aber gar nicht befreit

sind unmenschlich und katastrophal." ++ Zuschauer applaudieren ++ 19:45 Rechte Gruppe mit

werden. Der abgründigste Moment der Aktion war also nicht da erreicht, wo sich alles als Fiktion erwies, sondern dort, wo sich inmitten der Fiktion etwas Reales zeigte. Damit rechnet heute niemand mehr. Darin bestand die Selbstprovokation: "Ich muss mir selber den Kopf einschlagen, um zu begreifen, dass es wehtut", wie Schlingensief kommentierte. In einem Interview sagte er, für ihn sei der Augenblick, in dem die Demonstranten den Container stürmten und dann erst merkten, dass darin echte Asylbewerber saßen, der entscheidende gewesen: "Es war ein Moment des vollkommenen Glücks, denn es war plötzlich gar nichts mehr da. Alles war wie ein Ja zu diesen zehn Minuten, die mir fehlen, um diese Welt zu begreifen, die andere aber besitzen, weil sie wissen, was richtig und was falsch ist."

Im Augenblick, in dem sich das Reale zeigt, entsteht zugleich eine große Leere; alle vorgefertigten Ideen geraten in ein irritierendes Zwielicht, lösen sich auf. Man kann diese Lehre für relativistisch, ja sogar apolitisch halten. Sie scheint vor jeglichem Engagement zu warnen und stattdessen den Fatalismus zu begünstigen. Aber eine solche Interpretation würde der Radikalität des Experiments nicht gerecht. Es geht hier viel grundsätzlicher um Widerstand, als sich die gutwilligen Widerständler der Donnerstags-Demos träumen lassen. Es geht um einen Widerstand gegen das Drehbuch, das den Akteuren der Öffentlichkeit ihre Rollen zuweist und sie zugleich von der Einsicht fernhält, dass sie alle nur in einem Film mitspielen. Daher ist der Moment, in dem ein Akteur mit etwas Realem in Berührung kommt, zugleich der Moment des Nichts, in das sich der Film auflöst. Das muss man sich als einen euphorisierenden Moment vorstellen, da er eine Befreiung aus der Höhle der Fiktionen bedeutet.

"Anti-apathisch" hat Schlingensief seine Arbeiten einmal genannt. Man kann dahinter das Gespenst der Melancholie erahnen, eines allzeit drohenden Nicht-Lebens im noch so aktiven Funktionieren nach vorgegebenen Drehbüchern.

Vielleicht ist diese Art Horror vacui, die Angst vor der Leere hinter der Betriebsamkeit, ein geheimes Motiv der ganzen Generation, der Schlingensief angehört und die gerade darangeht, die Positionen der Berliner Republik zu besetzen. Wer weiß, wozu das Programm der permanenten Selbstprovokation diese Generation noch verleiten könnte.

en RECHT UND ORDNUNG kündigt im CHAT von www.auslaenderraus.at eine Gegenaktion an ++

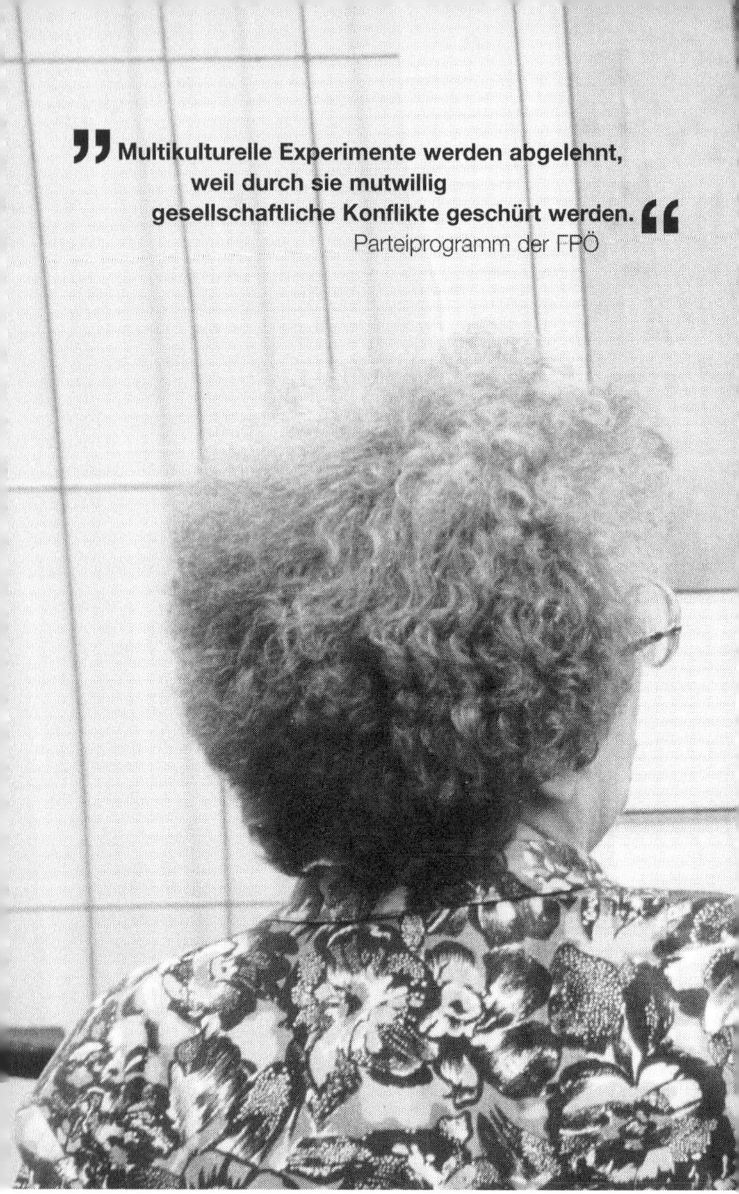

20:00 Uhr: Erster Kandidat wird abgeschoben: Jahanshah Alvandi ++ Über 800 Telefonstimme

Abschiebung ++ "Wir garantieren für seine Sicherheit", so der Regisseur vor dem Abtransport,

Seite 20 Sonntag, 18. Ju

Das freie Wort

KRONE

Wer sind die Narren?

Wir haben einen Stadtrat Marboe, einen Bezirksvorsteher Schmitz, einen Bürgermeister Häupl – und alle drei Herren unternehmen nichts gegen die Verschleuderung von Wiener Festwochen(steuer-)geldern an einen Herrn Schlingensief?

„Freiheit der Kunst" hat schon Schiller gesagt, nur handelte es sich zu dieser Zeit um Kunst; was soll aber diese Aktion des Deutschen Schlingensief mit Kunst zu tun haben? Er darf seine Machinationen auf einem unserer meist besuchten Plätze – vor der Wiener Oper – zeigen und damit Wien-Besucher und Einheimische verärgern.

Freiheit für die Kunst muss ja nicht mit Narrenfreiheit gleichbedeutend sein, wobei die Narren scheinbar unsere Volksvertreter bzw. jene Magistratsbeamten sind, die sich von derartigen Leuten hereinlegen lassen.

Hilde Lendowitsch, Wien

Kein Steuerschilling!

Alle Politiker Österreichs sind aufgefordert, der Kunst endlich totale Freiheit zu gewähren und dafür Sorge zu tragen, keinen einzigen Steuerschilling in diverse Kunstprojekte fließen zu lassen.

Befreien Sie alle Künstler, von der Schmach, von Steuergeldern abhängig zu sein! Geben Sie der Kunst die Freiheit, selbstständig für Akzeptanz im Gemeinwesen zu werben!

Wahre Kunst wird ihre zahlenden Bewunderer und Gönner finden, der Rest wird dem Kulturmüll der Koliks, Jelineks oder Schlingensiefs anheim fallen. Wahrscheinlicher aber ist, dass Pseudo-Kunstwerke mangels fehlender Geldmittel zum Wohle und zu der Entlastung der Bürger gar nicht produziert werden.

Harald Grigorcea, Wien

Provokateur für Geld

Da ist Ihnen ja etwas gelungen, Herr Schlingensief! Etwas, das in jedem anderen Land (inklusive tiefster Busch) nicht gelungen wäre.

Neben unserer wunderbaren Oper, die in unserem Kulturstaat schon ungezählten Menschen wahre Sternstunden des Lebens beschert hat, Ihren Toilettencontainer aufzustellen und den mit der dazugehörigen Aktivität zu versorgen.

In jedem anderen Staat hätte der Behälter noch vor seiner glorreichen Inbetriebnahme gebrannt.

Warum machen Sie das nicht in Ihrem eigenen Land, wo Asylantenheime abbrennen? Wahrscheinlich weil Sie das nicht zu Stande bringen und dafür auch nicht noch klingende Münze erhalten würden!

Ich selbst habe beobachtet, dass diese Aktion sehr emsig von den ausländischen Touristen fotografiert wurde und so diese Superleistung auch in das Ausland transferiert wird, was unser Image bestens beeinflusst.

Sie sind ein krankhafter Provokateur, und unsere Verantwortlichen für die Organisation der Festwochen sind vollkommen unfähig, die Spreu vom Weizen, die Kunst betreffend, zu trennen und gehören von dieser Funktion augenblicklich verjagt.

Ich habe mich vor meinen deutschen Freunden, die gestern diesen Spuk gesehen haben, zu Tode geschämt.

Hermine Jekal, Wien

Schlingensief raus!

Wenn der Deutsche Schlingensief unter dem Deckmantel „Kunst" in seinen Inszenierungen zum Mord aufruft und weitere Provokationen wie mit dem Container bei der Oper unter „Ausländer raus" Politik betreiben will, soll er das zuhause machen.

Solche Leute brauchen wir wirklich nicht, wir haben schon genug Denunzianten im eigenen Land, die jedesmal, wenn sie durch Misswirtschaft eine Wahl zu verlieren drohen, ins Ausland eilen und dort ihr eigenes Land verraten.

Ing. Walter Reichert, Wien

Haltungsschäden!

Unsere derzeitige (Un)Kulturpolitik ist gekennzeichnet durch hässliche S-Krümmung der Wirbelsäule: eine skatologische Skoliose.

Repräsentant derselben ist ein Festspiel-Intendant, dessen dezidierte Kriechspur-Intentionen für den normal gesunden Menschenverstand nicht nachvollziehbar sind. Stürmische Mar-BUHrufe sind die unausbleibliche Folge.

Der betreffende Herr wurde von Cato deshalb streng, aber gerech „Niete" deklass(ifiz)ier

Dr. Eduard Sw Klosterr

In den Wind geschü

So manche Künstler gen Mief, doch nicht au Herr Schlingensief?

Helmut Niedermeye

Selbstverstäummel

Im „Kurier" wird er lich, ja geradezu in Selt stümmelung, für Sch sief eingetreten, der kam, um Anarchie zu Man greift die „Krone tung" an, die im Sinne ler Österreicher gege hintergründigen Kaspe Deutschland auftritt.

Nicht Schlingensief, dern jene Politiker, die f sen Anarchismus im Ar stadium die Verantw tragen, gehören verbo erster Linie natürlich d turstadtrat von Wien, Marboe. Gerade de ÖVP-Mann, wird vor rier" in Schutz geno Wahrscheinlich ist es e onenbetrag, den er m sorten für dieses schr Theater vor der Wiene gegeben hat. Wie viel S geld da für den sch Zweck geflossen ist, streng geheim gehalte boe habe nur die Rahr dingungen zur Verfügu stellt, meint der „Kurie schuldigend.

Die ganze Angele zwinge dazu, meint de rier", diesmal sehr „dagegen, dafür oder zu sein". So ist es. De rier" ist also dafür, die nen Zeitung" ist dageg wünsche mir, dass sich Österreicher merken, wie man hört, ist S Schlingensiefs nächstes

Erwin Taschn

Sie freuen sich über die Dummheit der Wiener Kulturpolitiker. Links der künstlerische Leiter der Wiener Festwochen Luc Bondy, rechts Christoph Schlingensief. Foto: Viennareport

Leserbriefe per E-M
leser@krone.at
Weitere Lesermeinu
www.krone.at/talks

Es können nur Briefe und E- fentlicht werden, die mit Na schrift versehen sind. Damit uns eine Kontrollmöglichke dass Name und Adresse richti Wir bitten unsere Leserinne um Verständnis.

"bis zur Landesgrenze. Dann muss er selber sehen, wie er weiterkommt" ++ Vorwurf a

04-06-00 12:02 +43 [redacted] LUC BONDY ->5892249 ECM

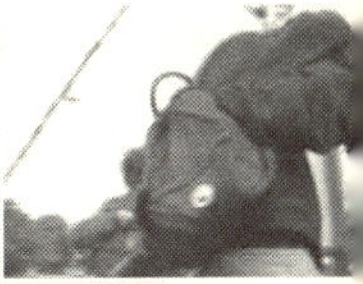

Lieber Christoph,

Du weisst, ich stehe hinter deiner Aktion, ich habe sie schliesslich mitiniziiert. Jetzt bitte ich dich aber, ruhig zu bleiben, nicht die Situation zu dramatisieren. Das tun eh die Gegner dieser Aktion. Sie warten auf einen Eklat. Ich fände es unlauter, wenn es nicht mehr der Sache dienen würde. Eins muss klar bleiben : es ist eine Veranstaltung der Wiener Festwochen, es ist eine Inszenierung von Christoph Schlingensief zum Thema Fremdenfeindlichkeit. Du hast einen Ort der Diskussion geschaffen, lass dich nicht ein auf einen puren Medienskandal, denn es würde den Ernst deines Engagements in Zweifel ziehen. Du bist kein Populist, du bist doch ein Künstler. Was das Geld anbetrifft : mit diesem Projekt haben wir bereits das Budget des nächsten Jahres vorbelastet, unsere Taschen sind leerer als leer. Schimpf nicht auf die Festwochen, das finde ich unfair.

[redacted]

Liebe Grüsse und in Freundschaft

Luc Bondy

isatoren: "Verachtung der Menschenwürde" ++ 22:27 Presseleute vergleichen Poster mit

CONTAINERTAGEBUCH

Mittwoch, 14.6. Halbzeit. Die Irritation wächst, aber auch die Aggression. Mehr und mehr Menschen kommen, ein unglaublicher Rechtfertigungsdrang macht sich breit. Eine Frau sagt: "Wir haben genug getan für Österreich." Kleine, lose Gruppen entstehen, ein Wort ergibt das andere, in den Gesprächen geht es hart auf hart. Manche der Passanten kennt man schon, sie kommen täglich zum Container, manche leisten Aufklärungsarbeit, andere toben. Schlingensief muss gar nicht mehr anwesend sein. Es läuft auch ohne ihn. Beliebte Frage ist, ob ein Deutscher den Österreichern etwas zu sagen hat. Eine Frau meint: "In Deutschland traut er sich nicht." Im Container entwickelt Jelinek nachmittags mit den Asylbewerbern ein Kasperltheaterstück. Man überlegt: Wer ist das Krokodil? Der Kaspar ist der Bundeskanzler. Er schreit: "Bitte liebt mich." Peter Sellars kommt am Nachmittag und sagt ins Megaphon: "This project has to go over the world right now." Schlingensief bittet Jelinek um politische Worte oder ein Gedicht. Jelinek: "Ein Gedicht gibt's nicht. Das Großartige an dieser Sache ist diese Ambivalenz. Es entlarvt uns selbst, indem wir andere entlarven." Ist es inszeniert, kann das wahr sein? Vor dem Container liegen jetzt Informationsblätter, auf denen in vier Sprachen zu lesen steht: "Hier findet eine Vorstellung der Wiener Festwochen statt." Zuvor hatte sich der österreichische Botschafter aus Frankreich beschwert. Französische Geschäftleute wären empört gewesen, das sei der Beweis, dass die Vorwürfe gegen Österreich der Wahrheit entsprechen. In der Nacht ist es zu Übergriffen gekommen. Zwei Männer mit Messern wollten das "Ausländer raus"-Schild entfernen. Passanten hätten ihnen applaudiert. Ein Mann wurde verhaftet. Es kommt laut Polizeisprecher ständig zu Drohungen gegen das Projekt. Zwei Asylbewerberinnen aus dem Container erzählen, gegen Morgen hätte ein älterer Mann eine Brandbombe in den Container gelegt, die aufgrund des Windes wieder verlöscht sei. Eine Privatperson hat eine Anzeige wegen "Verspottung des Staates" eingereicht. Der Server ist immer öfter überlastet, mittlerweile zählt man 80.000 Zugriffe pro Stunde. In der "Krone" bezeichnet Cato, alias Hans Dichand, Kulturstadtrat Marboe als "eine Steuergeld vernichtende Niete".
Abends, die Stimmung erwartungsvoll. Viele sind gekommen, um eine "Abschiebungsinszenierung" zu sehen. Schlingensief sagt: "Im Moment sieht es aus, als würden, je weniger Personen hier drin sind, umso mehr Personen draußen sein." Und: "Es ist wichtig, bei der Regierung nachzufragen, warum dieses Schild schon so lange hält." Ausscheiden müssen Wole Osifo aus Nigeria und Leila al-Hashimi aus dem Irak. Alles passiert unaufgeregt. K. C.

Insassen und finden Unterschiede ++ Es fehlen: 36-jähriger albanischer Werkzeugmacher, 29-

Schlingensief stürmte Geschäft „Es war wie ein Terrorüberfall!"

Boutique-Inhaber zeigt Eindringlinge an. – Rufe nach sofortigem Stopp der Container-Aktion immer lauter

Dienstagnachmittag holte der von den Wiener Festwochen engagierte deutsche Theatermann Schlingensief zur nächsten Provokation aus: Umringt von so genannten „Security-Männern" und begleitet von zwei seiner Kamerateams, stürmt er die Wiener Nobel-Boutique „Popp&Kretschmer" vis-à-vis der Oper.

Verkaufspersonal, das die Gruppe aufhalten will, wird einfach zur Seite gedrängt. Schwarz gewandete Bodyguards „bewachen" einen jungen Ausländer, der als Asylant bezeichnet und von ihnen durch das Geschäft gezerrt wird. Den herbeigeeilten Junior-Chef belehrte Schlingensief in rüdem Ton: „Ich will dem Asylanten nur zeigen, was er kaufen könnte, wenn er etwas kaufen dürfte."

Reinhard Trefelik, der Junior-Chef, zur „Krone": „Die gerade in unserem Geschäft anwesenden Kundinnen haben sich ebenso wie

VON JOSEF KALINA

unser Personal durch die etwa 20 Personen umfassende Gruppe bedroht gefühlt." Und eine der angesprochenen Verkäuferinnen ergänzt: „Es war wie ein Terrorüberfall."

Der Boutique-Besitzer hat jedenfalls umgehend einen Anwalt beauftragt, eine Klage wegen Hausfriedensbruchs gegen Schlingensief in die Wege zu leiten. Er erwartet sich aber vor allem von seiten der Politik ein sofortiges Ende der Container-Aktion.

Das will auch City-Bezirksvorsteher Richard Schmitz. „Mit solchen Entgleisungen habe ich nicht gerechnet. Die Verantwortlichen haben sich die Auflagen, die ihnen bei der Bewilligung des Container-Camps erteilt wurden, nicht gehalten, ich fordere daher den Abbruch dieser Aktion."

„Krone" erfolgreich

Nach unserer Klage wurde das widerrechtlich verwendete Transparent mit dem „Krone"-Logo vom Container entfernt.

hetschenische Kindergärtnerin ++ Schutzmechanismus enttarnt ++ Dieser versagt, andere

bieten noch Sicherheit ++ 23:30 WEBFREETV.com-Server wird von RECHT UND ORDNUNG kü

„Gerade auf medialer Ebene ist seit Jahren eine von kultureller Verflachung gekennzeichnete Entwicklung erkennbar; dies erfordert einen neuen geistigen und kulturellen Aufbruch, um speziell österreichische Tradition und regionale Eigenheiten lebendig zu erhalten."

Parteiprogramm der FPÖ

ardiert ++ Systemausfall ++ Reparaturarbeiten bis in den frühen Morgen ++ 13.6. 11:40

FREIHEIT FÜR ALLES 1. TEIL

GESPRÄCH ZWISCHEN ALEXANDER KLUGE UND CHRISTOPH SCHLINGENSIEF

Kluge Es gibt diesen großen Erfolg bei den Wiener Festwochen: Einen Container. Wenn Sie mir diesen historischen Ort beschreiben?

Schlingensief Das ist direkt neben der Wiener Staatsoper, direkt am Ring, am Anfang der Kärntner Straße.

Kluge Einen Steinwurf weit entfernt von Karl Kraus' "Letzten Tagen der Menschheit", diesem großen Drama, neben dem Platz, wo dort der Ausrufer steht. Hat das eine Beziehung zur Oper gehabt? Die Festwochen sind schließlich ein Opernereignis. "Grünes Licht neben der Staatsoper", steht hier.

Schlingensief Grünes Licht war Teil der Beleuchtung. Dieses grüne Licht hat die Oper erfasst. Die Bedingung des Staatsopernintendanten war, wir dürfen nicht lauter sein als ein Gewitter.

Kluge Dennoch: Positiver Bescheid des Bezirksvorstehers.

Schlingensief Bezirksvorsteher Schmitz und verschiedene Abteilungen, das sind dann Zahlen von 1-48. Da kommen dann verschiedene Abteilungen zu einer öffentlichen Begehung am möglichen Standort, um Bedenken zu äußern. Das ist ein Bedenkentreffen.

Kluge Keine Belästigung der umliegenden Bewohner, insbesondere der Hotels Bristol und Sacher. Dort sind dreizehn Kleindarsteller versammelt, die werden bewacht und die spielen.

Schlingensief Das ist eine Variante von Big Brother, das ist ein Eliminationsspiel. Brot und Spiele. Das ist das, was "Gladiator" gerade im Kino durchzieht. Das sind Spiele, bei denen man sich auf eine Ersatzwährung einlässt, wo an einem Stammtisch mit 1800 DM Gehalt entschieden wird, was für einen Staat gut ist und was nicht, weil die Relation von Geld auch durch so etwas wie eine Ersteigerung von UMTS-Lizenzen gestört ist. Wenn 99 Milliarden Mark für UMTS-Lizenzen rausgehen, muss der Mann mit 1800 DM Monatseinkommen auch gar nichts mehr verstehen. Deshalb muss er eine Ersatzwährung haben. Er weiß, was geht und was nicht geht, was drinbleiben darf und was nicht.

Kluge Er wählt, wer außer Landes geschafft werden soll. Wer übrig blieb, der bekam 35.000 österreichische Schillinge.

Wiener FPÖ-Chef Hilmar Kabas attestiert Schlingensief eine Verhaltensstörung ++ Angriffe

Schlingensief Das ist jemand aus Sri Lanka gewesen. Der zweite Preis war eine Hochzeit.

Kluge Einheiratung in Österreich. Schon Rosa Luxemburg ehelichte einen Mann namens Lübeck, um die deutsche Staatsangehörigkeit zu bekommen, als Polin, um der Sozialdemokratischen Partei beitreten zu können. Es gab ja Höhepunkte beim Container: Angelockt durch Ihr Zeichen "Ausländer raus" und die Fahne der FPÖ gab es Antiregierungsdemonstranten.

Schlingensief Aber Container sind eigentlich nicht erst seit Big Brother aktuell. Bei meinem Film "Terror 2000" im Jahr 1992 habe ich in einem Asylbewerberheim in Oberhausen gedreht. Das sind 18 m^2 gewesen für jede Familie, 5-8 Personen, mit Gemeinschaftsdusche und Gemeinschaftskochstelle. Da habe ich das zum ersten Mal besucht. Es gab immer schon Zeltstädte, immer schon Containerdörfer. Es gab immer schon Provisorien bei den Nomaden. Der Nomade geht freiwillig weiter, aber vielleicht auch nicht unfreiwillig, weil er an der Stelle nichts mehr findet. Der den Antrag stellt, hier zu bleiben, meint etwas finden zu können, es wird ihm aber das, was er glaubt gefunden zu haben, nicht zugesprochen. Er muss weiterziehen. Er ist ein Zwangsnomade. In meiner Wohnung in der Knaackstraße, da habe ich plötzlich zwanzig Container vor der Tür gehabt. Genau vor meinem Arbeitszimmer, weil die Kulturbrauerei umgebaut wurde. Da waren 24 Container. Jeden Morgen konnte ich in diese Sarkophage hineingucken. Ich musste immer an die ägyptischen Grabkammern denken. Meine Idealvorstellung ist es auch, mich in einem Hotelzimmer aufzuhalten, das ich über eine längere Zeit miete, das morgens aufgeräumt wird, das so lange vollgebaut wird, bis es dann nicht mehr geht. Dann ist es ein Bunker und wird verschlossen. Den Schlüssel nehme ich dann mit und ziehe in die nächste Wohnung. Einen eigenen Sarkophag ausstatten!

Kluge Das ist eine Kernidee von Theater von Ihnen. So war es in "100 Jahre CDU", so war es in "Bring mir den Kopf von Adolf Hitler", so war es in "Rocky Dutschke, 68". Es drückt immer eine Kernidee aus, die vor dem Fenster stattgefunden hat.

Schlingensief Was man auch sammelt. Dazu kann Fernsehen zählen, dazu kann alles zählen. Auch die Frage, ob das alles jetzt beendet ist, weil es jetzt sichtbar war. Mich interessiert am meisten das Wort rekapitulieren. Wir rekapitulieren etwas. Lass uns das noch einmal rekapitulieren, sprich wiederholen, heißt aber nur, dass ich eine Kapitulation wiederhole. Etwas, was bereits

oe, der sich bei einer linken Kulturschickeria anbiedere ++ Projekt sei pauschale Österreich-

kapituliert hat, wiederhole ich noch einmal. Das finde ich interessant, dass man sich mit dem schon Gescheiterten noch mal wieder beschäftigen will. Also kann es nicht so gescheitert sein, es kann wie bei einem Kernkraftwerk eine Wiederaufbereitung von Brennstäben sein. Das kann sein, man muss ein U-Boot bei Murmansk wieder raufholen, wegen dieser Brennstäbe, die dennoch nütze sind. Auch wenn die Menschen schon lange tot sind, so sind diese Brennstäbe immer noch hoch energiegeladen. Sie können wiederaufbereitet werden. Es ist aber eine Kapitulation, weil das Leben schon beendet ist.

Die Dekadenz der zeitgenössischen Gesellschaft

DR. MABUSE - INFERNO DES VERBRECHENS

Kluge Man könnte Sie im Sinne von Alfred Edel als Grenznutzenforscher bezeichnen, nicht als Pädagogen, nicht als Jugendbildner, auch nicht als Weltverbesserer, aber dass Sie etwas, das bereits verschrottet ist, noch einmal absuchen auf seine inneren Werte. Schrottsammler in Ägypten wäre nicht abträglich für Sie?

Schlingensief Nein überhaupt nicht. Es gibt viele Leute, die glauben, sie haben das wirklich Neue erfunden. Das ist ein großer Irrtum, der darüber hinwegtäuscht, dass man noch nicht einmal das Alte zu Ende gedacht hat. Von daher gibt es noch viele neue Möglichkeiten, das wirkt euphorisierend auf mich. Das beschleunigt einen. Das alles kann ich ausprobieren. Ein Asylbewerber soll sich da bewerben, wenn er hier abgelehnt ist. Das ist dann aber kein euphorischer Zustand mehr. Deshalb muss man Dinge, die andere als Endlösung behaupten, sehr wörtlich nehmen und noch einmal durchspielen. Ich nehme Haider-Sätze und spiele sie einmal durch. Das war die Grundidee der Container: Wir spielen Haider durch. Ich bin FPÖ und ich bin ÖVP, wenn jemand will, bin ich auch gern rechts- oder linksradikal. Ich kann nicht mehr unterscheiden. Wie Alfred Edel sagte: In einer Zeit, wo alles möglich ist, ist es egal, ob etwas gut ist oder schlecht.

Kluge Es ist möglich und deswegen wirklich. Also eine Art geistiges Wiederkäuertum, weil man über mehrere Mägen verfügt.

Schlingensief Im Afrikanischen heißt es auf die Frage, was ist eigentlich Jesus: Ich esse den Löwen, also werde ich der Löwe. Jesus ist das einzige Tier, das der Mensch sich selber ausgedacht hat. Jesus ist der, der er ist. Niemals würde ein Krokodil auf die Idee kommen, einen Löwen zu fressen, um ein Löwe zu werden. Aber der Mensch macht das. (...) Auch die Neonazis

Vernaderung an einem Bus-Ausstiegspunkt von Touristen und zudem mit Steuergeldern fina

müssen etwas rekapitulieren. Wenn ich merke, ich werde nicht gebraucht, und es gibt keine Währung, die mit mir in Zusammenhang gebracht wird, dann bin ich in der Marktwirtschaft, im Globalismusprozess wertlos. Dann muss ich mir einen Wert schaffen. Dieser Wert könnte Angst sein. Diese Angst kann ich nur verbreiten, wenn ich den Ali jage und durch die Scheibe jage. Dann habe ich Angst, dass es doch ein Fehler war. Es ist eine Sucht nach Angst. ICH HABE ANGST. ICH HABE KEINE ANGST, ALSO KONTROLLIERE ICH. ICH BIN OHNMÄCHTIG, ALSO BIN ICH. Das ist also, was den Neonazi darstellt, sowohl im linken als auch im rechten Spektrum.

Kluge Das hat also mit den Nationalsozialisten der dreißiger Jahre nichts zu tun.

Schlingensief Nein, ich glaube nicht. Das ist ein Währungsverlust, ein Werteverlust nicht im Sinne von Tradition, sondern im Sinn von Anerkennung. Wenn man Angst und Ohnmacht spürt. Das war so, als die Indianer das Fort gestürmt haben. Ein Asylbewerber hat in unserer Gesellschaft erst einmal keinen Wert. Schauspieler war am Anfang nur der Schutzbegriff. Den Wert habe ich ihnen gegeben durch die Ernennung zum Schauspieler. Wenn er ein Schauspieler wird, dann kriegt er einen Wert, als Darsteller seiner selbst oder eines Prozesses. Dann ist er eher zu akzeptieren und geschützt. Das ist ein Grundprinzip von Theater. Deshalb muss man die Entwertung des Schauspielers vorantreiben, die Entwertung des Theaters und die Aufwertung der Menschen.

Kluge Darin sind Sie wie ein Aufklärer des 18. Jahrhunderts. Sie sprechen hier von Menschenmüllcontainern. Wenn Sie von DNA-Müll sprechen, heischen Sie nach Anerkennung. Man nutzt 90% der Gene nicht. Man braucht nicht 2 Milliarden Jahre der Entwicklungsgeschichte, um einen Normal-

2:22 Kabas und Unterreiner drohen mit Misstrauensantrag gegen Marboe noch vor der

besucher des Oktoberfestes zu erzeugen.

Schlingensief 90% Junk – das ist letzten Endes aber auch Freiheitsbeschreibung. Das ist Vision, Euphorie, Reichtum. Das ist Junk. Wenn ich nur 1% davon anschalte, dann kommt das Auge auf die Wange, das Ohr woandershin.

Kluge Der Mensch würde leuchten. Um ihn herum ist ein Astralleib, den hat er mitbekommen von den Sternen her.

Schlingensief Das wird ab sofort gefordert, deswegen ist Widerstand zwecklos. Widersprüchlichkeit ist gefordert. (...)

Schlingensief Wenn die Menschen sich unten am Container heiser geschrien hatten: "Steuergeldverschwender", "Piefke raus", "In Deutschland interessiert sich doch keiner mehr für dich" – dann habe ich gesagt: Darf ich Ihnen eine Person vorstellen, die das alles möglich gemacht hat, das ist eine wunderbare Person! Seine Mutter hat ihn unter Schmerzen geboren. Seine Haupttriebfeder ist die Eitelkeit! Hier ist er: Christoph Schlingensief! Das war ein Schauspieler, und der hatte dann so Haare wie ich, fing dann an zu reden. Die waren vorher so sicher, dass ich die Steuergelder verschwende, da waren die Argumente kaputt. Das ist die Qualität eines Schauspielers. Er kann das rekapitulieren, weil er weiß, er ist schon einmal gescheitert.

Kluge Das ist die Differenz zu Big Brother. Zur Verabredung im Container gehört, dass die Unterscheidung zwischen Fact und Fake nicht mit angegeben wird. Unbeschriftetes Theater ohne Gebrauchsanweisung – kann man das so nennen?

Schlingensief Auch die Vokabel Politclown griff nicht mehr. Es war alles im Aufruhr, diese permanente Angstzone war überschritten. Die verbotene Zone war betreten worden. Österreich zeichnet aus, dass es diese Angst gibt. Ich war eingeladen bei dem Produzenten von Polanski, Andrew Braunsberg. "Sie müssen unbedingt kommen. Wir sind eine Widerstandsgruppe, wie treffen uns immer abends bei uns in der Wohnung." Ich bin dann abends um 23.00 Uhr dahin gefahren. Eine Superwohnung mit Blick auf den Stephansdom. Die Widerstandsgruppe begrüßte mich mit Sektglas. Es kam zu keinem normalen Gespräch, weil alle sagten, die Aktion ist ganz wichtig. "Wir arbeiten hier im Widerstand." Die FPÖ müsse weg, aber es sei auch nicht ganz so

Sommerpause im Landtag ++ Unterreiner übt Kritik an Schmitz: Der ÖVP-Politiker habe das P

schlecht, wie es jetzt laufe. "Die SPÖ hat ganz viel Mist gemacht. Wir müssen mal ganz ehrlich sagen: Die Regierung braucht eine Chance." (Lachen)

Kluge Es gibt eine sehr bewegende Installation von Beuys: "I like America, America likes me." Das ist der Kojote. Ihr Containerprojekt ist damit verglichen worden, dass Beuys mit verbundenen Augen nach Amerika fliegt.

Schlingensief Er wird dann mit verbundenen Augen in diese Galerie gefahren. Dort lebt ein Kojote eine Woche mit ihm. Er hat seine Filzdecke und seinen Hirtenstab bei sich. Danach fährt er wieder mit verbundenen Augen nach Deutschland.

Kluge Das alles zusammen bezeichnet den Beweis einer Amerikaliebe. (...)

Schlingensief Meine ganzen frühen Filme haben sehr darunter gelitten, dass ich am Ende noch etwas vorführen musste. Der Prozess ist der Film. "Das Geheimnis der Lady Cowen", "Das Totenhaus der Lady Florence", "Rex der unbekannte Mörder von London". Das waren immer Filme, die ich in den Sommerferien organisiert habe, damit wir in den Kartoffelferien im Oktober gemeinsam als Schulklasse abgeholt wurden, von den Eltern weg, dann war eine Ersatzfamilie geboren. Da wurde gesoffen, gedreht, etwas kaputtgemacht. Am Ende fuhr man erschöpft und erfüllt nach Hause.

Kluge Sie haben 83 Filme hergestellt und davon 14 selbst vernichtet. Davon können Sie nur aus der Erinnerung erzählen.

Schlingensief Das ist manchmal auch besser. Ich habe den Afrikafilm

rmöglicht ++ Bondy habe sich Schlingensief als Feigenblatt für seine politicche Aggression

gemacht, und der hatte eine Million DM Budget. Genau bei diesem Film ist ein Wahn ausgebrochen, es genauso machen zu müssen, wie ich es mir vorgestellt habe. Das hat nie funktioniert. Ich kann mich nur surfend bewegen. Wenn die See glatt ist, dann passiert nichts. Wenn eine Störung vorliegt. Wenn etwas aus dem Ruder läuft. Dann kriege ich eher mit, was die Strahlung ausmacht von meinem Gegenüber. (...)

Kluge Sie haben jetzt ein großes Filmprojekt geplant, das von Imax bis 8 mm alle Filmtechniken versammelt. Ich habe gehört, dass Sie ein großes Dorf neben dem Set errichten, in dem die internationalen Journalisten eingeflogen und unterhalten werden, ernährt werden. Dann weigern Sie sich aber Filmmaterial einzulegen. Ist das richtig?

Schlingensief Meine Idee ist auch durch Wien gekommen, Wien ist für mich auch ein Filmstudio gewesen. In dem Filmset war Honig gelagert, also sprich Asylbewerber. Da war der Urmensch, der Kojote von Beuys. Der Asylbewerber als Nomade. All das war in diesem Filmstudio aufgebaut, und es gab eine Menge von Komparsen. Von ÖVP-Sprechern bis zur FPÖ-Beauftragten Frau Unterreiner und zum Bundeskanzler. Alle möglichen Leute, die sich freiwillig und voller Lust in dieses Filmprojekt gestürzt haben. Sie haben mitgespielt, ohne dass wir Verträge abgeschlossen haben. In Paris habe ich immer versucht an Michel Piccoli ranzukommen, aber das klappte nicht. Es ist superschwierig gewesen. Dann gab es kein Abendessen. Als es eins gab, gab es keinen Dolmetscher. Wir konnten uns nicht unterhalten, und er hat sich geweigert, mit mir englisch zu sprechen. Er kann ein paar Brocken Deutsch. "Freiheit für alles!" Das hat er auf dem Heldenplatz gerufen. "Freiheit, Freiheit für alles." Dann haben Bondy und alle hochgeguckt: "Es heißt aber: Freiheit für alle, Michel?!", der hat aber zurückgeguckt. "Ich habe doch bestellt, Luc. Wo ist die Essen, Luc?" Dann sind sie essen gegangen, und die Hunderttausenden von Demonstranten haben weitergemacht. Das ist in Wien alles nicht gewesen. Ich brauchte diesen Schüssel nicht zu treffen. Sie alle haben an diesem Film freiwillig teilgenommen. Ihr Kostüm genommen. Der Bezirksleiter Schmitz zum Beispiel. Der hielt in seinem Büro Hofstaat. Nach den suchenden, verzweifelten Projekten des letzten Jahres mit der Partei, mit der Deutschlandsuche, wusste ich nicht mehr richtig, wer ich bin. Es waren sehr erfolgreiche Jahre, aber es waren keine Jahre wie zur Zeit von "Menu Total", bei dem ich im Dachzimmer in München saß und 250 Seiten übelstes Zeug von Mutter-, Vater-, Hitler- und Fleischessen geschrieben habe. Das war wie eine Tempelstimmung für mich alleine. In Wien hat

eingekauft ++ 13:02 Schlingensief, Daniel Cohn-Bendit und Peter Pilz (Grüne Wien) laden Jörg

Container ein ++ Offener Brief an den Landeshauptmann von Kärnten. Angebot zur offenen,

sich das wie ein Tempelbild zusammengeschoben – nur nicht mit der Täuschung der Partei, dass ich mich als Echnaton, als Tempelgott der Containerdorfbewegung verehren und verklären lasse.

Kluge Der Satz: "Wien, Wien nur Du allein sollst die Spitze (eigentlich: Stadt) meiner Träume sein." Dies ist Kino. Sie haben wieder angeeckt bei der Staatsanwaltschaft.

Schlingensief "Die Sonne scheint für alle gleich, warum nicht auch für Österreich." "1. April 2000": Kennen Sie diesen Film? Liebeneiner hat ihn gedreht mit Hans Moser, Josef Meinrad, Curd Jürgens im Jahr 1952. Die Weltregierung verklagt Österreich, dass es den Weltenverbund der Planeten stört. Jetzt muss sich Österreich verteidigen. Es ordert dann Burgtheaterschauspieler, sie müssen Strauß singen. Aber vor Gericht bei den Außerirdischen nutzt es nichts. Dann wird Hans Moser eingeschaltet, der soll ein Lied komponieren, das dann auch die Außerirdischen erschüttert. Da gibt es die tolle Strophe: "Die Sonne scheint für alle gleich, warum nicht auch für Österreich."

Kluge Von Karl Kraus gibt es diesen Satz: Einen Platz an der Sonne erlangen. Österreich hat immer seine Spitze gehabt kurz vor dem Untergang von etwas. Die Maria-Theresia-Kronleuchter waren nie so schön wie in dem Jahr, in dem die Gasbeleuchtung einsetzte. Die Gasbeleuchtung hatte ihren

vorurteilsfreien Auseinandersetzung ohne Scheuklappen zwischen Künstlern und Politike

Höhepunkt, als das elektrische Licht kam. So ist Österreich immer das Schlusslicht großer Entwicklungen gewesen. Es gibt auch nie wieder einen so machtvollen Herrscher wie den, der aus Österreich kam. So haben Sie mit dem Satz "Tötet Wolfgang Schüssel" ein Tabu verletzt. Mit "Bring mir den Kopf von Adolf Hitler" haben Sie das Tabu auch verletzt. Man muss ja den deutschen Reichskanzler erst köpfen, bevor man seinen Kopf bringen kann. Sie haben offen in der Hauptstadt Berlin gesagt: man soll ihn köpfen. Das hat doch die Staatsanwaltschaft beanstandet. Sie haben gesagt "Tötet Adolf Hitler".

Schlingensief "Tötet Helmut Kohl". Es kommt immer auf den Kontext an. Würde es im Kaufhof gerufen, auf dem Balkon. Auf der Bühne, das ist für die Staatsanwaltschaft exterritoriales Gelände.

Kluge So wie in der amerikanischen Gesandtschaft. Da könnte man sagen, wir wollen den irakischen Präsidenten töten. Das wäre nicht strafbar.

Schlingensief In Graz eben "Tötet Schüssel", das haben 12 Asylbewerber gerufen, aber eben in schlechtem Deutsch. Das klang teilweise sehr komisch. Der Theaterausschuss hat sich dann schon in der Generalprobe davon distanziert. In der Aufführung waren dann 20 Stapos, das sind Staatspolizisten. Ich habe mich aber vor dem Stück von dem Stück distanziert. Weil ich das mit dem Töten eben schon mit dem Reichskanzler und dem deutschen Bundeskanzler gerufen hatte. Ich habe mich rekapituliert, habe einen Endpunkt erreicht.

Kluge Es ist merkwürdig, dass Ihren Aufforderungen nie gefolgt wurde.

Schlingensief Zig Zeitungen haben dann "Tötet Wolfgang Schüssel" in Anführungszeichen geschrieben. Es gibt eine Sucht bei den Redakteuren, eine verbotene Situation so lange zu schildern, bis sie endlich in dieser Schilderung wahr geworden ist. Und deshalb nicht mehr wiederholt werden muss.

Kluge Sie lehnen die Kunst als Distanzierungsmittel ab und sagen, sie sei ein Angriffsmittel.

(...)

Kluge Nehmen wir an, Dagobert Duck wäre bei der Kursk mit eingesprungen und hätte das Schiff mit Golddollars ausgefüllt, dann wäre es noch schneller gesunken, weil Gold ist schwer.

Schlingensief Es wäre in Sicherheit gewesen. Man hätte es nur im Notfall gehoben. Die Rettung ist jetzt kein Notfall mehr.

Kluge Es hätte eine verrostete Mine aus dem III. Reich sein können oder ein

chlag an Haider, 12 junge Österreicher in Landestracht mitzubringen ++ 14:10 Erster

fehlgegangener amerikanischer Beobachtungstorpedo. Zwei amerikanische U-Boote haben das Manöver betrachtet.

Schlingensief Es gibt die Theorie, dass Bormann mit einem U-Boot abgehauen ist und dass es eine unterirdische Stadt gibt, die Bormann gebaut hat.

Kluge Die wäre beinahe entdeckt worden in der Barentssee. Quasi aus Notwehr haben die letzten Nazis dort geschossen. Es kann aber auch ein eigener Übungstorpedo gewesen sein, das hätte auch nichts mit Geld zu tun. Wenn sie eine höhere Besoldung bekommen hätten, wären sie nicht untergegangen.

Schlingensief Mit 70 DM im Monat kann man nur untergehen.

(...)

Schlingensief Es geht um Überlebenskunst. Ich bin Überlebenskünstler. Ich treffe andauernd auf Gleichgesinnte. Wenn ich mich als Künstler sehe, habe ich mit Überleben gar nichts mehr zu tun, sondern nur noch mit Veredeln. Mit der Hoffnung, dass wenn ich 70 bin, die ersten Schlaganfalloperationen durch die Filme finanziert sind. Das ist aber Quatsch.

Kluge Das verbindet mit den Leuten vor dem Fernsehschirm, vor dem Radio, im Zuschauerraum.

Schlingensief Ich bin nicht freiwillig auf die Erde gekommen. Ich wurde an dieser Entscheidung nicht beteiligt. Ich kann darunter leiden, oder ich sage, ich nehme das, was mir am meisten Schwierigkeiten macht: das Überleben, und erkläre es zur Kunst. Das, was in Wien passiert ist, ist wie eine Spiegelfläche, eine Bühne, ein Kernreaktor. Es funktioniert auch dann, wenn man selber wegtritt. Ich war schon tot an dem Abend, als die Indianer (Demonstranten) kamen, aber das Ding hat weitergelebt. Ich bin am nächsten Morgen kaum aus dem Bett gekommen. Ich bin um 10.00 zu dem Platz gekommen und habe gedacht, es ist jetzt tot, aber es war lebendiger denn je. Es hat von selber weitergepumpt.

Jeder Staat versucht immer durch eine Projektionsfläche, das, was gut ist für den Staat, was gut ist für den Bürger, am Leben zu erhalten. Er versucht, mit Illusionen Futter zu erzeugen. Welcher Staat schafft es, sich selbst zu genügen? Welche Kunst schafft es, sich selbst zu genügen? Die einzige große

revolutionäre Tat ist L'art pour l'art. Hochpolitisch ist gerade diese Kunst. Die Kunst ist ein schneller Brüter, genügt sich selber, sie erhitzt sich selber. Wenn man das als Prozess sieht, hat man eine soziale Schmutzplastik. Beuys hat immer gesagt, eine Plastik ist etwas, das sehe ich vor mir; um es ganz zu sehen, muss ich ein paar Schritte zurücktreten und stürze dann über einen Schemel und falle zu Boden. Das ist der normale Begriff einer Plastik. Aber eine Schmutzplastik ist nichts zum Umfallen, weil in ihr bin ich selbst. Es ist wie mit dem Staubtuch auf dem Boden. Es ist so aufgeladen, dass wenn es nur in der Mitte des Raumes mit einer Kordel durchgezogen wird, zieht es alle Staubkörner an. Das heißt, alle Staubkörner sind bereits aus ihrer Stabilität herausgezogen, weil in der Mitte etwas anzieht. So ein Vorgang ist tatsächlich revolutionär. Wir können uns nur noch an irgendwelchem virtuellen Internetmüll aufhalten oder an Börsenkursen, um eine Illusion zu erzeugen, zu glauben, das wäre Futter. Mich interessiert mehr, den Menschen aufzufordern, heute Nacht ins Krankenhaus zu fahren und auf einer Operation zu bestehen. "Ich bestehe auf einer Operation." Der Arzt aber sagt: "Ich habe nichts gefunden." Ich bestehe aber darauf: Es wird irgendetwas gemacht. Danach wird 6 Wochen Rekonvaleszenz angestrebt. Dann fährt man wieder zum Krankenhaus und lässt sich wieder operieren.

Kluge Weil der Arzt einen Fehler gemacht hat, und die Fehler müssen jetzt ausgeglichen werden.

Schlingensief Zum Beispiel: Weil man den Schmerz nur begreift, wenn man ihn sich selber zufügt. Man muss selbst der Putin des U-Boots werden. Ich bin das U-Boot und bin Putin gleichzeitig. Das ist hochpolitisch, weil es nicht in diese Strahlrichtung greift, das ist der Feind. Es gibt diesen Feind nicht. Der Feind bin ich.

Kluge Wenn Sie das in ein praktisches Beispiel verwandeln: Goebbels sagte, Stalingrad ist wie ein Ölgemälde, das man nicht verstehen kann, wenn man nicht ein paar Schritte zurücktritt und es aus der Entfernung ansieht. Damit meinte er: ein paar Jahre später. Dann merkt man, was für ein positives Ereignis der Verlust von nur 300.000 deutschen Soldaten waren.

Schlingensief Wenn ich Leni-Riefenstahl-Filme sehe oder ihre Interviews mit Müller.

Kluge Hätte Leni Riefenstahl nach Stalingrad fliegen müssen?

Schlingensief Nein.

Kluge Aber Hitler hätte hinfliegen müssen.

-ochen rufen Polizei sowie Chemiker zur Neutralisierung der Säure ++ 15:00 Josef Bierbichler

Schlingensief Ich stelle die Frage, ob die ganzen Hitlers, Putins, Schüssels …; es heißt, Hitler saß vor dem Bild Friedrichs des Großen und wusste, es geht zu Ende – "Warte nur, kleiner König, dann wird sich dir die Sonne wieder zeigen." Hitler saß mit seinen Leuten zusammen, etwas verbissener als sonst: Hier, ich habe Paulus mit der sechsten Armee in Stalingrad, schicken Sie eine Meldung: Paulus durchhalten. Dann führe ich euch, meine Freunde, vor, dass es sowieso nichts ist. Es ist nichts und es wird nichts. Das führe ich euch vor. Das habe ich euch allen vorgeführt, aber das deutsche Volk war noch nicht reif dafür.

Kluge Das hat er im Testament geschrieben.

Schlingensief Von daher wäre zu überlegen, ob all diese Menschenvernichtungsmaschinen nicht immer diese Ohnmachtsbeschreibungen in sich getragen haben, die ein Anführer, ein Regisseur, ein Redakteur anstrebt, um einem anderen die Ohnmacht zu erklären, die er in sich selber spürt, die ihm als einzige Möglichkeit die Chance gibt zu sagen, ich bin.

Kluge Daher Ihre neuen Fernseh- und Internetprojekte, die es ermöglichen, dass 80 Millionen Nutzer abstimmen können, historische Situationen neu aufzusuchen. Der Kriegsausbruch 1939 kann nachgespielt werden. Also bin ich auf der Seite von Göring, von Roosevelt, von Chamberlain, von Hitler selbst, kann jetzt hier mitstimmen. Kriegsverhinderung betreiben, Gutmensch sein. Ich kann die Geschichte nachträglich rückgängig machen, die Marne-Schlacht 1914 gewinnen. Wer übrig bleibt, bekommt 35.000 österreichische Schilling.

Schlingensief Ein Phänomen von Big Brother war die Befürchtung, dass es sich um eine Inszenierung handelt. Das hatten wir in Wien auch bei den Internet-Sachen. Wir hatten mit 50.000 Zugriffen am Tag gerechnet und hatten 80.000 in der Stunde. Da hat Adolf Hitler persönlich geschrieben, und es hat Susie aus Leipzig geschrieben, es hat Bormann geschrieben. Ich kann im Internet in einer Rolle sein. Vielleicht sitzt er doch noch irgendwo, er wäre 116 Jahre …

Kluge Er sitzt nirgends.

Schlingensief Vielleicht bin ich's doch gewesen. Vielleicht ist er geklont worden. Die Frage nach dem "bin ich's doch gewesen?" wird die Sucht erzeugen, es gewesen zu sein. Da muss ein neues Filmprojekt hin.

Kluge Was machen Sie, wenn aus Paraguay 88 geklonte Hitlers nach Wien in Ihren Container kommen? Jetzt heißt es "Hitler raus". Was machen Sie?

Schlingensief Ich würde flüchten, um es von oben anzuschauen.

(...)

Schlingensief Autoimmunprobleme. Mein Vater hat in solchen Fällen kleine Portionen Gift zugeführt, um seine Patienten zu stärken.

Kluge Ihr Vater war Apotheker. Wenn Sie beschreiben, der ist ja ein Giftkundiger und deswegen heilkundig. Wenn Sie mal an Ihre Giftküche des Theaters denken ...

Schlingensief Das ist ein kleines Problem. Wenn man das sagt, denkt man, man teilt es aus. Mein Vater hat Gift verkauft, um sie zu stärken. Aber er hat sich in einem anderen Prozess infiziert. Ein Großteil der Kunden waren ältere Leute, und sie schätzten meinen Vater sehr, weil er sich den ganzen Seelenmüll, die ganzen Katastrophen aus den Familien angehört hat. Mein Vater hat das alles aufgenommen, er hat nie ausgeteilt. Das ist eine Aufladung im negativen Sinn. Die er jetzt gerade ausbadet. Weil er kann das alles nicht mehr sehen. Deswegen schaltet das Auge ab, und er hat große gesundheitliche Probleme mit den Augen und ist auf einem praktisch blind: Er kann es nicht mehr sehen.

Kluge Wenn Sie Ihre Tätigkeit da ableiten. Mein Vater war Arzt, und ich kann alles da ableiten.

Schlingensief Ich kann dabei nur feststellen: Ich kann jetzt wie ein Apotheker mit meinem abgeschlossenen Provokationsstudium, gelernter Provokateur!, Medikamente austeilen. Dann kann ich die kleinen bösen Sätzchen abfeuern, und dann funktioniert das. Ich nehme es selbst ein, es ist eine Selbstprovokation, es ist eine Sucht. Ich kann mit Lobeshymnen wenig anfangen. Wenn ich nur geliebt werde, dann schlafe ich ein. Wenn ich angegriffen werde, dann bin ich nicht krank, dann geht's los. Selbstzweifel sind ein Grundmaterial von Provokation. Dieses Wien hätte auch nach hinten losgehen können. Oft haben wir über die Richtung gestritten. Sollen wir es nicht lieber in dem rechten Außenbezirk Favoriten machen. Da wo die FPÖ-Wähler wohnen. Da wo es gleich zum Bürgerkrieg kommt. Um noch einmal auf meinen Vater zu sprechen zu kommen. Ich weiß, dass es Anschubsituationen gibt. Wenn der ehemalige SPÖ-Regierungssprecher Kalina dort absolut FPÖ-Standpunkte vertritt, dann kann ich einen solchen Menschen aus der Reserve locken, indem ich ihm sage, dass ich ihn verachte. Wenn ich überhaupt etwas verachte, dann ihn. Es hat ihn extrem mobilisiert, genau hinzuschauen. Er war in seinem Immunvorgang angeregt, und er hat mir das nicht übelgenommen, weil er dadurch länger überleben wird.

alsekretärin Maria Rauch-Kallat bezeichnet Projekt als "fragwürdig und kontraproduktiv" ++

SEMA KOLAT

RAMUS PIROK

JAHANSHAH ALVANDI

GONG XIAOWEI

LEILA AL-HASHIMI

RANIL SHUNTA

ZHU QIANG

NEREM NJAWÉ

Das Projekt würde Vorurteile und Ängste schüren ++ Touristen würden völlig falsche Eind

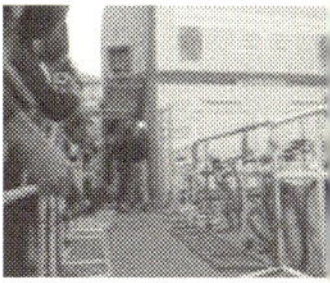

"ICH LIEBE ÖSTERREICH"

MONTIERT VON ELFRIEDE JELINEK
AUS TEXTEN DER ASYLANTEN VON "BITTE LIEBT ÖSTERREICH"
MITARBEIT: MARIO RAUTER

Wien, 14. 6. 2000
Im Rahmen der Aktion "Bitte liebt Österreich – Erste europäische Koalitionswoche" von Christoph Schlingensief

KROKODIL Ich bin Frau Magister Heidemarie Unterreiner. Morgen komme ich und esse Menschen.
GRETL Bitte helfen Sie mir, ich liebe österreichische Menschen.
KROKODIL Ich bin Frau Magister Heidemarie Unterreiner. Ich wollen einen schönen Tag. Und alles österreichische Menschen.
GRETL Ich will sein frei, weil das Welt ist und alle haben recht.
KROKODIL Ich bin Frau Magister Heidemarie Unterreiner. Mein Ein und Alles, mein Jörg, hat rechts.
KASPERL Ich bin endlich Bundeskanzler. Ich liebe Menschen – fürchtet euch nicht. Ich möchte ein Schauspieler werden, jetzt bin ich schon ein Schauspieler.
GRETL Bitte helfen Sie mir, ich liebe Österreich.

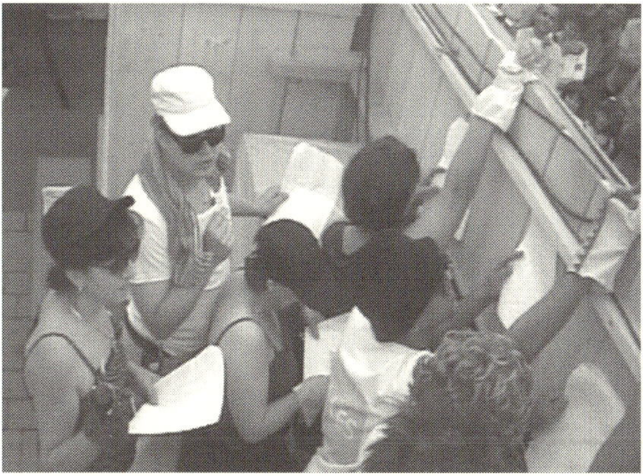

ommen und ungerechtfertigte Emotionen gegen Österreich mit nach Hause nehmen ++ 16:12

KASPERL Ich bin Bundeskanzler. *(Aggressiv)* Bitte nichts als raus.

GRETL Ich lebe gern alles. Das ist ein schöner Tag. Bitte helfen Sie mir, ich liebe Österreich.

KROKODIL Ich möchte positiv leben in Österreich. Ich wollen nicht raus, Sie müssen raus. Alles raus! Alles raus! Ich bin idealistisch.

GRETL Ich will nicht negativ Kampf, wir haben viel Schmerzen mit alles, das wir hier haben in Österreich.

KASPERL Ich bin kein Ausländer. Ich habe eine schöne Frau geheiratet. Bitte helfen Sie mir nicht.

GRETL Ich helfe Ihnen schon, denn ich nix wollen Krieg – wir sind alles Menschen.

KROKODIL Ich bin Frau Magister Heidemarie Unterreiner. Guten Morgen. Bitte kommen Sie zum Essen. Bitte seien Sie mein Essen. Ich möchte bitte Mann!

GRETL Meine Heimat ist eine Welt. Ich komme aus der Welt.

KASPERL Aber nicht aus meiner.

GRETL Ich brauche einen Reisepass von einer Welt. Ich will Arbeit.

TEUFEL Ich bin Bundesländerchef. Sie können nicht arbeiten.

GRETL Ich kann kein Essen kaufen.

TEUFEL Sie müssen nicht essen. Sie sind nicht aus China.

GRETL Ich möchte in Österreich bleiben. Ich möchte Arbeit.

KROKODIL Bitte, danke! Bitte, danke! Bitte, danke! *(Frisst Gretl)*

KASPERL Ich liebe Österreich.

GRETL *aus dem Off* Bitte helfen Sie mir!

KÖNIG Ich bin euer Bundestommy. Ich liebe österreichische Menschen. Ich wollen nichts Krieg. Alles Menschen, nichts Lärm. Alles österreichische Menschen. Ich wolle sie gut Wetter, gut, schön Tag.

KASPERL UND KRODODIL Wir brauchen nichts als Menschen. Wir leben in Europa mit Europäern. Unser größter Wunsch ist, Schauspieler zu werden. Bitte helfen Sie uns zu dieser Möglichkeit. Danke!

TEUFEL Bitte kommen Sie in die Hölle zum Essen. Ich möchte Arbeitsbewilligung. Ich bin ein junger Mann. Ich habe Hände und kann arbeiten.

KROKODIL Ich will nicht denken, Caritas mir immer helfen. Ich will nicht denken. Ich habe Essen. Ich habe gutes Schlafen.

TEUFEL Ich habe gute Helfer, aber ich brauche sie nicht.

POLIZIST Ich habe Hände, ich will arbeiten. *(Führt sie ab)*

ALLE GEMEINSAM Mein Gott, der arme Wolfgang! *(Bis keiner mehr Lust hat)*

Polizei trifft verspätet ein ++ Buttersäure schon neutralisiert ++ 16:00 Gemeinsames Einkaufen

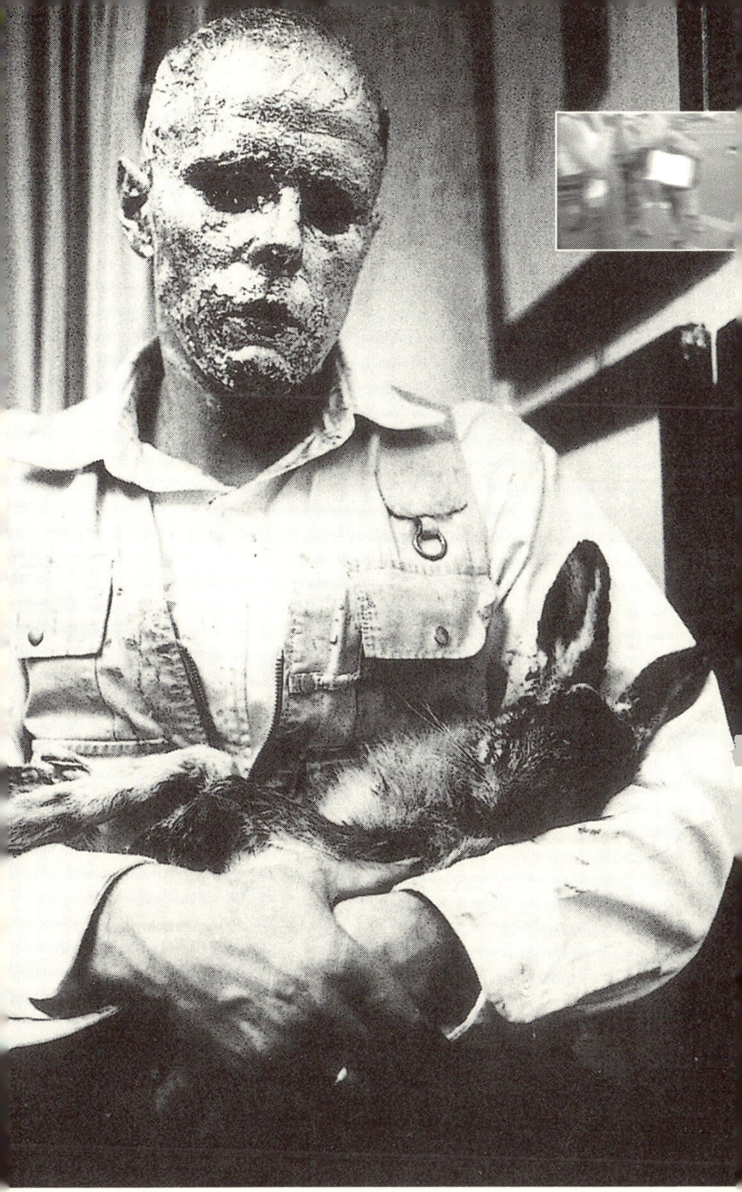

ie man dem toten Hasen die Bilder erklärt

en und Security, geleitet von einem weiteren Schlingensief-Double, das weder Schlingensief

HELMUT SCHÖDEL. SÜDDEUTSCHE ZEITUNG

DIE AUSLÄNDER-BESCHWÖRUNG

ABENDS UM 20 UHR WIRD ABGESCHOBEN:

Schlingensief in der Nobelboutique und Jelinek im Container

Umringt von schwarzgekleideten "Security"-Männern, begleitet von zwei Kamerateams, im Schlepptau einen jungen Asylanten – so habe "der deutsche Theatermann Schlingensief" eine Nobelboutique gegenüber der Wiener Staatsoper gestürmt, berichtete die Kronen Zeitung. Eine Verkäuferin erinnert sich: "Es war wie ein Terrorüberfall." Dem herbeigeeilten Junior-Chef habe Christoph Schlingensief im rüden Ton erklärt: "Ich will dem Asylanten nur zeigen, was er kaufen könnte, wenn er etwas kaufen dürfte."

Als die Zeitung am frühen Abend erschien, saß ich mit Schlingensief zwischen Nobelboutique und Staatsoper. "Die Wahrheit ist", sagte er, "ich habe dieses Geschäft nie betreten." Da kam Franz Endler vorbei, Musikkritiker der Tageszeitung Kurier. Man möge sich nicht so aufregen, sagte Endler. Er selber lese nicht oft in Zeitungen. "Ich weiß, wie sie gemacht werden."

Wenn man es vergessen hätte, jetzt wüsste man es wieder: Wir sind in Wien. Eine Hitze wie am Persischen Golf, und um Schlingensiefs Container-City neben der Staatsoper eine Aufregung wie in einem Fußballstadion. Neben dem "Ausländer raus"-Schild wehen noch immer die blauen Fahnen der Jörg-Haider-Partei. "Am liebsten würd' ich raufkraxeln", schreit eine junge Frau. Schild und Fahnen will sie runterholen. Außerdem bringt es sie in Rage, dass Deutsche sich vor der Wiener Oper aufspielen und die Touristen verschreckten. Im kleinen Innenhof der Container-City sitzt die österreichische Schriftstellerin Elfriede Jelinek und schreibt mit den Asylanten ein Puppenspiel. Das Krokodil enttarnt sich als FPÖ-Mitglied und droht: "Morgen komme ich und esse Menschen." Der Kasperl spielt den Bundeskanzler, und Gretl sagt: "Ich möchte in Österreich bleiben." Daraufhin wird sie vom Krokodil gefressen. Am Abend wird das Puppenspiel über der Holzwand um die Container-City aufgeführt. Auf dem Platz neben der Wiener Staatsoper werden Handzettel verteilt: "Hier findet eine Vorstellung der Wiener Festwochen statt." In vier Sprachen wird das Projekt erklärt: "Der Regisseur Christoph Schlingensief möchte hiermit auf die Problematik der ausländischen Asylbewerber in unserer industrialisierten und globalisierten Gesellschaft

noch André Wagner kennen ++ Angeblich stürmt drittes Schlingensief-Double das

hinweisen und gleichzeitig die innen- und außenpolitische Situation Österreichs zur Diskussion stellen." Der klassische Wiener Wahnsinn hat begonnen, die "Trau mich nicht"-Abteilung fängt an zu arbeiten. Christoph Schlingensiefs Projekt lebt davon, dass keiner weiß, ob es sich um eine Kunstaktion oder vielleicht doch um Wiener Wirklichkeit handelt. Schlingensief reißt den Verteilern die Zettel aus der Hand. Abends gegen 20 Uhr wird abgeschoben. Diesmal trifft es zum Beispiel Leila al-Hashimi. Vor der Container-City am Herbert-von-Karajan-Platz steht eine dunkelblaue Limousine. Die Frau verbirgt ihr Gesicht hinter einer Zeitung und hat eine kleine Reisetasche dabei. Auf Nimmerwiedersehen, Leila! Die Limousine fährt ab. Bis zur Landesgrenze wird Sicherheit garantiert. Neben den Containern steht noch immer eine Menschenmenge und diskutiert. Letzte Nacht gab es Übergriffe, die von den schwarzgekleideten Sicherheitskräften abgewehrt wurden. Fast hätte es gebrannt. Inzwischen heißt es, Gregor Gysi wolle die Container-City besuchen, die allmählich zur VIP-Lounge wird. Auch Jörg Haider wurde von Schlingensief "ernsthaft zu einem Gespräch mit Asylbewerbern" eingeladen, eine Antwort gibt es noch nicht. Übrigens, der Mann, der in der Nobelboutique auftauchte, war vielleicht ein Schauspieler aus Graz, der in den Containern Christoph Schlingensief spielt. Aber was weiß man schon in Wien! Morgen mehr.

Containerreport (IV) FAZ

WIEN, 15. Juni

Was ist hier los? Die Stadt hält den Container kaum noch aus. Vor dem Gelände entsteht ein dauerndes höllisches Geschrei und auch die Zeitungen haben die Generalmobilmachung angeordnet. Die Kronenzeitung titelte „Schlingensief stürmt Geschäft. Rufe nach sofortigem Stop der Ausländer-Aktion immer lauter". Diese Rufe höre ich auch, doch besagtes Geschäft habe ich nie betreten. Heute bekam ich die dazu passende Post von den Rechtsanwälten des Modegeschäfts Popp&Kretschmer, einem, wie es im Schreiben heißt, „Geschäftslokal für Damenoberbekleidung des oberen Preissegments". In diesen Laden soll ich gestern mit einer Gruppe von Bodyguards eingedrungen sein. Allerdings war ich zur fraglichen Zeit mit Oberstaatsanwalt Dietrich Kuhlbrodt zwar in Wien, aber an einem ganz anderen Ort. Dennoch beantragen die Rechtsanwälte Untersuchungshaft, weil bei mir Fluchtgefahr bestehe. Soso.

Der Wiener Kulturstadtrat erhöht ebenfalls den Druck. Die Wiener Festwochen sollten gezwungen werden, vor unserem Container riesige Stellwände mit der Aufschrift „Vorsicht Kunst" aufzustellen und dem Hinweis, dass es sich hierbei nicht um Wirklichkeit, sondern um eine Aktion der Wiener Festwochen handele. Luc Bondy konnte die Stellwände durch seinen Einspruch noch verhindern. Ich hätte nie gedacht, dass Theater noch einmal in einen solch realistischen Zustand eintreten kann, dass man wieder darauf hinweisen muss, wo angeblich die Wirklichkeit beginnt oder endet.

Gestern war Elfriede Jelinek da, sie hat mit den Asylbewerben ein Theaterstück geschrieben, dass diese im Container aufführten, bevor die Vertreterin des Iraks und der Vertreter Zimbabwes das Haus verlassen mußten. Freitag wird Daniel Cohn-Bendit kommen. Die Asylbewerber bleiben heute alle im Container, obwohl es darin unerträglich heiß ist. Aber ein Unbekannter hat auf den kleinen Außenraum, von dem die Zuschauer durch einen Schlitz im Holz in den Container schauen können, einen Buttersäurenanschlag verübt. Seit einer Stunde warten wir auf die Polizei.

CHRISTOPH SCHLINGENSIEF

ngeschäft "Popp & Kretschmer". ++ "Es war wie ein Terrorüberfall" (Kronen Zeitung) ++ 20:00

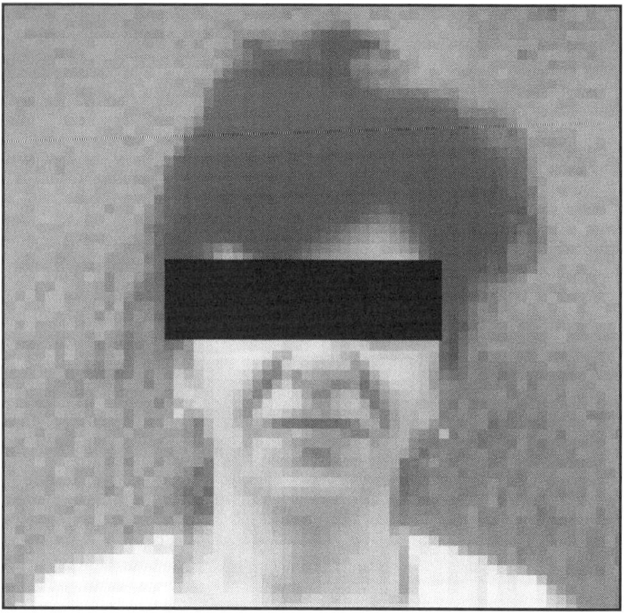

LEILA AL-HASHIMI
0820 - 613 - 104

BIOGRAFIE I

Leila al-Hashimi, 44, Lehrertochter aus Bagdad, macht nicht gern viele Worte. "Wer viel redet, redet auch viel Unsinn", findet sie. Die Diplompsychologin geht in ihrer Freizeit am liebsten ins Museum oder ins Theater. Sie sieht sich als ehrgeizige Person; ihre Schwächen seien vor allem ihre Intoleranz und ihre Ungeduld. Menschen, die "nichts in der Birne haben", können sie regelrecht zur Weißglut treiben.

Während des Krieges zwischen Irak und Iran wurde Leilas Mann Idris an die Front geschickt. Was er dort erlebte, hat ihn so erschüttert, dass er desertierte. Kurz dar-

Josef Bierbichler verlässt Container und hält Abschlussrede ++ 21:00 Weitere Abschiebung:

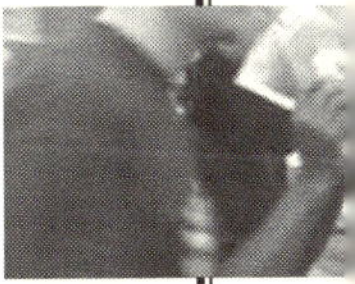

auf wurde er festgenommen und im Hauptquartier des Nachrichtendienstes in Basra in einem Schiffscontainer festgehalten und gefoltert. Im April 1986 wurde er mit mehreren anderen Deserteuren in ein Fußballstadion gebracht, wo sie alle hingerichtet werden sollten. Idris verlor das Bewusstsein. "Ich glaube, ich bin der einzige, der die Hinrichtung überlebt hat", sagt er noch heute. Als er wieder zu sich kam, befand er sich in einem Lastwagen, der voller Leichen war. Anschließend schickte man ihn zu seiner Armee-Einheit zurück, von wo er ein zweites Mal desertierte. Im August 1988 wurde er dann erneut festgenommen. Wiederholt wurde er Folterungen mit Elektroschocks ausgesetzt. Der Alptraum endete erst, als das Gebiet, in dem er festgehalten wurde, bombardiert wurde und man ihn freiließ. Zwei Jahre später führte das irakische Militär in seinem Dorf mehrfach Haussuchungen durch. Also floh er mit Leila aus seinem Heimatland. "Wir wollen versuchen, unser Leben 'durch eine Kombination von Vergessen und Erinnern' wieder aufzubauen", erzählt Leila.

Der Container interessiert Leila vor allem aus psychologischer Sicht. "Mich interessiert, wie es den verschiedenen Bewohnern mit ihren extremen Biografien gelingen wird, auf so engem Raum miteinander umzugehen."

BIOGRAFIE II

Ich bin aus Armenien, und 1988 war Krieg zwischen Aserbaidschan und Armenien. Mein Mann war Aserbaidschaner, Moslem, und ich bin Armenierin mit armenisch-apostolischem Glauben. Man sagte ihm, dass er wegen seiner Religion nicht bleiben könne, er verließ Armenien aber nicht. Weil er sich weigerte, das Land zu verlassen, wurde mein Mann getötet. Für mich wurde es gefährlich, weil ich einen Moslem geheiratet hatte und auch meine Kinder Moslems sind. Ich ging mit meinen drei Kindern nach Georgien, ohne Dokumente: Die wurden verbrannt. Zehn Jahre habe ich dort gelebt, illegal, und habe schwarzgearbeitet: Gekocht, gebacken. In Georgien hatte ich das Problem, dass es dort zu viele Armenier gab. Meine Familie wurde besonders angegriffen, weil meine Kinder Moslems sind. 1999 hat mein Sohn in Notwehr einen Georgier getötet, dann mussten wir schnell flüchten. Meine Kinder wohnen jetzt in Russland. Ich habe Russland verlassen, und bin in einem Lastwagen versteckt nach Österreich gekommen. Ich wusste nicht einmal, wohin ich gebracht werde, die Hauptsache war, weg von dort. Ich habe von hier mit einem Schlepper in Georgien Kontakt aufgenommen und habe meinen kleinsten Sohn nachkommen lassen. Wie es meinen anderen beiden Söhnen geht, weiß ich nicht. Unser Asylantrag wurde schon einmal abgelehnt. Nach Armenien kann ich nicht zurück, weil meine Kinder Moslems sind und nach Aserbaidschan kann ich meine Kinder nicht begleiten. Also kann ich nur hier bleiben.

Künstliches Bombardement dauert seit Montag an ++ Server bricht erneut zusammen ++

ELFRIEDE JELINEK
DER RAUM IM RAUM

Die meisten Dinge werden hergestellt, damit Gebrauch von ihnen gemacht werden kann. Oder sie sind für nichts gut, egal ob sie gut oder schlecht sind. So. Diese Menschen im Container sind auch einmal, wie wir, hergestellt worden. Doch indem man im wirklichen Leben keinen Gebrauch für sie finden will, scheint auch ihr materielles Sein bereits verfallen. Es ist uns zugefallen, aber wir scheinen nichts damit anfangen zu können. Wir verzichten darauf, dass es uns zuwächst. Wir bestimmen das. Wir sind das Album, in das sie geklebt werden, um niemals wieder angeschaut zu werden. Sie haben keinen Zweck und sollen sich nicht auch noch ausbreiten dürfen. Wir wollen nicht zum Aufenthaltsort für sie werden, daher werden sie schnell an unsre Grenzen stoßen oder an unsren Grenzen gleich von Anfang an eingefangen werden. Der Container in Schlingensiefs Konzept ist, glaube ich, nicht einfach eine Versuchsanordnung, die uns mit etwas konfrontieren will, mit dem Faschisten in uns oder dem eher sozial und teilerisch Gesinnten (die wohnen beide in uns, aber sie streiten trotzdem nur selten, weil wir längst keine Kämpfe mehr veranstalten, jedenfalls keine in uns, wir wollen ja nicht, dass uns die Trümmer um die Ohren fliegen), der mit diesen Rechtlosen wenigstens Mitleid hat und dafür etwas mit einem Erlagschein einzahlt. Er zeigt uns nichts, der Container, auch nicht als Symbol oder etwas, das wir, in ganz andrem Zusammenhang, aus dem Fernsehn kennen, wo wir mal Spaß dran gehabt haben. Oder wir haben es abgedreht, schläfrig von all dem Licht. Eine Folge von vielen, die wir kaum aushalten können oder aber schon: Sogar für das tragbare Feldklo der Verona Feldbusch wurden von einem Autohändler DM 24.000,- oder so bezahlt. Egal. Vielleicht ist das Containerprojekt ja, als Simulation der Wirklichkeit, aber gleichzeitig auch ihrer medialen Spiegelung, die Ausdehnung des Dinglichen an diesen Menschen (dass sie da sind, als Personen), vielleicht ist das Projekt die Ausdehnung des puren Vorhandenseins dieser Fremden in eine Sphäre der Werte, die erst künstlich, durch eine Art Kunstwerk oder was es halt ist, geschaffen werden muss, da wir Werte diesen Menschen ja freiwillig nicht zugestehen wollen. Bitte, es muss an diesen Asylanten was dran sein, aber wirklich verstehen werden wir diese Ausländer nie, daher besser: raus! Zu unsrer eigenen Sicherheit! Genau das ist gesagt worden und auf ein Schild

REETV.com erstattet Anzeige gegen Unbekannt ++ 14.6. 00:00 Schlingensief trifft in

geschrieben, nicht mehr, nicht weniger, es ist, was viele sagen. Ist es nicht paradox, dass die Werte und ihre Geltung diesen Kunstversuchs-Personen ausgerechnet durch eine Art Simulation, die nachahmt, was sie eh schon sind, zurückgegeben, eigentlich: gegeben werden sollen? Der Container ist eine Störung, an der gezeigt wird, wie etwas funktioniert. Er ist ein Störungsversuch (dort, wo sich die Flut teilt, kann man interessante Beobachtungen machen), nicht einfach ein Störversuch, obwohl er von vielen so begriffen worden ist. Das Fleisch ist Natur und vorgegeben. Eine Aktion: Rettet den Ausländer! oder etwas Ähnliches würde, indem es ihm vordergründig "Gerechtigkeit" widerfahren ließe, seinem Fleisch, seiner Außenhaut etwas Dinghaftes, auf ein Ziel Gerichtetes verschaffen. Aber Ding ist er für uns ja schon, der Fremde. Wir disponieren auf jeden Fall über ihn, dass er in sein Ausland zurücksoll, egal, was ihm dort passieren wird. Aber auch wenn sie bleiben dürfen: Man würde sagen, soundsoviel zahlen sie ein, sie kriegen nicht annähernd soviel von uns wieder zurück, also sind sie uns einerseits irgendwie nützlich. Sie kriegen Kinder, notfalls mit Hilfe der Prinzhorn'schen Gratishormone, aber sie werden andrerseits dafür wenigstens unsre Pensionen retten können, wenn uns einmal das Wasser bis zum Hals steht und seine eigenen Wirbel erzeugt. Sie kriegen keine Arbeitsbewilligung, also pfuschen sie, aber die kleinen Häuselbauer könnten ohne sie nie Eigenheime bezahlen und beziehen usw. Jede dieser Arten von Dekonstruktionsversuchen eines ganzen Menschen im Ausländer würde doch immer nur dessen Objektcharakter verstärken, der ihm letzten Endes auch wieder nichts helfen wird. Raus müssen sie, egal wie sie als Menschen sind, egal, ob sie uns nützen oder nicht. Nichts hilft ihnen. Aber das ist ja klar, denn einen andren Status gestehen wir ihnen ja nicht zu. Keinen Status gestehen wir ihnen zu, sie mögen sein wie sie wollen. Das wird durch die Containeraktion natürlich betont, verstärkt, die keinerlei Nützlichkeitserwägung in Bezug auf diese Menschen anstellt, sondern deren Ding-Seite sogar noch ergänzt, bis ins Lächerliche hinein betont, aber auch ihre Mensch-Seite fälscht und sie noch dazu in ein gefälschtes Environment platziert, das früher von einem geschickten Theatermaler gemalt worden wäre (die Oper!) und jetzt von einem niederländischen TV-Produzenten ersonnen worden ist (jeder wird lächerlich, wenn er nur als Ding genommen wird, als Person ist er es sowieso). Da kann man Menschliches noch und noch bemühen, es ist egal: Die Lebensläufe der temporären Containerbewohner sind fiktiv, aus mehreren existierenden zusammengemischt, geklittert wie unsre eigene Geschichte (die

Nachrichtensendung ZIB3 auf die Kulturbeauftragte der FPÖ, Heidemarie Unterreiner. ++ 1:4

wirklichen sind meist viel schrecklicher, so wie unsre eigene Geschichte ja auch viel schrecklicher ist, als wir den andren dauernd weismachen). Was Mitleid erregen könnte, das gehört nicht zu der Figur, die sich dieses Mitleidskleid anziehen soll, es gehört zu einer andren, aber auch wieder nicht ganz. Sie borgen einander gegenseitig Geschichten, so wie z. B. mir andre Dichter und Denker ab und zu Stellen borgen, die ich brauchen kann. Da ist überhaupt keine Ganzheit eines Menschen, die hergestellt würde, und das ist ja auch gar nicht angestrebt. Kein Sein wird aufgeklärt, kein Wert eines Menschen wird durch Information über ihn mühsam konstruiert, nur damit wir ihn vielleicht anschließend, samt Wert, wieder wegschmeißen können (nach genauerer Prüfung); die Natur ist zwar da, weil halt eben dieses Fleisch im Container wohnt, aber alles andre muss erst fiktiv gegründet werden, gerade indem es weggeräumt oder gefälscht oder anders und ganz neu wieder zusammengesetzt wird. Man soll etwas verstehen, indem man über die Natur dessen, was man verstehen soll, nichts als angelogen wird. Es entsteht etwas Neues, indem dauernd etwas weggenommen und durch ein andres ersetzt wird, bis man gar nichts mehr weiß, und dann fängt es überhaupt erst an! Das Überspringen der Wirklichkeit durch Fiktionen aller Art, in allen Dimensionen, ist kein Fehler der Kunst, der in der Wirklichkeit korrigiert zu werden hat, und es ist auch nicht die Absicht der Kunst, jemanden durch Fehler zum Lernen zu bringen, das Ziel dieses Kunst-Projekts ist, während es gleichzeitig Fiktion wie Konstruktion ist (und zwar nicht zuletzt WEIL die TV-Simulationen von Big Brother als Vorinformation dafür genutzt wurden, die ja ihrerseits ein noch viel undurchdringlicheres Netz von Lügen, Täuschungen, Wirklichkeitsfetzen und ziemlich ungeschickten Konstrukten mit "Promis" und so – mit gegen die Wirklichkeit geimpften Dummies? – errichtet haben, wobei es auf Geschicklichkeit natürlich am allerwenigsten angekommen ist), einen Ort zu errichten, wo Verständigung möglich wäre, indem das Vorhandene und das Verstandene in einen Dialog eintreten, und es stellt sich dann heraus, dass das Vorhandene nur verstanden werden kann, indem man die Täuschung, die Fiktion, die Verfehlung, das Aufgeben von Boden und das Erschaffen von Künstlichkeiten aller Art zu seiner eigentlichen Basis macht, gerade WEIL es um Reales geht. Und letztlich ist nicht das Fleisch dieser "Versuchspersonen" das Äußerste, das begriffen werden kann, der Container wird selbst zum Fleisch, zur Außenhaut, auf die etwas projiziert wird, von dem man nicht weiß, woher es kommt (nicht einmal die Telefonabstimmungsergebnisse für

gebrachte Österreicher Anton F. dringt in den Container ein und versucht, das Transparent zu ent-

die jeden Tag frisch Exilierten sind ja echt gewesen, nur die Internetabstimmungen, die man aber eh nicht kontrollieren kann) und wohin es geht, nur eine dunkle Limousine kommt und fährt es wieder weg, wer weiß, wer drinnensitzt. Es könnte genausogut jemand andrer drinnensitzen, ein Schauspieler, der einen Fremden spielt, der seinerseits schon mehrmals gefälscht wurde und selber irgendetwas gefälscht hat, vermutlich seine eigene Existenz. Wer kann es wissen. Die Existenz dieser Ungesicherten, die man, würde man sie nur interpretieren, verstehen, definieren können (indem man möglichst viel über sie erfährt? Aber was man erfährt, stimmt doch gar nicht!), bleibt ungesichert, wenn man sich ihrer Wirklichkeit zu nähern sucht, egal von welcher Seite, egal, aus welcher Richtung. Indem man ihre Wirklichkeit wegnimmt wie die Erbse beim Kümmelblättchenspielen unter dem Behältnis, stößt ihre Unwirklichkeit an unsere Unwirtlichkeit, etwas rinnt aus, etwas andres begegnet sich, ein wirklicher Raum, ein virtueller Raum, und indem alles unwirklich geworden ist, könnte man überhaupt erst anfangen es zu fassen. Aber man fasst es nicht. Es kann kein Ergebnis geben. Alle Eingaben waren falsch. Egal, was da kommt: Wir stören es auf seinem Weg durch die vielen Wirklichkeiten und Räumlichkeiten, die natürlich auch immer wir selber sind, allerdings unter vielen anderen, die auch möglich sind. Da ist die Welt, da ist die Welt im Fernsehn, das Fernsehn in der Welt, die Umwelt, das eigene Zimmer, wo das Gerät steht, egal welches, und das, worum das Fleisch gewachsen ist, und das ist dann auch unser Warum. Aber es führt nirgendwohin. Blöd, dass die Welt vorhanden ist, so will man immer nur hinein, einfach weil sie da ist.

fernen ++ Security kann ihn nicht beruhigen ++ Polizei greift ein und führt ihn wegen Ruhestör

ELFRIEDE JELINEK

INTERFERENZEN IM E-WERK

Der Container sieht aus, als wäre er einfach, was er ist, und daher leicht zu entschlüsseln. Am Dach das Transparent: Ausländer raus. Und schon haben wir ein Denkmal unserer eigenen Schande hergestellt bekommen. Es wird jeden Tag den Leuten gezeigt, damit auf uns auch deutlich angeschrieben steht (als wüsste es inzwischen nicht jeder), was wir sind, wenn wir partout etwas anderes nicht gewesen sein wollen.

Jeder weiß also von uns, was wir sind, in ganz Europa, und Europa hat auch schon darauf geantwortet, wir haben es aber ohnedies schon vorher gewusst. Und wir haben das auch schon oft gesagt, zumindest die Künstler unter uns. Da ist also das Schild aufgepflanzt, hoch dort droben auf dem Container, in dem die Menschen gesammelt sind, um weggeworfen zu werden, immer zwei und zwei. Wie in der Natur, nur schneller, denn die Kunst muss auf kleinem Raum und in kurzer Zeit alles zusammenraffen, was sie kriegen kann, und dann muss sie es den Leuten vorführen. Hier wird nun gezeigt, wie wir es anderen Leuten zeigen, und dann tritt ein Abschiebemechanismus in Kraft und schafft die Asylanten weg, mit Limousine samt Wappen, jeden Tag zwei, alles pauschal, inklusive und im Rekordtempo, an die Landesgrenzen. Vorher finden Dinge dort statt, die man sich im Internet oder auf den Bildschirmen außen am Container anschauen kann, aber man kann nicht hinein. Es ist aber nicht einfach, es ist so kompliziert, obwohl es einfach scheint, was hier gezeigt wird, dass ich mir immer noch das Hirn zermartere, wie man es beschreiben könnte. Denn was wir sehen, ist ja ein Vorgang, der in der Zeit abläuft, gleichzeitig aber auch eine Kunst-Installation, die, solange man sie betrachtet, alles, was da passiert, in dieser Betrachtungseinheit zusam-

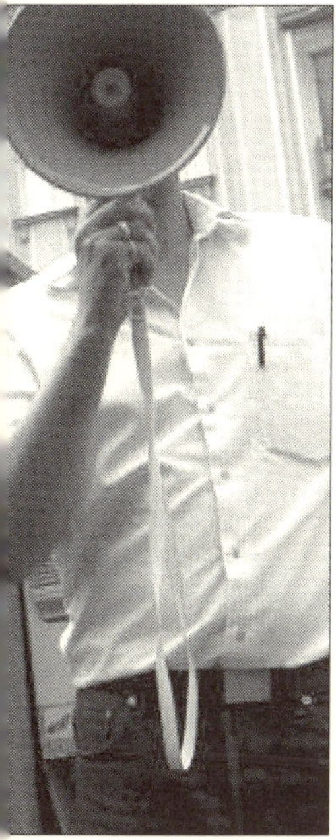

+ 04:14 Brandanschlag ++ Insassen und Security greifen ein und verhindern Schlimmeres ++

menzieht. Ein Stück Kunst ist in jedem Augenblick alles, auch die Summe seiner Herstellung und auch das, was darüber hinausweist, also in dem Fall eine Ausweisung, weil die Ausweise dieser Asylanten dort drinnen halt hier bei uns nicht gültig sind. Sie sind abgelaufen. Laufen Sie auch! Weg! Macht ja nichts, die Leute sind Abschiede schon gewohnt durch ihr bewegtes Leben.

DIE SACHE MIT BEUYS UND DEM COYOTEN

Christoph Schlingensief zeigt mir nachher, im Café, in einer deutschen Zeitung das berühmte Foto von Beuys mit dem Coyoten ("I like America and America likes Me"). Beuys hat den Körper und den Kopf verhüllt, es ragt nur sein Guter-Hirtenstab aus dem Umhang heraus. Der Coyote nähert sich ihm, den Kopf gedreht, neugierig, ängstlich, vorsichtig?

Es ist nicht Kunst, was ich mache, sagt Schlingensief. Ich sage, doch, es ist Kunst, was du da machst. Denn auch dieses wunderbare Foto mit dem Coyoten enthält ja, obwohl es nur diesen einen Moment zeigt, die ganze lange Geschichte seiner Entstehung, es enthält den Flug mit verbundenen Augen, die Versuchsanordnung und den Rückflug mit verbundenen Augen. Du siehst nur diesen einen gefrorenen Moment, aber alles andre ist auch noch drin, weil du es weißt, weil du die Entstehungsgeschichte dieses Fotos kennst. Was aber, wenn einer sich das Foto anschaut und nichts weiß, darüber hinaus?

Der Container ist ein Moment, und der Betrachter bestimmt die Dauer seines Interesses, mit dem er ihn und sein Inneres im Auge behalten möchte. Punks sitzen im Gras davor, etliche alte Leute toben und schimpfen, andere mischen sich ein, widersprechen, dann brüllen sich zwei Leute an, aber das alles passiert ja immer, wenn im öffentlichen Raum etwas ausgestellt wird.

UND IRGENDWANN GEHT UNS EIN LICHT AUF

Aber, ich kann es auch nicht ganz genau fassen, hier wird nicht nur alles gebündelt, was mit der grauenerregenden Vergangenheit dieses Landes, seiner schandbaren Regierung und dem ekelerregenden Wiener Wahlkampf der FPÖ zu tun hat, nein, hier kommt noch mehr dazu: das Medienexperiment "Big Brother" und alles, was es im Kopf jedes Einzelnen, der es im Fernsehen oder im Internet gesehen hat, hergestellt hat, also in den Köpfen der Rezipienten dieser Aktion im Container, und da entstehen Interferenzen zwischen dem, was der Zuseher sieht, dem, was er in der Fernsehsendung

Brandstifter kann flüchten ++ 11:31 Kronen Zeitung will Klage wegen der "widerrechtlicher

gesehen hat, und dem, was er sowieso immer schon gewusst oder später vielleicht dazugelernt hat. Und zwar unzählige Interferenzen. Natürlich ist jedes Kunstwerk für jeden etwas anderes. Aber hier würde man ein Oszilloskop brauchen, um die vielen Bedeutungs-, Bewusstseins- und Informationsebenen irgendwie zusammenzubringen.
Schlingensief ist ein Generator. Wir betreten das E-Werk. Er legt uns ein Feld an, und die Elektronen erheben sich von ihren Plätzen, sie müssen wandern, immer nur wandern, da ist ein Platz frei geworden von einem, das gewandert ist, schon setzt ein andres sich hin, und weiter geht's, zum nächsten freien Platz. Es wird mit dem Container-E-Werk bewirkt, dass das Licht an den verschiedensten Stellen an- und an andren wieder ausgeht. Wir gehen selber gern aus, aber andre müssen immer nur: wandern. Wir sind ihre Leiter. Wir sind die Herren, die Hirten, uns wird nichts mangeln, anderen aber schon.
Das alles geschieht auf einmal. Und irgendwann einmal, wir ahnen es vorher nicht, geht auch uns ein Licht auf. Mir ist es aufgegangen, als der US-Regisseur Peter Sellars, der in L. A. lebt, mit einem Mitarbeiter im Container vorbeigeschaut hat. Die beiden leben in einer der Weltgegenden, die man Schmelztiegel nennt, weil man Vergleiche mit Essen ja so gern hat, die beiden leben also an einer der schwerstbewachten Grenzen, wo Arm von Reich dauerhaft geschieden werden soll, und sie haben die Versuchsanordnung Schlingensiefs sofort verstanden, ohne dass man ihnen hätte irgendwas erklären müssen.
Sie haben gesagt, überall sollen solche Container stehen, und damit hat dieser berühmte Regisseur uns Ösis wieder dorthin zurückverbannt, wo wir immer schon waren und wo diese Regierung möglich geworden ist: in die finsterste Provinz, wo die Leute sich weigern, sich vom Denken rufen zu lassen, und dem Denken immer schon ihre patzigen Antworten geben, bevor sie es noch eingeschaltet haben, das schöne Denken, das auch nach fünfzig Jahren noch wie neu ausschauen kann, wenn man es ordentlich beschäftigt und danach wieder ordentlich sauber macht. Bevor sie das Denken noch befragt haben, plappern sie schon die Antworten, diese nagelneuen Politikerinnen und Politiker.
Dabei könnte das Denken uns beschützen. Aber die derzeit Herrschenden wollen das nicht, sie wollen uns immer nur vor den anderen beschützen, egal wer die überhaupt sind. Würden wir denken wollen, gäbe es genug zu

häftsschädigenden Verwendung" ihres Logos als Transparent einreichen ++ Einstweilige

bedenken, keine Sorge. Aber die Damen und Herren mit den gelben Überfremdungsplakaten, die wollen sich mit ihren vorgefertigten Meinungen, die sie sich als Bedienerinnen halten, eben immer nur: bedienen lassen mit dem, was sie schon wissen.

Was ich im Container gemacht habe? Egal, ich hätte auch was ganz anderes machen können, aber zum Glück durfte ich wenigstens hinein. Ich habe die Insassen alle deutschen Sätze aufschreiben lassen, die sie kannten, und ich habe draus ein kleines Kasperlstück gebastelt, das dann am Abend, gespielt von den Autorinnen und Autoren, aufgeführt wurde.

Der häufigst gebrauchte Satz, den wir alle sicher noch gut brauchen werden, lautete: Helfen Sie mir!

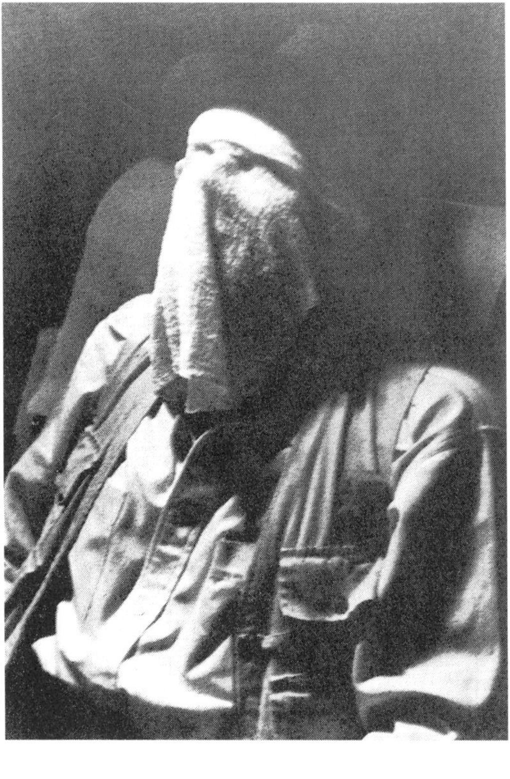

Anton F., Wien, Fax an die Festwochen vom 14. Juni 2000

An alle verantwortlichen Staatsbürger, die Österreich lieben und erhalten wollen! Als ich heute, 24h, in ORF2 sah, dass bei der Wiener Oper seit 2½ Tagen ein Container steht mit der Riesenschrift "Ausländer raus", und hörte, dass man nun in Paris bereits sagt: "Also stimmt es ja doch, dass die Österreicher Nazis sind ...", bin ich zur Oper gefahren, um diese Aufschrift zu entfernen, was wegen Bewachung dort nicht gelang. Da ich die Polizisten angebrüllt habe, wieso sie das erlauben, ... wurde ich festgenommen und zum Kommissariat

Deutschmeisterplatz gebracht. Ich fordere Sie auf, alles dafür zu tun, damit die Aktion Schlingensiefs schnellstens beendet wird, weil unser aller Ansehen sonst weltweit in Gefahr ist. Sollte von Ihnen, Dr. Schüssel, Innenminister Strasser ... nichts Entsprechendes unternommen werden, fordere ich gleichzeitig die Generäle des österreichischen Bundesheeres auf, unblutig einzugreifen und das "Ausländer raus" zu entfernen, z. B. mittels Hubschrauber. ... Deshalb ist die Machtergreifung durch das Militär in diesem Fall möglicherweise notwendig und das "kleinere Übel", damit die Ordnung und Existenz Österreichs demokratisch aufrechterhalten wird.
Schlaft nicht!

vendung von FPÖ-Fahnen an ++ FPÖ-Anwalt sei eingeschaltet ++ Misstrauensantrag gegen

Marboe jetzt definitiv geplant ++ 13:08 Kulturstadtrat Marboe distanziert sich nochmals

Come to Sydney … things are really fucked up here.
e-mail vom 17. Juni 2000

ngensiefs Projekt, lehnt aber Zensur im künstlerischen Bereich nach wie vor ab ++ Er sei

HELMUT SCHÖDEL. SÜDDEUTSCHE ZEITUNG

DIE INDIANER VON WIEN

Wie erst Schlingensiefs Container gestürmt werden, dann die Asylbewerber im Hotel übernachten und Haider immer noch nicht kommt

"Eskalation!" dröhnte es aus der *Kronen Zeitung*, da stand die Eskalation noch bevor. Bisher war es noch der übliche Streit um eine Christoph-Schlingensief-Aktion: Die Gegner der Container-City mit dem "Ausländer raus"-Schild neben der Wiener Staatsoper hatten sich zu ersten Schritten entschlossen. Die *Kronen Zeitung* wird die Veranstalter der "Politclownerei" wegen "wiederholt widerrechtlicher Verwendung von 'Krone'-Transparenten" verklagen, Unbekannte warfen bereits Stinkbomben in die Container-City, neben der auf einmal ein Lastwagen mit einem großen Schild stand: "Das ist nicht Wirklichkeit. Das ist Spiel. Gefährliches Spiel mit Emotionen. Beschwerden an: Bürgermeister Michael Häupl." Dazu eine Telefon-

Kulturpolitiker, nicht Staatsanwalt ++ Anzeige einer Privatperson gegen Schlingensief und an

nummer und die vaterländische Parole: "Österreich ist anders!" Man hatte immer größere Mühe, Schlingensiefs Abschiebeaktion nicht als Wiener Realität erscheinen zu lassen. Aber da war vom Dach der Container Schlingensiefs Megafonstimme zu hören: "Heute wieder um 20 Uhr: Abschiebung! Sie können mitmachen!"
Am Nachmittag erschien Gregor Gysi auf dem Dach. Eine kurze Brandrede. "Ich glaube, die eigentliche Provokation ist, dass wir es noch immer mit Ausläufern des Mittelalters zu tun haben, mit Ausländerfeindlichkeit und Rassismus." Man solle das "Ausländer raus"-Schild am besten abmontieren und dann auch dazu stehen. Das war, vier Stunden bevor es dann fast dazu kam.
Donnerstagabend in Wien. Das heißt, noch immer Demo-Tag gegen die neue Bundesregierung, abends ziehen auf wechselnden Routen Demonstranten durch die Stadt. Schlingensief hat gerade mit dem Abschiebungsritual begonnen, dem Verlesen von Asylantenbiografien – da hört man schon die Trillerpfeifen der Demonstranten. Der Zug kommt vom Ballhausplatz den Ring herunter und stoppt vor der Container-City. Aus der Menschenmenge sieht man die Tafel mit der Telefonnummer des Bürgermeisters herausragen: "Das ist nicht Wirklichkeit."
Die Ersten klettern auf das Dach der Container, werfen, von der Menge bejubelt, die blaue FPÖ-Fahne auf den Herbert-von-Karajan-Platz und demolie-

sonen bei der Staatsanwaltschaft eingegangen ++ Begründung: "Verspottung des Staates Öster-

ren das "Ausländer raus"-Schild, bis man "raus" kaum noch lesen kann. Dann wird ein neuer Text draufgesprayt: "Kampf dem Rassismus" Man glaubt, dies seien Dreharbeiten zu einem Western. Indianerüberfall auf ein Fort in Wien.

Immer mehr klettern auf das Dach und halten Zettel hoch: "Freiheit für die Schubhäftlinge". Dann dringen sie in die Container-City ein und erwirken die Freilassung der Asylanten. Während der Aktion ziehen Wolken über der Walzerstadt auf, und dann leert ein Platzregen den verfluchten Ort neben der Oper, der auch den Befreiern einen Schrecken einjagte, als sie entdecken, dass in den Containern nicht, wie in der Wiener Presse behauptet wird, Komparsen der Wiener Festwochen sitzen, sondern leibhaftige Asylbewerber. Die Demonstranten fielen über die Container her, als wären sie ein Teil Wiener Realität. Damit hatte selbst Schlingensief nicht gerechnet, der alles in gespannter Ruhe beobachtete. Die Asylanten wurden zunächst ins Theater an der Wien und dann in ein Hotel gebracht, und die Frage war, wie "Bitte liebt Österreich" jetzt weitergeht. Für den nächsten Tag war um 12 Uhr mittags ein Auftritt von Daniel Cohn-Bendit angekündigt. Man konnte sich doch nicht einfach abräumen lassen, wie Spießgesellen der FPÖ!

Froh war man schon, dass alles ohne Gewalt verlaufen war. Ein paar Sekunden stand es auf der Kippe, als es zwischen einem Demonstranten

reich" ++ 14:05 Neue Transparente mit dem Logo von diekrone.at werden aufgehängt ++ 1

und einem Mann der "Security" auf dem Dach fast zu einem Gerangel gekommen wäre. Danach saß Schlingensiefs Team in den leeren Containern: Strategiesitzung.

Am Vormittag danach. An der Container-City hängt ein neues Transparent, "Unsere Ehre heißt Treue", der Leitspruch der SS, den unlängst ein FPÖ-Politiker zu recyclen versuchte. Schlingensief macht also weiter und bleibt sich treu. Es wird gerade eine neue "Ausländer raus"-Tafel hergestellt, die sieben Asylanten, die man evakuiert hatte, sind wieder da, und man sah sie auf dem Dach beim Morgensport Kniebeugen machen. Im Grunde sei diese Demo ein Überfall aus dem letzten Jahrhundert gewesen, man müsse zeigen, dass solche Revolutionen keine Chance mehr haben, sagt Schlingensief. Alles zurück auf Anfang!
Die Container neben der Staatsoper waren schon wieder von Menschen umlagert, und einer hatte Schlingensief gerade mit der Faust ins Gesicht geschlagen. Ungerührt erscheint der Leiter der Container-City auf dem Dach und sagt: "Die Aktion ist kraftvoller denn je. Auch die Leitung der Wiener Festwochen steht noch immer hinter dem Projekt." Mit zwei leitenden Mitarbeitern krabbelte Festival-Chef Luc Bondy auf das Container-Dach und zeigte sich solidarisch.
Leider hörte man nur Jörg Haiders Stimme über dem Platz erschallen: "Wir haben die Höchstbelastungsgrenze erreicht, wir können nicht mehr aufnehmen." Er war zwar eingeladen, jetzt zu reden, hatte aber wissen lassen, dass er an dem Spektakel nicht teilnehmen werde. "Wenn Haider nicht zur Container-City kommt, dann kommt der Container zu Haider", erklärt Peter Pilz von den Grünen. Man werde jetzt überlegen, wie man die Container-City nach Klagenfurt bringt, wo Haider als Ministerpräsident Kärnten regiert, oder notfalls auch ins Bärental, wo er wohnt. Und Daniel Cohn-Bendit schlug vor, Österreichs Innenminister möge als Zeichen guten Willens Schlingensiefs Asylbewerbern Aufenthaltsgenehmigungen erteilen. Anderswo in Europa rede man zur Zeit über Fußball, sagte Cohn-Bendit, aber in Österreich ... Ja, wie denn, bei diesen Leistungen. Vielleicht müsse man mehr ausländische Spieler engagieren.
Es war wie bei einem Kindergeburtstag, am Tag danach. Aber bald schon wird es wieder ernst werden: "Heute Abend: Abschiebung!" Die Container-Aktion geht in die letzte Runde. Größere Überraschungen sind nicht auszuschließen. Am Montag mehr.

'fen mit Elfriede Jelinek im Café Mozart ++ Die Autorin soll im Container ein kurzes Stück schrei-

CONTAINERTAGEBUCH

Donnerstag, 15.6. Am Nachmittag gab es einen Buttersäureanschlag. Die Schirmherren des Tages, die Grazer Familie Garzaner, spielen Fußball im Container. Als kleine Europatruppe ("Wir sind das österreichische Team") treten sie gegen die Ausländer an. 15.45 Uhr: Schlingensief macht der Regierungskoalition ein Angebot: Man möge zwei offizielle Vertreter schicken, die das Schild "Ausländer raus" abmontieren. Es werde keinen Widerstand geben. Die traditionelle Demonstration, die jeden Donnerstag gegen die Regierung quer durch Wien zieht, geht vom Ballhausplatz zur Oper. Die Abschiebung beginnt gerade. Eine Splittergruppe erklettert den Container und tritt auf das "Ausländer-raus"-Schild ein, besprüht es mit "Kampf dem Rassismus" und nimmt die FPÖ-Fahne ab. Sie wollen die Asylbewerber befreien ("1, 2, 3, lasst sie frei"). Die Leute im Container haben Angst, sie wissen nicht, was passiert. Die Asylanten werden in Sicherheit gebracht. Ist das etwa das Ende? Schlingensief kündigt für den nächsten Tag den grünen Europa-Abgeordneten Cohn-Bendit als Schirmherrn an. Ein kleiner Teil der Demonstranten zieht weiter ins Hotel Marriott, wo eine Tagung der Österreichischen Nationalbank abläuft. Sie stürmen die Sitzung. K. C.

ssen ein Kasperlstück ++ 16:31 Österreichischer Botschafter in Frankreich meldet: Einige

JOSEF BIERBICHLER

CONTAINER, KUNST UND DEMOKRATEN

EIN BESUCH IN SCHLINGENSIEFS ASYLANTEN-WOHNHEIM

Ich war im Container. Wie es sich gehört, hatte ich zuerst Angst davor. Nicht vor den Ausländern an sich, die übrigens alle echt waren, sondern vor den fremden Menschen. Vor solchen habe ich immer Angst. Und als ich wieder draußen war, war ich, auch wie es sich gehört, froh. Denn es war sehr heiß da drin, und ich konnte mit den Ausländern nicht viel anfangen, weil die für mich alle eine fremde Sprache hatten und ich für sie auch. Dadurch wurden mir die Ausländer, wie so oft, erträglich, weil ich mir den Mist nicht anhören und auch nicht verzapfen musste, der dann immer fällig wird, wenn Leute sich nicht kennen und trotzdem zusammen eine Party feiern oder Stammtische be-sitzen, nur weil sie die Sprache sprechen. Ich war also froh, endlich die Hitze wegduschen zu können. Ich erinnere mich, dass für eine Viertelstunde Luc Bondy vorbeischaute und mir erzählte, dass er gerade drei Tage in Jerusalem war. Er war zum ersten Mal da, sagte er, und überhaupt zum ersten Mal in Israel. Und das als Jude, sagte er dann noch, weil ich ihn so anschaute. Da wusste ich, dass wir etwas Gemeinsames haben, obwohl es überhaupt nicht zusammenpasst: Er war zum ersten Mal in Israel, und ich

Franzosen schockiert über Schlingensief-Aktion in Wien ++ Französische Geschäftsreisende h

zum ersten Mal in einem Container. Der Jude war in Israel und der Deutsche im Container. Das konnte doch zusammenpassen. Das Letzte, was mir auffiel, war, dass der Wiener Dialekt eine Mischung ist aus Brutalität und Gemütlichkeit. Ich darf das feststellen, weil ich selbst nur im Dialekt leben kann, egal, wie er auf andere wirkt. Vielleicht ist der Wiener Dialekt ja auch eine Mischung aus Brutalität und Wirklichkeit. Wie alle Dialekte. Aber das weiß ich so genau nicht. Ich bin sowieso nur draufgekommen, weil ich im Container ein kurzes Stück "Kronen Zeitung" gelesen habe, und ein ebenso kurzes Stück "Kurier" und weiß, dass doch jede Bevölkerung selbst schuld ist an den Zeitungen, die sie durch tägliches Kaufen am Leben hält, selbst wenn es die in Buchstaben zementierte Brutalität in Gemütlichkeit ist, die gefährlichste Dummheit also. Die Ausländer zumindest hatten keinen Dialekt. Jedenfalls habe ich da nichts bemerkt. Die hatten nur eine Fremdsprache. Und sie hatten, dank Schlingensief, für kurze Zeit einen Container in Wien – und einen Traum von IHREM Israel, denn das Wenige, was ich erfahren konnte, war, dass sie sich durch die Teilnahme an dieser Aktion einen Vorteil für ihre Asylverfahren erhofften.

DIE WIENER STADTVERWALTUNG UNTERHÄLT SICH SELBST

Am nächsten Tag ließ die Wiener Kulturverwaltung vor Schlingensiefs Asylcontainer Handzettel verteilen, auf denen seine Aktion den Passanten als Kunstprojekt der Wiener Festwochen vorgestellt wurde. Damit versuchte die Administration der Stadt, die von Schlingensief auf einen Wohncontainer fokussierte Wirklichkeit auf sich selbst heraus in einem Kunstraum zu pressen und diesen wieder zurück in den Container zu stellen. Wenn ihr das gelungen wäre, wäre ihr gleichzeitig der Zugriff auf Kunst und Wirklichkeit gelungen. Beide wären relativiert worden. Gleichzeitig wären aber auch beide noch nie so nahe gekommen und als zusammengehörig erkennbar gewesen. Denn die Administration ist bei diesem Versuch, die Wirklichkeit mit Hilfe der Kunst zu verschleiern, selbst Kunst geworden, an der die Wirklichkeit unverhüllt kenntlich blieb. Das Handzettel Verteilen war eine selbständige Aktion, und da sie in Zusammenhang mit Schlingensiefs künstlicher Wirklichkeit stand und dem Zweck diente, ein Verbot, das sie selbst ansonsten hätten erteilen müssen, zu umgehen, umging die Verwaltung sich selbst. Die Wiener Stadtverwaltung wurde von Schlingensief dazu gereizt, subversiv gegen sich selbst zu sein. Wann hat es das schon gegeben? Wer

ktion für eine FPÖ-Aktion gehalten ++ "Diese Franzosen sind absolut davon überzeugt, dass die

sich in Gefahr begibt, kommt in ihr um, das ist schon richtig, aber richtig ist auch, dass im Augenblick höchster Gefahr die Rettung nahe ist. Der Stadt Wien wird das historische Verdienst bleiben, der Theaterkunst ein Forum ermöglicht zu haben, in der diese sich neu finden konnte – vielleicht aber auch wiedergefunden hat. Was nicht weniger ist, sondern das Gleiche. In dieser Woche ist Kunst aus sich selbst entstanden und hat die Wirklichkeit auf sich selbst zurückgeworfen. Es ist nicht gelungen, Kunst zu instrumentalisieren, und trotzdem hat sie sich nicht selbst genügt.

Schlingensief hat dem Theater die Gegenwart des Alltags wiedergegeben und den allgemeinen Schweißgeruch. Es war alles andere als Agitprop oder Straßentheater, was er da auffahren ließ, und er hat ein aufregendes Bild dafür gefunden. Neben einem der größten Exemplare des festgefahrenen bürgerlichen Subventionstheaters, in dem die Geschichte der bürgerlichen Gesellschaft delektabel aufbereitet wurde und nach wie vor wird, ihre Taten und Schandtaten, das Dahinschreiten der Sieger über die Verlierer (früher die Besiegten), hat Schlingensief seinen der Form nach ähnlichen Container gestellt, schmucklos, funktionabel für die nötigsten Bedürfnisse und beweglich, das vor allem, und hat ihn belebt mit Verlierern der Globalisierung, Programm und Ziel der bürgerlichen Welteroberung.

Die Gewinner müssen draußen bleiben, durften aber zuschauen und mitspielen gleichzeitig. Der Apothekerbub hat das Spiel mit der Wirklichkeit dem puren Genuss entrissen und dem kargen Gedanken wieder das Gefühl des Unbehagens zurückgegeben, das den Gedanken allein nicht ruhen lässt.

Österreicher rassistisch und xenophob sind." ++ Schlingensief begrüßt diese Reaktio

Dieses Theater ist globalisierungsgerecht, weil es die brutalen Übergriffe der Gesetze des globalen Marktes auf die Rechte der Menschen und ihre sozialen Bedürfnisse personifiziert und nicht im Abstrakten lässt. Die bürgerliche Gesellschaft hat die Menschenrechte und die Aufklärung zu Eckpfeilern in ihrem Programm erhoben. Jetzt, am fortgeschrittensten Entwicklungspunkt ihrer Epoche, um nicht schon wieder mit ihrem Ende zu spekulieren, muss sie nach den eigenen Maßstäben gemessen werden. Da die Globalisierung unaufhaltsam ist, muss sich das Theater danach ausrichten, wenn es nicht im Konsens der neoliberalen Marktreligion faulen will. Diese Ausrichtung versucht Schlingensief, seit er Theater macht. Und nicht nur die Wiener Stadtverwaltung war hilfreich.

DIE AUFRECHTEN PROTESTANTEN

Denn wieder einen Tag später haben Protestanten den Container gestürmt und das Ausländer-raus-Schild und die FPÖ-Fahne demontiert. Auf ihrem wöchentlichen Gang durch Wien und gegen die Regierung zweigten die Demonstrationen ab zum Container und verrichteten ihre aufrechte Arbeit. Es werden, da Wien der Ort des Ereignisses war und vor allem Wiener und Wienerinnen zum Vollzugspersonal zählten, wohl in der Hauptsache Katholiken gewesen sein, die ihrem Gewissen die Ehre gaben. Aber es war das Protestantische in ihnen, das gute Gewissen der eigenen Verantwortlichkeit und das schlechte der eigenen Tatenlosigkeit, das es ihnen verbot, Geduld aufzubringen und zu warten, bis die Aufgestachelten der Gegenseite den Druck, der aus dem Container kam, nicht mehr ausgehalten und ihrerseits hätten Schild und Haiderfahne niederreißen müssen. Sie haben der Partei der kleinen Leute, die endlich wieder Nazis sein wollen, die Arbeit abgenommen und ihnen so die Drecksarbeit erspart und dadurch eine Größe gegeben, die diese nicht haben – die Größe demokratischer Toleranz. Kein leichtes Delikt, eine solch umfassende Aufwertung.

Der Druck der Verantwortung ist groß, den Demokratie ausübt auf die, die an sich noch glauben, und wird unerträglich, wenn der Glaube hinterfragt wird von der Wirklichkeit der Bilder und vom Zweifel eines Ungläubigen. Es kann nicht sein, was nicht sein darf, und die, die Verantwortung mittragen wollen, merken den Betrug nicht mehr, der täglich an ihnen verübt wird von führenden Vertretern der Demokratie. Da prügeln sie den Boten. Besseres kann dem Betrug, zu dem Demokratie gemacht wurde, gar nicht passieren. Man

hafter fordert Kennzeichnung als Theateraktion ++ 17:00 Der amerikanische Regisseur Peter

darf doch davon ausgehen, dass es einen Haider gar nicht geben würde, wenn es in Österreich wirklich Demokratie gegeben hätte, mit Repräsentanten an der Spitze, die sich ihren Grundlagen wirklich unterworfen hätten. Aber es wird schon so sein, dass die, die Demokratie immer beschworen haben, mit ihr die meisten Schwierigkeiten haben, sagt Schröder über Kohl. Oder auch nicht, wenn man es vom wirtschaftlichen Standpunkt aus betrachtet und die rechte Ernte sieht, die mit Hilfe der Demokratie eingefahren wird, sagt Kohl zum Schröder – und beide nicken.

Darum darf davon ausgegangen werden, dass dem übrigen Europa der österreichische Fehltritt Haider gar nicht so ungelegen kam, weil er Aufschub gewährt beim Modernisieren der eigenen Maske. Diesen Zusammenhang

wollten die Protestanten nicht mehr sehen, als sie Schlingensief im Auge hatten. Aus ihrer Blindheit wuchs die Selbstgerechtigkeit, die nur Schutzhülle ist und von der das Ziel ihres Angriffes, Schlingensief, ganz frei ist. Das muss hier gesagt werden. Schlingensief ist frei von jeder Selbstgerechtigkeit. Seine Intelligenz ließe das gar nicht zu, weil Selbstgerechtigkeit immer Halt macht und einen Standpunkt einkreist, wogegen Schlingensief ständig unterwegs ist. Die protestantischen Gutmenschen relativieren Demokratie schon vor ihrer Installation als geschenkten Trojanischen Gaul durch die

Sellars zieht in den Container ein ++ 17:13 Der Polizeisprecher berichtet von "ständigen Drohu

Alliierten (das ist eine Tautologie, ich weiß) und machen sie zu dem, was sie jetzt ist und immer sein sollte: Keimzelle des Marktliberalismus. Mit diesem doppelten Boden ist sie die Mutter allen Glücks geworden. Naturgemäß auch des Unglücks. Und so wäre es gar kein Zufall, dass sich gerade der Protest der engagierten Demokratie gegen Schlingensiefs globalisierungsgerechtes Theater wendet. Überall, wo ein großer Geist seinen Gedanken ausspricht, ist Golgatha (H. Heine). Denn sein Theater hat eben nicht nur die von Angst geleitete Widerstandbewegung der kleinen Leute gegen die Globalisierung gemeint, die in ihrer Angst vor der Ungewissheit Haider wählen wie vor 70 Jahren Hitler. Er hat auch das protestantische Kaufmannsideal auf den

Container projiziert, unsichtbar, und sie haben es trotzdem glatt und platt gesehen. Wenn das nicht Kunst ist. Wir werden vom Protestantismus der demokratischen Gesellschaft, und das ist nicht die Konfession, in den kommenden Jahren noch eine Menge Material zur Verfügung gestellt bekommen für das Theater. Aber es wird uns nur nützen, wenn wir es benützen wie einen Gedanken von Schlingensief.

Einen Tag später landete in London ein weiterer Globalisierungscontainer und trug immerhin schon 58 Embryonen in seinem Bauch.

das Schlingensief-Projekt ++ Sicherheitswache soll vermehrte Streifgänge absolvieren ++

Die Burg ist gestürmt: Asylanten fast befreit

Widerstandsdemonstration griff an!

Wie im Wildwestfilm: Das Fort von Indianern überwältigt. Die allwöchentliche Demonstration zog zum Container und beinahe mit ein. Die Asylanten sind in Sicherheit - es geht ihnen gut.

Neue Lager Zeitung

ABHÄNGIG

Donnerstag abend, kurz nach 20 Uhr. Lagerleiter Schlingensief verliest gerade die Namen derer, die abgeschoben werden sollen. Eine Menschenmenge bewegt sich auf die Container zu: Trotz verstärkter Security war es nicht möglich, die einzelnen Stürmer zurückzuhalten. Sie kletterten über den Zaun, drangen durch die Türen, stiegen über das Vordach des Containers in den Innenhof. Ihr gemeinsames Ziel: Die Asylanten zu befreien und das Transparent mit dem Text "Ausländer raus" herunterzureißen.

Beides gelang nur fast. Containerinsassen wurden v Team der Lagerleitung und Security mit einem Wagen Sicherheit gebracht. Heute sinc schon wieder im Container weigern sich nach wie vor, al schoben zu werden.

Das Transparent ist beschäc steht aber noch - und wird er ert. Der Lagerleiter: "Der läuft, wie lange sich die Koali dieses Schild leisten kann." H findet eine Großabschiebung s vier Personen müssen Österr verlassen .

Container bleiben vor Haiders Nase stehen

Ein exklusiver Vorabbericht über Geheimpläne, die gerade im Lager geschmiedet werden. Daniel Cohn-Bendit und Peter Pilz haben zusammen mit der Lagerleitung den Fortbestand des Lagers beschlossen.

Diese Container seien ein Mahnmal und ihre Wirkung dürfe nicht nach dem morgigen Abschlußtag verhallen, so das Triumvirat aus Cohn-Bendit, Pilz und Schlingensief.

Aussagen des **webfreetv.com**-Kamerateams zufolge würde gerade im Container eine Petition verfaßt, deren genauer Wortlaut noch unbekannt sei. Inhaltlich handelt es sich bei diesem Schriftstück um ein Ansuchen, die Container nach Kärnten zu transportieren. Dann habe Jörg Haider, dortiger Landeshauptmann, sie direkt vor der Nase und könne sie nicht ignorieren.

Das hat Haider mit der Einladung zum Besuch der Container getan: Auch nach zweimaliger Aufforderung hat der ehemalige Bundesobmann der FPÖ, nunmehr einfaches Parteimitglied, nicht auf die Einladung reagiert.

Die Schirmherren und Schlingensief hätten sich gerne mit Haider und dessen Politik auseinandergesetzt, dieser weicht aber - vielleicht zum ersten mal - einer Konfrontation aus.

Tagestemperat
im Container
40°C
Gestern abgeschob

Tagesprogramm

09.00	Frühstück
11.00	Frühsport
12.00	Einzug: **Daniel Cohn-Bendit**
13.00	Mittagessen
14.00	Deutschstunde
15.00	Einzug: **Peter Pi**
18.00	Gespräch
20.00	Nur heute: **Großabschiebun**

Mehrere Schlägereien ++ Eine ältere Dame bricht zusammen. ++ Schlagende Verbindung häl

DIEDRICH DIEDERICHSEN

DAS GESPENST DER FREIHEIT

Natürlich wurden die Demonstrant/innen zu Kompars/innen. Was schon daran liegt, dass Demonstrant/innen stets dazu neigen, Kompars/innen zu sein. In der Demonstration gibt es wenig Hauptrollen. Nur ist es die Idee der Demonstration, dass am komparsenhaften Einreihen in die Masse, die nur zahlenmäßig viele darstellen soll, nichts Schlimmes ist: Im Gegenteil, gerade in diesem Verzicht auf die eigene herausgestellte Stimme zeigt sich so etwas wie eine demokratische Souveränität. Auch das Herunterreißen des "Ausländer raus"-Schildes halte ich für völlig richtig und in Übereinstimmung mit der Logik der Demonstration wie der Aktion stehend, ohne einer der beiden Gewalt anzutun. Ich hätte es auch runtergerissen. Schlingensief hatte es ja darauf angelegt, die Öffentlichkeit im weiteren Sinne als Resonanz- und Bühnenraum mit einzubeziehen, das Theater als Wirklichkeit auszugeben. Und ein solches Schild kann man sich natürlich nicht bieten lassen.

Ich halte es aber für einen Fehler, sich als Demonstrant/in dafür zu schämen oder verarscht zu fühlen. Der Hinweis darauf, dass auch linke Demonstrant/innen ein Bestandteil der Inszenierung "Öffentlichkeit" sind und darüber hinaus der Hinweis auf die Inszeniertheit oder Theatralität von Öffentlichkeit, setzt ja nicht die Virulenz dieser Öffentlichkeit außer Kraft oder ihre Regeln. Sie erhebt lediglich einen Befund, dessen Konsequenz nicht sein kann, sich nunmehr von der Öffentlichkeit fernzuhalten – oder die unumgängliche Mitarbeit politischer Akteur/innen an der Inszenierung von Öffentlichkeit als einen grundsätzlichen Fehler zu erkennen. Die Inszeniertheit ist außerdem nur eine Seite, aber nicht alles an Öffentlichkeit. Von dieser etwas zu verstehen, mehr als nur technisch-analytisch, könnte eines der produktiven Ergebnisse dieser Arbeit sein. Jedenfalls zu folgern, es müsse hinter der inszenierten Öffentlichkeit eine eigentlichere, uninszenierte geben, wäre fatal. Die Inszenierung transparent zu machen kann nur heißen, sie nachzuspielen – als Stück. Wenn jemand darauf verweist, dass wir alle im Alltag "nur" eine Rolle spielen, kann die Antwort nicht heißen zu versuchen, damit aufzuhören. Das ist etwa so lustig wie all die Leute, die immer mal wieder auftauchen und nach der ersten Lacan-Lektüre "die symbolische Ordnung abschaffen" wollen. (War neulich wieder eine Diskussion in *nettime*.) Nicht

ganzen Nachmittag am Container auf ++ 18:00 Elfriede Jelinek verlässt den Container und hält

falsch und lächerlich hingegen ist es, sich Kenntnisse zu verschaffen, wie die Inszenierung verändert werden könnte. Solche standen hier durchaus zur Verfügung.

Schlingensiefs Aktion nutzte und bespielte alle möglichen Aspekte der österreichischen Verhältnisse (Zentralismus mit Wien und Opernplatz, hegemoniale Tageszeitung et cetera), und nicht allein die rassistischen, auch wenn diese sicherlich die skandalösesten sind. Es ist aber kein abstrakter Rassismus, sondern ein konkreter, also einer mit einem spezifischen Kontext: Diesen Kontext lokal und international (von *Kronen Zeitung* bis "Big Brother") einzubeziehen und sozusagen zum Tanzen zu bringen ist sicherlich die Leistung der Arbeit. Wenn ich mich frage, ob diese Arbeit im Sinne eines symbolpolitisch verstandenen Widerstands funktioniert, sind mehrere Antworten möglich. Richtet sich die Symbolpolitik an die Bevölkerung, in einer im weitesten Sinne erzieherischen Absicht? Will sie FPÖ-Wähler/innen zur Umkehr bewegen oder anderen latent rassistischen Vertreter/innen die Augen öffnen? Dann ist Schlingensiefs eher verwirrende Aktion sicherlich nicht sehr hilfreich. Will sie vor den Augen der Welt und der ihrerseits an und

Abschlussrede ++ Aber ein "Gedicht gibt's nicht" (Jelinek) ++ 18:15 Auch Peter Sellars verläß

um Österreich-Repräsentation bemühten Regierung auf der Unmöglichkeit, die Regierungsbeteiligung der FPÖ und die sie hervorbringenden Verhältnisse zu ignorieren, bestehen? Dann war die Arbeit äußerst produktiv. Sie legte die Nerven aller Beteiligten blank, machte routinierte Reaktionen seitens der Reaktionäre schwieriger und brachte Komplexität ins Spiel. Und vor der graust es den Freiheitlichen nach eigenen Angaben bekanntlich am meisten. Neue Einsichten zum Generalthema Rassismus in der ersten EU-Welt sind von dieser Arbeit nicht zu erwarten gewesen. Eher dass sie einen politisch-medialen Zustand, der diesen hat manifest werden lassen, etwas aufwirbelt. (Das müssen sich auch diejenigen gefallen lassen, deren – natürlich begrüßenswerte – Aktivität in der Opposition eine klare Rolle gefunden hat und die dennoch in gewissem Sinne auch ein Teil der Lage sind.) Das ist gelungen. Womöglich kamen da von Schlingensiefs Seite auch Routinen des Aufwirbelns zum Einsatz, die mehr auf den Skandal an sich als auf Rassismus eingingen und nicht auf dem aktuellen Stand der Diskussion sind. Nun. Für die potentiell rassistischen Kärtnerstraßenpassant/innen, Österreicher/innen und Tourist/innen war das Ganze nur unangenehm. Für alle anderen ein einigermaßen komplexer, turbulenter und bisweilen auch an die Nieren gehender Versuch, den Bezug zum Leid anderer zu gestalten bis zu erzwingen. Dieses Leid (Abschiebung) ist ein politisch verursachtes und ideologisch legitimiertes, und es ist politisch zu verstehen und zu kritisieren. Wer sich aber nur für die Kritik der Politik und der Ideologie zuständig fühlt, wie unsereins, gerät oft in eine distanzierte Welt der reinen Abstraktion von einem solchen politisch verursachten Leid. Hier könnte Theater ganz traditionell helfen, das Mitleid freizusetzen oder zu mobilisieren, das jeder Politisierung vorangehen müsste – und das ist heutzutage, will ein solcher Versuch nicht kitschig oder banal ausfallen, natürlich selbst ein ziemlich vertrackter Job auf einem unklaren Weg, der an Zynismus, Resignation, Wahnsinn und Hybris, ja auch der Gefahr einer Depolitisierung ins Auge sehend, entlang- und vorbeigeführt werden muss. Ich denke, das ist trotz aller Schwierigkeiten gelungen, ohne in einen dieser Abgründe zu tappen. Die leichter zu dirigierende österreichische Öffentlichkeit hat dabei sicher geholfen.

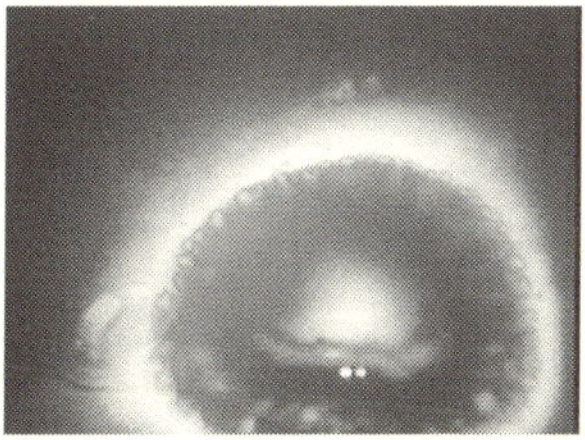

des Kasperlstücks durch die Insassen ++ 21:00 Weitere Abschiebungen: Leila al-Hashimi und

HANS MOSER IN "1. APRIL 2000"

Die Sonne scheint auf alle gleich,
warum nicht auch auf Österreich.
Warum sollen wir im Schatten stehen,
wir wollen den Kranz der Freiheit sehen.
Die Sonne scheint den kleinen Mann
genauso wie den großen an.
Ein Stück vom Herz der Welt ist Österreich,
drum macht uns frei und
macht uns gleich.

Wie gut wir uns heute hier alle verstehen,
warum sollte das,
bei den Völkern nicht gehen.
Die einen ziehen her und die anderen hin,
was hat das denn alles für einen Sinn?
Warum streitet man so herum in der Welt,
um und um
Einfluss und schließlich um Geld?
Es fehlt gar nicht viel,
na so gebt euch den Ruck und sagt,
jetzt ist endlich genug.
Die Sonne scheint auf alle gleich,
warum nicht auch auf Österreich

Warum sollen wir im Schatten stehen,
wir wollen den Kranz der Freiheit sehen.
Die Sonne scheint den kleinen Mann
genauso wie den großen an.

++ 15.6. 08:30 Festwochen stellen ein Schild vor dem Container auf. Aufschrift: DIES IST EINE

„Unsere Ehre heißt Treue.“

Ernest Windholz, FPÖ-Landesobmann Niederösterreich

INSZENIERUNG DER WIENER FESTWOCHEN. ACHTUNG THEATER! ++ Schlingensief fordert die so

ntfernung des Schildes ++ 09:49 Freiheitliche Bezirksräte des 1. Bezirks stellen eine dringliche

Anfrage an ÖVP-Bezirksvorstand Schmitz bezüglich Genehmigung von "Bitte liebt Österreich

FREIHEIT FÜR ALLES 2. TEIL

GESPRÄCH ZWISCHEN ALEXANDER KLUGE UND CHRISTOPH SCHLINGENSIEF

Kluge Stichwort Oberfläche – Tiefe. Nietzsche hat einen Satz gesagt: Es gibt Menschen, die ganz zum Mantel geworden sind, die ganz Oberfläche geworden sind, und die verehrt er. Er findet, daß Bizets "Carmen" ganz Oberfläche geworden ist und deswegen Wagners Tiefsinn ganz überlegen sei. Wagner stehe wie ein Schamane darüber. Offenbach, Bizet ist seine Welt. Das sagt Nietzsche, der nicht ohne Tiefsinn ist. Kann man das Lob der Oberfläche singen?

Schlingensief Unsere Oberfläche, die Haut, ist ein Organ, das extrem großzügig ist. Wenn Sie bei Gegenlicht einfach nur mit der Hand drüberreiben, dann fliegen unheimlich viele Schuppen rum. 80% des Hausstaubs sind Hautpartikel. Vier Tage braucht es, um die ganze Oberfläche zu erneuern. Wenn man nicht nur sagen will: Ich bin eine Oberfläche, schaut mich an, dann hat man nichts verstanden. Man muss sich auch als Oberfläche permanent erneuern. Man muss sich auch weggeben können, sich verlieren können. Wahrscheinlich sind das Elemente eines Big-Brother-Starkultes. Es sind stillstehende Oberflächen. Die sind nicht zur Zerstörung bereit und haben deswegen eine Halbwertzeit. Eine gute Oberfläche ist wie die Haut. Sie gibt sich weg, sie fliegt herum.

Komischerweise verjüngt sich der Körper permanent. Alle vier Jahre hat er sich komplett regeneriert. Alle Zellen haben den Auftrag, sich zu erneuern. Nur bei der Kopie der Kopie der Kopie schleichen sich mehr Fehler ein.

Kluge Das nennt man Altern.

Schlingensief Schirrmacher von der FAZ sagt: Wenn wir 70 sind, wird ein Bürgerkrieg ausbrechen, weil wir merken, es gibt Leute, die werden 180 Jahre alt. Das ist für uns nicht tragbar, weil wir haben nur noch 10.

Kluge Sie haben 15 Jahre Berufstätigkeit hinter sich. Im Jahre 2004 werden Sie ihr zwanzigstes Berufsjubiläum als Öffentlichkeitsmacher feiern. 2004 feiern Sie Ihr zwanzigjähriges Enfant-terrible-Jubiläum. Dass Sie Ihr Leben früher wegwerfen, wie Alfred Edel, das halten Sie nicht für möglich?

Schlingensief Vielleicht werfe ich es mit 74 früher weg.

Kluge Mit 64 Jahren in der Concorde. Es ist gefährlich, wenn ich keine Angst habe.

Schlingensief Also noch mal ICH HABE ANGST / ICH HABE KEINE ANGST, ALSO KONTROLLIERE ICH / ICH BIN OHNMÄCHTIG, ALSO BIN ICH.

Kluge Das ist der neue Kartesianismus. In der FAZ schreiben Sie eine Kolumne über den menschlichen Körper aus der Intensivstation in Heiner Müllers Nachfolge. Der menschliche Körper ist der größte Roman, den wir haben.

Schlingensief Der Körper hat ein Eigenleben. Ich selbst habe das erlebt, als ich 6 Wochen 1979 auf der Intensivstation lag mit einem geplatzten Blinddarm. Ich war da der Dauerpatient um mich herum. Permanent sind Leute dazugekommen, mit irgendwelchen Forderungen. "Herr Müller, der Hausschlüssel." Oder es kam eine Familie die Mutter besuchen und machte die Decke weg, und die hatten sie nicht mehr zugenäht, sie hatten sie nur geklammert, weil es sich nicht mehr gelohnt hat. Diese Familie war entsetzt darüber. Da wurde ihnen nur mitgeteilt, dass sich das nicht mehr lohnt. Zwei Tage später starb sie. Man hätte es aber auch machen können. Echnaton hat man noch einbalsamiert, obwohl er nicht mehr der Sonnengott war. Aber man hat ihm einen guten Abgang verschafft. Es gab noch einen gewissen Anstand, jemanden bis ans Ende zu begleiten. Das ist der Aufstand der Todgeweihten, den ich auf der Intensivstation beschreibe. Es gibt da gerade Nazibewegungen auf meiner Intensivstation, es gibt Brandanschläge auf die Babystation in der Charité.

die Geburt einer Natior

Zugriffe auf die Seiten von www.auslaenderraus.at steigen nach wie vor an ++ 80.000 Use

Kluge Morituri te salutant, sagen die. Wenn Sie die Welt der Körper beschreiben.

Schlingensief Mit einem Projektor kann man einen Film drehen, indem man das einfach umdreht. Ein Auge dreht einen Film.

Kluge Wenn es zornig sprüht … er hatte ein mörderisches Auge. Das ist eine Nachricht.

Schlingensief Das macht den anderen bewegungslos. Diese Zellen, die sich hochdiszipliniert vermehren, dann zu etwas zusammenfinden, sind hartnäckig.

Kluge Dubois-Reymond, der die Berliner Universität um 1900 regierte, hat die Hörnerven im Hirn seiner Tochter mit den Sehnerven über Kreuz chirurgisch verknüpft, so dass sie mit den Augen Blitze hörte und mit den Ohren sah.

Schlingensief Förster sagt, die Wahrheit ist die Erfindung eines Lügners. Es heißt, dass er verschiedene Untersuchungen anführt. Dass Seheindrücke nicht übereinstimmen müssen. Mit Strömen kann man auf der Zunge den Geschmack von Essig erzeugen. Es ist aber kein Essig, es ist elektrischer Strom. Diese Sachen sind auch immer befreiend. Verheerend, wenn Leute sagen, das ist eindeutig Essig. Es gibt bestimmt jemanden, der das als Schokoladengeschmack bezeichnen wird.

Kluge Schirrmacher hat die Miniaturisierung erforscht. Das ist einer der wirklich großen Romane. Er hat mit dem Pentagon telefoniert. Was passiert eigentlich, wenn die Miniroboter, die man kaum mit dem Mikroskop sehen kann, die aber alles Mögliche bewirken, in den Därmen rumfahren können. Wenn die sich von selbst vermehren. Sie sind autonome Intelligenzen, woran würde man das merken? Das Pentagon antwortete: durch eine langsame Erhöhung der Erdwärme. Durch nichts sonst, und plötzlich wären Billiarden dieser Kleinstroboter in der Welt und vermehren sich und bilden eine zweite Evolution. Diese zweite Evolution wäre sicher hoffnungsreich. Wenn wir das Auslaufmodell sind, können die das Zukunftsmodell sein. Sie stammen von unserer Intelligenz ab. Nicht die Gene erzeugen sie, sondern die Meme. Was halten Sie davon?

Schlingensief Da sie von uns abstammen, ist die Frage zu stellen, ob sie uns nicht nur einfach imitieren und verfeinern. Interessant fände ich, wenn sie sich neu bestimmen.

Kluge Verkleinern tun sie sich.

Schlingensief Wenn sie sich wirklich neu orientieren würden. Die Concorde

wäre dann nicht mehr so groß, dass sie ein Hotel zerstört, sie würde nur noch den Kopf eines Streichholzes berühren. Es gibt eine innere Uhr, die einem mit 40 oder 50 signalisiert …

Kluge … ich gehöre zu denen, die 140 Jahre alt werden.

Schlingensief Das ist unergiebig. Die innere Uhr sagt einem, bei dem Mist, den du angerührt hast, bei diesem Blödsinn, willst du wirklich 100 Jahre dranhängen?

Kluge An seinem 140 Geburtstag führt man sieben Klone als Ersatzteillager mit sich. *(Sie lachen).* So schnell kann man gar nicht nachbauen.

Schlingensief Es gibt ja einen Typus, der wird älter und immer glücklicher.

Kluge Man hätte 66 Sprachen gelernt. Man nimmt eine junge Freundin.

Schlingensief Ich kann noch nicht mal zwei Sprachen.

Kluge Ich bin 180, die ist 21. Alt-Heidelberg. "Memories are made out of this." Das wäre eine feine Sache. Das philosophische Format hingegen sagt, ich bin mit 74 hochzufrieden. Lasst uns doch feste an Montaigne und Seneca denken. Wir nehmen Abschied. Wir fangen an mit 73 den Abschied zu feiern, und wir beneiden auf keinen Fall die 140-Jährigen, die jugendlich und braungebrannt uns begegnen und mit doppelter Geschwindigkeit an uns vorbeifahren. Ich möchte zu den 180-Jährigen gehören, die Aussicht haben auf 230 in einer Marssonde. Dann haben wir die Fähigkeit, den Mars zu besiedeln.

Schlingensief Ich bewundere das wirklich, aber ich habe das nicht. Wenn ich das schaffe mit den 74 Jahren …

Kluge Meine Mutter würde es mit 170 Jahren sehr gut finden. Die würde ein Leben in Metamorphosen führen. Sehen Sie, Raupen, Schmetterlinge, daraus wird ein Mensch. Man könnte doch mehrere Lebewesen spielen.

13:44 Wiener FPÖ bringt Klage gegen die Wiener Festwochen wegen Verwendung ihrer Fahne ei

Glauben Sie, daß es andere Galaxien gibt?

Schlingensief Das glaub ich schon. Dass es da Intelligenz gibt. Das find ich alles hervorragend. Wenn das heißt, mit 170 ohne diesen Schmerz im Arm auszukommen, dann mach ich da mit. Ich steig in dieses Boot mit 170 mit Aussicht auf 230. Dann steig ich mit ins Boot. Wenn man dann aber sieht, mein Vater ist blind, und er kann die Zeitung nicht mehr lesen. Er kann 50 Jahre warten, aber vielleicht fehlt einem doch etwas.

Kluge Für mich ist der Gesichtspunkt, ist es spannend.

Schlingensief Dass die Leute in Zimbabwe die Möglichkeit der Medizin haben werden, glauben wir alle nicht. (...)

Kluge Stichwort Bayreuth: Es wurde oft Ihr Name genannt. Während Sie noch in Wien im Container arbeiteten, hat sich Frau Maier gegen Wolfgang Wagner gestellt, und noch ein zweiter berühmter Sänger hat den Parzival nicht gesungen. Für den alten Mann ist das eine Katastrophe gewesen, im Grunde ist er als Intendant nicht mehr zu halten. Bayreuth fordert eine Innovation im Sinne Richard Wagners d.h. eines Rebellen. Wie würde ein Musikrebell Bayreuth heute einrichten?

Schlingensief Die Geschichte, die Sie mir erzählt haben mit dem Aufteilen des Orchesters, also eine Art Zerlegung Wagners vorschlagen, damit sich die Einzelteile besinnen können. Warum wird er aber gerade in dem Moment von den Sängern verlassen, wo die Entscheidung ansteht? Es gibt so tradierte Vorstellungen, dass sich kein Körperteil mehr erholen kann. Es gibt im Nackenwirbelbereich Operationstechniken, die bewusst einen Nerv kappen, damit sich bei komplizierten Knochenbrüchen bewusst das Körperteil erholen kann. So was würde ich für

wert wegen widerrechtlicher Verwendung des Namens: 270.000 Schilling ++ Ebenfalls Antrag

Bayreuth vorschlagen, die Akustikebene, die von dem großen Ganzen ausging, bei der man davon ausgeht, das Orchester ist unter der Bühne und schallt von hinten nach vorne: Da sollte man sich mal kurz von trennen.

Kluge Umkehren. Richard Wagner würde es heute umkehren. Nachdem es gut hundert Jahre so funktioniert hat, zerlegen wir es in Einzelstücke und tun es in Büchsen und schicken es nach Übersee.

Schlingensief In Container. Wie viele Chinesen passen in einen Container? 58 ungeborene Embryonen, die angeliefert wurden. Da müssen die Orchesterteile, die Streicher, die Bläser in die Container und werden an die Landesgrenzen gefahren.

Kluge 88 Teile Wagners sozusagen. The Best of Wagner, nicht im Sinne, wir suchen jetzt aus, sondern alles im Wagner ist gut. Die Leichenteile sind das Wertvollste überhaupt.

Schlingensief Die müssen sich verstreuen, sie werden verstreut und müssen sich wiederfinden. Wenn sie sich wiederfinden, ist es wie bei den Mikrocomputern, wie bei den Mikrorobotern, die sich eben zusammenrotten in kleinen Gruppen, zusammenstehen und ein Sozialverhalten haben. Das Sozialverhalten in Bayreuth ist gestört. Deshalb kann es dort nicht mehr zu einer wirklichen Größe kommen. Also ich glaube, nicht nur in Bayreuth, sondern auch sonst am Theater, weil es eine Täuschung von Sozialverhalten ist. Ein Miniroboter hat das nicht. Er will sich mit den anderen treffen, weil er sie braucht, weil er alleine erledigt wäre. Und das glaubt man in Bayreuth nicht mehr, weil die alle glauben, sie sind Riesenroboter, wahnsinnige Übermenschen, und es wird sie dasselbe Schicksal treffen wie Echnaton.

Kluge Mehrere Container und Großzelte um das Festivalhaus herum, dann Einzelbeschallung: die Bühne und Zuschauerraum und die Containerfläche werden in mehrere Abteilungen zerlegt. Die Morde, das Zündeln, Feuer, die Frage des Rings – Ring hin, Ring her – alles was fließt – Wasserkunde, so in die Einzelheiten zerlegt, und so geht man, wie durch einen Abenteuerpark, wie durch die Expo – wenn sie gelungen wäre, hindurch, und dazu schallt es verschiedene Arten von Wagner-Chören.

Schlingensief Und jetzt kommt nicht so wie auf der Expo ein glückliches Besuchserlebnis, die Container genügen sich selbst. Die Pavillons genügen sich selber, brauchen keine Betrachter mehr, das ist vielleicht genau das, wo man den Zuschauer als störendes Element ausgeschaltet hat. Der Zuschauer übt Druck aus. Die Besucher von Bayreuth zerstören Bayreuth. Und deshalb

auf einstweilige Verfügung zur Beendigung der Aktion beim Wiener Handelsgericht eingebrac

gehen wir noch einen Schritt weiter, und separieren diese Einzelstränge wie Morde, Wasser und Erlösung.

Kluge Alle weiblichen Hauptrollen in einem Zelt, alle männlichen im zweiten Zelt. Alle Bässe im dritten Zelt, alle Tenöre im vierten Zelt.

Schlingensief Jetzt suchen sich die Zelte, suchen sich die wagnerianischen Nomaden ihre Stammeshäuptlinge, sie rotten sich immer wieder zusammen. Da kann ein Betrachter nicht mehr beobachten, er hat auch gar kein Urteilsvermögen, weil er über die Emotionen einer Person, die eine andere sucht, überhaupt nichts sagen kann.

Kluge Das wäre das Kunstwerk an und für sich, das bleibt auch für sich. Das ist im Wagner'schen Sinne konsequent.

Schlingensief Wagner war in seinem eigenen Film. Wenn er nach London fliehen musste, dann hat er daraus den "Fliegenden Holländer" gemacht. Das sind alles Belegmaterialien, die sich nur ergeben können, wenn man sich darauf einlässt.

Kluge Und ein grundlegender Nebenpavillon mit allen Vorgängern Wagners, aus denen er Teile entlehnt hat, die werden separat in einem Extrazelt zirkusartig aufgemacht, und das alles nur auf Disk oder Kassette oder in Dose nach Übersee verschifft.

Sie haben nur sechs Stimmen bekommen, die der Bundesregierung, die der bayrischen Staatsregierung, und ihre sechs Stimmen haben gegen Sie gestimmt, so dass jetzt eine Pattsituation entsteht. Man weiß nicht, ob im nächsten Februar Sie übernehmen, Nike Wagner übernimmt, oder

Festwochen lassen Ihr Schild wieder abtransportieren ++ 16:00 Gregor Gysi erreicht den

Gottfrieds Tochter.

Schlingensief Mit Nike Wagner gibt es ein Geheimabkommen, egal wer es wird, wir werden auf jeden Fall zusammenarbeiten, bei der Tochter muss man noch sehen.

Kluge Sie als Souffleur, wenn sie Intendantin wird, oder umgekehrt. Nike Wagner als Souffleuse und Sie als Intendant.

Schlingensief Diese Sehnsucht wird auch langsam wachsen, was sich an Big Brother und anderen Sachen abzeichnet ... Wahrheit ist nicht authentisch, sie soll authentisch sein, ist sie aber nicht, sie findet im Verborgenen statt, und in dem Moment, wo dieses Authentische durch etwas Virtuelles stattfinden soll, ist es tot. Es funktioniert eben nicht. Und deshalb müssen sich alle diese Vorgänge befreien von ihrem Auftrag, sich vor etwas zu stellen oder eingeteilt zu sein, bevor sie sich gefunden haben. Wenn man das überträgt, dann wäre das ein Filmprojekt, das mich sehr reizen würde; man nähme einen Wagner – den Ring meinetwegen, und würde den größten Film aller Zeiten drehen. Zum Beispiel im Amazonas, Herzog hat mit seinem Schiff über den Berg schon so angefangen. "Querelle" von Fassbinder ist auch so ein Monstrum, wo man nur noch nachher aus Verzweiflung sagen konnte, es ist sein Vermächtnis, geschnitten hat es jemand anderer. Den Wagner zu transportieren habe ich ja schon letztes Jahr versucht, den Wagner noch mal zu transportieren oder einen ähnlichen Stoff in eine solche Dschungellandschaft. Mit einem Hauptdarsteller, den ich zwei Wochen vorher treffe und mit dem ich nur spazieren gehe, und wir machen Blutsbrüderschaft, der hat nur einen Auftrag: Er kann alles machen, aber er darf sein Hotelzimmer nicht länger besuchen als sechs Stunden, er darf sich nicht verweigern, er muss präsent sein. Dann fahren wir los, mit dem Kamerateam, in diesen Busch, bauen uns mit endlosen Schienen ein Set auf und drehen, laden auch die ganzen Kritiker und Journalisten ein. Die bleiben in Bambuscamps mit Ventilatoren, Ginflaschen, Kurbeltelefonen, mit Funkkontakt, wo sie immer wieder neue Informationen bekommen, was alles am Set passiert. Es fehlen aber die Macheten, man muss noch warten, die Spannung steigt, was passiert beim Dreh am Set? Und am Ende des Drehens fliegt der Hubschrauber mit dem Material weg und versinkt im Bermudadreieck.

Kluge Das war vor allen Dingen für Lohengrin gedacht, weil es nicht schade ist, wenn Lohengrin zugrunde geht, während Sie den Ring selber, als wertvolle Musik, der Raumfahrt vorbehalten wollten. Das heißt, dass einige Raumschiffe auf dem Weg zum Mars oder zum Jupiter pausenlos den Ring

Container ++ 16:10 Erste Pläne zu neuen Containerdörfern in Kärnten ++ "Wenn Haider nich

der Nibelungen, 26 Stunden lang, abstrahlen, in alle Richtungen. Wenn uns tatsächlich Außerirdische begegnen, begegnen sie zuerst dem Wagnerklang, nicht dem Alphabet.

Schlingensief Der Vorschlag kam nicht nur, damit diese Leute Wagner treffen, sondern auch weil die Angststruktur einer solchen Reise mit Wagner enorm ist. Und diese Angst muss Bilder suchen. Das war das mit den Neonazis. Und wenn ich aus Erfahrung der "Deutschlandsuche" den Wagner im All spiele, und dann kommt ein Außerirdischer mit einer Riesennase und Hauern, dann habe ich Angst, aber durch die Musik von Wagner habe ich die Möglichkeit, in diesem Menschen den Lindwurm zu entdecken oder in diesem Menschen den Alberich zu sehen, weiß, was zu tun ist, und habe nicht mehr solche Angst. Ich rufe ein Bild meiner Zeit in dieser Musik hervor und übertrage es auf jemanden, der vielleicht ein Monster ist. Das ist ein Trick, den wir anwenden wollen.

Kluge Das Wesen des Theaters ist ja, dass sich alles in der Wirklichkeit umkehrt. In der Wirklichkeit muss ich den Außerirdischen, den Lindwurm nicht töten, ich muss mich mit ihm verständigen, dadurch gewinne ich den Schatz.

Schlingensief Ich gewinne viele Schätze nicht, weil ich mich nicht traue, den anderen mit einem Bild zu verbinden, das ich schon kenne. Ich begegne einem Asylbewerber wie einem Monster, ich gucke ihn an wie die Tiere in Hagenbecks Tierpark, wo die Asylbewerber, die Afrikaner, angekarrt wurden, Hüttencontainer aufgebaut wurden. Da gibt es tolle Bilder, wo Hamburgs High Society mit ihren Wintermänteln standen und die Afrikaner im Schnee stehen sahen. Die starben, dann hat man Inder herangekarrt. Man betrachtet einen Asylbewerber wie ein Monster, man hat überhaupt keine Fähigkeit mehr, durch eine Musik, durch Bilder die man hat, durch Selbstzweifel, in ihm Bilder aus dem eigenen Leben zu entdecken. Da vergewaltigt man ihn genauso, als wenn man ihn abschiebt, aber er nimmt an einem dynamischen Prozess teil. Dynamisch ist nicht, jemanden wegzuschicken, sondern ihn in meine Bilderwelt einzubauen, das ist doch völlig legal. Ein Asylbewerber könnte doch eventuell einen Schatz besitzen, den ich nur kriege, wenn ich meine Angst überwinde, ihn letzten Endes als ein Bild meines Kopfes begreife.

Kluge Warum treten die Hauptdarsteller – germanische Götter – in Ihrem Film in ägyptischen Kostümen auf, als wären wir bei Mozart?

Schlingensief Weil ich glaube, dass Götter Gebrauchsgegenstände sind. Ich

…iner kommt, dann kommt der Container zu Haider" (Pilz) ++ Pressesprecher Haiders bezeich-

net die Aktion als "Skandal besonderer Ordnung" ++ 16:52 Polizei ermittelt gegen Schlingens

++ Erster Bericht an die Staatsanwaltschaft für Freitag geplant ++ 17:50 Magistratsreferat für

bin Katholik, wir haben einen Gott, der als Gebrauchsgegenstand nicht vorgesehen ist. Es gibt dann aber die vielen Untergötter, den hl. Josef zum Beispiel, den hl. Christophorus, meinen Namenspatron. Das sind auch germanische Götter, Mensch gewordene Götter. Sie kommen von fernen Gestirnen, sind aber erdverbunden, sie werden plötzlich zu Mensch gewordenen Göttern.

Kluge Wotan beschläft die Erde, der macht in den Sand, da kommt die Walküre hervor.

Schlingensief Um noch mal auf Echnaton zu sprechen zu kommen: Wenn er der Sonnengott werden wollte, dann hat er das äußerlich sicherlich geschafft, aber er war dann so enthoben, dass er kein Gebrauchsgegenstand mehr war, man wollte diesen Gott nicht haben und hat wieder die alten Götter verehrt.

Kluge Wie kommen Sie in diesem Zusammenhang auf Ramses II.? Das ist ein von der Sonne gesandter, mächtiger König, der Nebukadnezar besiegt hat und auch besiegt wurde. Das ist doch das Vorbild des Wotan bei Ihnen. Man sieht zu Anfang, wo man den Rhein vermutet, bei Ihnen Pyramiden und Sphinxe.

Schlingensief Das fließende Licht nenne ich das.

Kluge Ägypten: Das Isis-und-Osiris-Problem im zweiten Akt der Walküre: Wie können die Geschwistergestirne, die Gemini, überleben und weitere Gestirne erzeugen? Was halten Sie überhaupt von dem Siegfried-Mythos, gibt es einen solchen Heiland?

Schlingensief Ich bin ja schon letztes Jahr auf der Suche nach dem Helden durch die Provinz gefahren, weil Helden in den Hauptstädten, im Zentrum verbrannt werden. Die Provinz ist die Brutstätte der Helden. Der Vorteil Siegfrieds ist, um seine Verwundbarkeit zu wissen. Ich glaube, dass dieser Heldenbegriff wieder wichtiger werden muss, weil die Unverwundbarkeit – auch Putin, der durch Nichtstun verwundbar wird –

Kluge Das Polohemd ist für Murmansk ungeeignet, Pelzmantel hat er nicht dagehabt, also kommt er nicht rechtzeitig an, während ein Feuertod im U-Boot ihm ein dauerhaftes Gedächtnis verliehen hätte. Das ist Wagners Botschaft.

Schlingensief Das muss man sich bewusst machen. Es gibt eine kleine Schneise, wenn Sie sich auch am Theater umgucken: Hätte Langhoff das Theater früher an Ostermeier abgegeben, dann würde Langhoff jetzt als König von Berlin dastehen in der Theaterlandschaft, und Ostermeier wäre es

Veranstaltungen (MA35) prüft Untersagung der Aktion aufgrund von Anrainerbeschwerden ++ N

vielleicht auch besser gegangen.

Kluge Wäre Bayreuth abgebrannt oder im 2. Weltkrieg bombardiert worden, wäre es heute eine Wallfahrtsstätte. Oder man könnte eine Pyramide dort hinbauen. Wie groß sind eigentlich Pyramiden?

Schlingensief Wissen Sie, dass da drinnen eine Wurst zum Beispiel über Monate frisch bleibt? Das gibt es bei Teleshop zu bestellen. Das kann man nicht genau erklären, aber es ist das Prinzip der Pyramide, dass sie so eine Luftanordnung produziert, dass der Verwesungsprozess nur sehr sehr verzögert stattfindet. Man kann das jetzt bestellen für 89 Mark.

Kluge Pyramiden sind doch in Wirklichkeit astronomische Geräte, auf Orion ausgerichtet, das sind Fernrohre. Man musste geheimhalten, dass man die kosmischen Katastrophen, die man eigentlich, durchblickend auf den Orion, sehen könnte. Sie sind Erinnerungen an den Impact, den Kometeneinschlag auf der Erde, und dafür Denkmäler. Wenn Sie eine Pyramide messen, und sie auf eine gotische Kathedrale projizieren, erkennen Sie, die sind bei der Spitze beide gleich groß. Das sind Denkmäler der Menschheit an eine Katastrophe vor der Sintflut, das ist das, was Wagner komponiert. Die Überflutung des Rheins ist ja nicht mehr als die Andeutung der Sintflut. Sie haben in 88 Bänden einen Kommentar geschrieben über einzelne Anspielungen Wagners im Ring der Nibelungen.

Schlingensief Weil eine 48stel Sekunde beim Filmmaterial pro Einzelbild ist es dunkel, das heißt, in einer Stunde ist es die Hälfte der Zeit, eine halbe Stunde, dunkel. Dies merkt das Hirn, das Auge aber nicht. Das Ich merkt es nicht, aber der Körper. Diese Pause im Leben, die gewährt das Kino, das Digitale aber nicht. Was noch dazukommt, ist, dass es ein chemischer Prozess ist, der einen extrem chaotischen Vorgang beschreibt, der anregend ist für die einzelnen Sehfasern, die das Aufnehmen in einen chaotischen Prozess zersetzen, um es als Bild wieder zusammenzubauen. Und das ist wieder in der Digitaltechnik nicht möglich, nur im chemischen Verfahren. Und das hat auch einen Riesenzufall, wie ein Filmbild entsteht, das ist etwas, was ich nicht wissen will.

Kluge Hier ein Gemälde aus dem Führerbunker. Im Führerbunker gab es einen Ess-Saal für die SS-Leute, und da sind die SS-Leute als Schutzengel dargestellt. Realistisch?

(Kluge zeigt Schlingensief verschiedene Bilder)

Schlingensief Wenn man die Illusion braucht … Im Internet kann man jetzt

…eriert mit MA7, Behördenleitung ++ Inhaltliche Überprüfung des Projekts wird durchgeführt ++

auch bei einer Firma Verträge mit dem Schutzengel abschließen, und die sind eben billiger, weil der Schutzengel virtuell ist. Ob der auch kommt, wenn man ein Problem hat, weiß ich nicht.

Kluge Das ist ein Propellerflugzeug, in Zimbabwe gelandet, bei dem der Pilot keinen Ausweg findet, er muss den Motor wie eine Motorsäge benutzen, um sich den Weg in die Freiheit zu bahnen. Das ist ein Schweizer, der nur wusste, dass die Leute sein Flugzeug haben wollen.

Schlingensief Ja, sieht hart aus. Furchtbar. Das ist interessant. Ein Zug crasht gegen ein Auto, da wurden Kameraleute bestellt, damit das passiert. Da sieht man aber auch die Abnutzung, dass eine filmisch hergestellte Katastrophe nicht so interessant ist wie eine zufällige.

Kluge Das ist der Kopf eines Vietnam-Verwundeten, der die linke Hirnhälfte verloren hat, der kann nicht mehr sprechen, aber noch immer rechnen.

Schlingensief Dann kann er immer noch Kunst anschauen.

Kluge Das kann das Hirn noch zuletzt, es verliert alle Fähigkeiten bis zuletzt. Selbst wenn es die Rechenfähigkeit verloren hat, dann kann es noch immer Kunst gucken. Das kann es bis zuletzt.

Schlingensief Bis zum Schluss. Selbst ohne Gehirn. Auch wenn man es ganz herausnehmen würde, könnte er immer noch Kunst anschauen und etwas für sich mit nach Hause nehmen.

Kluge Wie man sagt, die Kunst ist für den Arsch. Wenn Sie ein Loblied des Hirns anstimmen müssten, als Wagnerianer, wenn Sie das Hirn beschreiben müssten, was würden Sie sagen? Das Hirn ist ja unsere Mitgift, eine Kamera von extraordinärer Qualität. Ich sehe Sie, in 190 Jahren: Nachdem Sie geklont wurden, alle Ersatzteile verwendet, nur noch – in einem Schälchen – das Gehirn. Schlingensiefs Hirn. Man fährt durch die Galaxie zur nächsten Sternenwelt und erzählt, erzählt, erzählt, wie ein Kelch. Das ist ein wertvolles Organ, das ist ja seltsam – sieht aus wie Grießbrei, wenn Sie es hier hinblättern.

Schlingensief Von dem Bild her und von dem, was es kann, wäre es für mich ein denkender Darm. Es verwertet und entwertet und ernährt sich davon, und es ist eine Schlange. Eine obszöne Amöbe. Ein Darm mit Gedächtnis.

Kluge Und der geht durch die Zeiten, er ist die Spitze der Evolution.

Schlingensief Ein Allesfresser.

Kluge Ein Allesfresser, ein Kannibale. Er wird besser, durch das, was er frisst.

Schlingensief Er sieht aus wie ein Gehirn, aber er sieht aus wie ein Löwe.

Kluge Was Richard Wagner immer über sich sagte, in dem Jahr als er starb:

18:00 Abschlussrede Gregor Gysi ++ 20:00 Allwöchentliche Widerstandsdemonstration st

"Mein Löwenhaupt bringe ich nach Venedig." Und hinter ihm zog über die Alpen ein Flügel, der völlig verstimmt ankam. Dann starb er, der Flügel wurde nicht mehr gestimmt, den gibt es jetzt bei Sotheby's für 80.000 Pfund zu kaufen.

Schlingensief Ich finde, es gibt Dinge, die man kaufen sollte. Ich besitze z. B. – nichts. (…) Wir haben bei der Partei schon immer gesagt, dass es ein Double geben muss. Es waren 180 Veranstaltungen, und ich konnte nicht bei allen sprechen, aber ich habe kein Double gefunden. In Graz habe ich aber eines gefunden, und dieses Double ist auch für mich zum ersten Mal so gewesen, als ob ich ein Stück abgeben konnte. Das war André Wagner, ein Schauspieler, sehr, sehr gut, der hat geguckt, wie ich gespielt habe, und hat nicht nur nachgeäfft. Das ist, wie wenn ein Klon einen nachäfft – wenn er das tut, habe ich ja gar kein Interesse an ihm. Aber das war etwas Eigenes bauen, aus meinen Elementen. Da war ich sehr stolz, wie ein Vater.

Kluge Wer kein Double erzeugen kann, der ist kein Führer.

Schlingensief Und der kann sich auch nicht selber bekämpfen.

Kluge Umgekehrt kann man aus Kennedys Tod lesen, dass von den Führerpersönlichkeiten, die getötet werden, die Besten getötet werden. Man kann sagen, wenn das der Mordinstinkt der Gesellschaft gegenüber ihren Besten ist, dann müssten die im Grunde Stellvertreter haben, die statt ihrer zum Opfer fallen.

Schlingensief Noch besser wäre es, wenn sie zum Opfer fallen, und der Stellvertreter bleibt zurück. Tom Peters schreibt: Ein guter Betrieb muss den Pförtner einmal im Jahr für acht Tage zum Chef machen, die ganzen Chefs müssen unten am Fließband arbeiten, man muss einen Betrieb bewusst in einen Unzustand führen, da passieren dann natürlich auch Hunderte von Fehlern. Unter den Fehlern, die entstehen, gibt es immer noch zwei, die den Betrieb auf lange Sicht beschleunigen.

Kluge Wie die Evolution durch Mutation sich weiterentwickelt.

Schlingensief Und wenn sie alles unter Kontrolle haben, sagt Tom Peters, fahren sie noch nicht schnell genug.

Kluge Bei Lenin ist es doch so, dass wenn er ermordet worden wäre, wäre er doch ein Märtyrer geworden. Wenn die Köchin, von der er sagte, dass sie den Vorsitz im Rat der Volkskommissare ergreifen sollte, wirklich mit ihrer gesamten Kremlküchenerfahrung die Macht ergriffen hätte, wäre die Sowjetunion mit dem System der Planwirtschaft und des Gemeineigentums siegreich gewesen. Aber nur mit der Köchin.

ainer ++ Abschiebung von Nerem Njawé und Teresa Beqiri kann nicht stattfinden ++

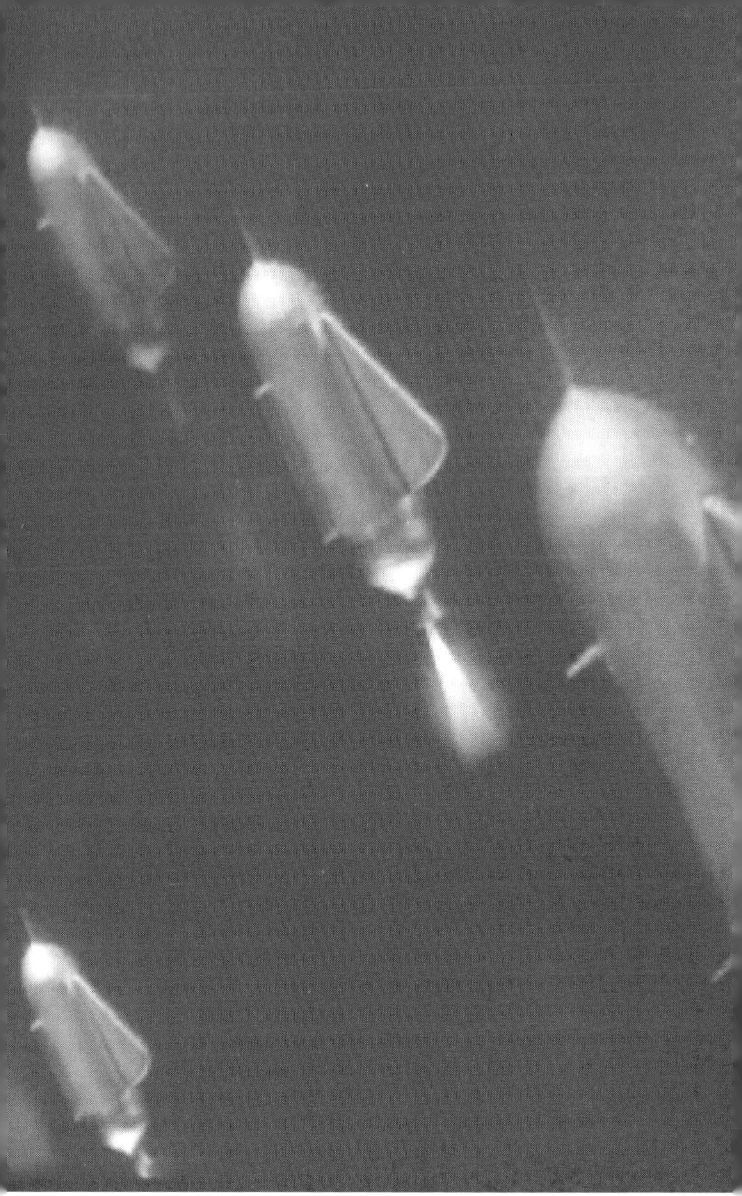

"Ausländer raus"-Schild wird zerstört ++ Container schwer beschädigt ++ Demonstranten

„Ich bin daran interessiert, dass eine neue Form entsteht,
eine Form, die über das Private hinausgeht,
eine Freiheitsform der Gesellschaft im Ganzen.
Und ich frage mich, wie diese Form entstehen kann.
Sie kann nur entstehen im einzelnen Ich des Menschen.
Und dieses Ich muss überhaupt erst einmal erreicht werden,
denn eine neue Form kann nicht auf Vorstellungen basieren,
die aus der Vergangenheit stammen.
Vergangene Vorstellungen werden keine neue Form hervorbringen."

Johannes Stüttgen (Dauerbeschallung beim Container)

en echte Asylbewerber im Container ++ Schockwirkung ++ Unsicherheit über die Ziele des

Nur Narren und Verleumder zweifeln daran, dass Österreich nach wie vor ein freies Land ist. Mit Meinungsfreiheit und selbstverständlich auch unter Wahrung der Freiheit der Kunst. Das, was sich aber in Form eines sich von Woche zu Woche steigernden Veitstanzes innerhalb der zeitgeistigen Kunstszene abspielt an Verhöhnung dieser Republik, ihrer Regierung und ihrer Bürger, finanziert mit eben deren Steuergeldern, wird immer grotesker.

Andreas Mölzer

gute Miene zum bösen Spiel machen.

Dass etwa der Anarcho-Hanswurst Schlingensief nach seinem vorjährigen Grazer Sandler-Treffen, nach seinem dumpf-provokanten „Kameradschaftsabend" nunmehr von der Stadt Wien genehmigt und finanziert, seinen Ausländer-Abschiebe-Container installieren kann, ist ein Beispiel dafür. Ein Beispiel, welches für ahnungslose Ausländer, Geschäftsreisende aus Frankreich etwa, so wirkt, als würde es in Österreich allen Ernstes „Big Brother" für missliebige Ausländer geben. Österreichs Botschafter in Paris, Franz Ceska, hat diesbezüglich bereits Alarm geschlagen.

Gewiss, der abgeklärte rot-weiß-rote Menschenfreund Günther Nenning hat schon Recht, wenn er meint, „nicht einmal ignorieren". Sollen sie doch machen, was sie wollen: Videoinstallationen mit kopulierenden Geschlechtsteilen in der Klagenfurter Landesgalerie, mit

Schluss mit lustig – Schlingensief

Kein Theaterdirektor, der nicht immer dieselben Diskutanten zwecks Österreich-Beschimpfung nach dem Vorhang auf die Bühne lädt. Kein Festspielintendant, der – ausgestattet mit millionenschweren Sonderverträgen – seine Auftraggeber, Stadt, Land oder Bund, gerade schon pflichtschuldigst beschimpft und herabwürdigt. Kaum eine Vernissage, keine Ausstellung, keine Premiere ohne die heuchlerische Empörung der landläufig bekannten Bedenkenträger aus dem rot-weiß-roten Gutmenschen-Terrarium.

Und immer wieder Politiker und Bürokraten, die diesem politisch korrekten Zeitgeist ihren Tribut zollen. Ob es der Kulturstadtrat der Bundeshauptstadt, der Bürgermeister der steirischen Landeshauptstadt, der Direktor der Kärntner Landesgalerie, die politisch Verantwortlichen für die Salzburger Festspiele sind, immer wieder finden sich Exponenten des öffentlichen Lebens, die eigentlich dem Bürger und Steuerzahler verantwortlich wären, die hier

Handschellen gefesselte Pseudo-Ausländer, die aus dem Container ins Sacher Kaffee trinken gehen, Österreich-kritische Ritualschlachtungen in Prinzendorf und womöglich noch Protest-Pädophilie durch den bekannten Altkommunarden. Sollen sie doch. Wer lässt sich durch all dies noch provozieren?

Was sie aber nicht sollen und dürfen, ist, all diesen Unfug auch noch auf Kosten der Steuerzahler zu veranstalten. Die Kunst ist frei und auch die Pseudo-Kunst. Und Künstler, oder solche, die vorgeben, welche zu sein, mögen Sackgassen aller Arten beschreiten, wie immer sie wollen. Es muss aber nicht auf Kosten jener geschehen, die sie verhöhnen, der ganz gewöhnlichen Menschen dieses Landes nämlich. Und jene verantwortlichen Politiker und Bürokraten, die nicht die Zivilcourage haben, diese Chuzpe, sich zwecks Publikumsbeschimpfung aus dem Portefeuille des Publikums selbst zu bedienen, zurückzuweisen, sollten dafür ehestmöglich die entsprechende Quittung bekommen.

KRONE

Ein gewisser Christoph Schlingensief kam nach Wien, um im Rahmen der Festwochen, natürlich hoch subventioniert, ein recht krätziges Spektakel zu inszenieren. Im „Substandard", der für solche Provokateure stets Sympathien hat, stand zu lesen, dieser deutsche Politclown „beschenkt" uns mit einem Container, den er mit Asylanten füllt, mit Schauspielern, die Asylanten spielen. Und über allem die Schlagzeile „Ausländer raus!". In diesen Tagen ist Wien voll von willkommenen ausländischen Touristen. Die vor allem kennen sich nicht recht aus, und es gibt Proteste. Natürlich bekommt auch

Aktion Schlingensief

die „Kronen Zeitung" bei dieser hintergründigen Clownerie etwas ab. Ein Spruchband erweckt den geschäftsstörenden Eindruck, das Ganze sei eine „Krone"-Aktion.

Eine „Weltausstellung der Freiheit" sei das, meint dieser Schlingensief in einem Interview, seine konfuse Aktion wohl leicht übertreibend. Dabei war dieser Typ, der sich als Künstler einzuschleichen pflegt, nach seinem eigenen Urteil „eigentlich schon tot". Nirgends kam er besser an als bei den Politikern der Bundeshauptstadt. Nur in Wien konnte er zu neuem Leben erwachen. „Hier", so sagte er freudig erregt, „wurde ich mit unglaublichen Momenten beschenkt. Mit dem Stadtrat Marboe etwa, wie er mich umarmt: 'Schön, dass Sie da sind! Wir brauchen Sie hier! Ich bin der Einzige, der gegen die Koalition gestimmt hat. Ein großer Verehrer Ihrer Kunst!'"

Vielleicht haben wir diesen Schlingensief wirklich gebraucht, um endlich den Kulturstadtrat Marboe als das zu erkennen, was er ist, eine Steuergeld vernichtende Niete. **Cato**

Cato = Hans Dichand, Hg. der Krone

Sturms ++ Insassen können in Sicherheit gebracht werden ++ Festwochen hoffen auf End

CONTAINERTAGEBUCH

Freitag, 16.6. Es geht weiter. Schlingensief beschreibt, was gestern war: "Die Kinder der Revolution haben im Hof lustig getanzt und waren geschockt, als sie erfuhren, die Asylanten sind ja echt. Man glaubt, man reißt die Fahne des Feindes weg, und damit ist auch der Feind besiegt. Aber das ist nicht so." Die "Krone" weiß von einem "Terroranschlag" zu berichten. Schlingensief habe die "Nobel-Boutique" Popp & Kretschmer gemeinsam mit Bodyguards und einem Asylanten gestürmt. Schlingensief habe gesagt: "Ich will dem Asylanten nur zeigen, was er kaufen könnte, wenn er etwas kaufen könnte." Kunden und Personal hätten sich bedroht gefühlt. Eine der Verkäuferinnen zur "Krone": "Es war wie ein Terrorüberfall." Der Boutiquen-Besitzer will wegen Hausfriedensbruch klagen. Schlingensief: "Ich war nie da, solche Klamotten passen mir doch gar nicht." Die Staatspolizei kommt in den Container. Justizminister Böhmdorfer, früher eifriger Anwalt der FPÖ, ruft persönlich bei Journalisten an und verkündet, man werde wegen "Wiederbetätigung" gegen Schlingensief ermitteln. Dieser hatte als Zitat ein Transparent mit dem SS-Motto "Unsere Ehre heißt Treue" aufgehängt. Jene Worte, die zuvor der niederösterreichische FPÖ-Obmann Windholz seinen Kameraden zugerufen hatte. Klagt sich die FPÖ damit selbst an? Abgeschoben werden heute drei Leute. K.C.

n ++ Schlingensief zögert ++ 21:00 Gespräch über Fortführung der Aktion im Theater an der

FAZ *Container*

WIEN, 16. Juni

Gestern haben wir nach dem Buttersäureanschlag zwei Stunden auf die Polizei gewartet. Als sie endlich kam, behauptete sie, der Gestank käme von den Container-Toiletten. Ein Mann vom Lebensmittelamt hat schließlich Ammoniak darüber geschüttet, heute ist es besser.

Die Diskussionen vor dem Container haben wieder zugenommen. Eine alte Frau wurde zu Boden geworfen, dann gab es eine Schlägerei. Am Abend wurde unser Westernfort von Indianern mit Trillerpfeifen ausgehoben. Wir wollten gerade die zwei Flüchtlinge des Tages abschieben. Die Abschiebung verlief zuerst noch in normalen Bahnen. Doch gerade als wir die Biographien der beiden vorlasen, hörten wir Trillerpfeifen, und 2000 Menschen kamen um die Ecke – die übliche Donnerstagsdemonstration der Regierungsgegner. Sie rissen erst die Balustrade ein, dann stellten sie Leitern an die Container, kletterten aufs Dach und versuchten unter dem Jubel der Anwesenden das FPÖ-Schild kaputtzutreten – das ist aber ein kräftiges Schild. Schließlich haben sie den Container gestürmt – die Asylbewerber hatten Todesangst. Wir mussten sie richtig beruhigen.

Wien ++ Insassen erklären sich einverstanden, weiterzumachen ++ 21:15 Aufräumungsarbeite

report (V)

Ich habe dem Anführer der Indianer erklärt, dass das hier echte Asylbewerber sind, in schwebenden Asylverfahren. Der war darüber maßlos erstaunt. Die Indianer haben dann für die Sicherheit der Asylanten garantiert, ein Spalier gebildet, und wir haben die Flüchtlinge für diese Nacht in ein Hotel gebracht.

Das war ein Bild aus vergangenen Zeiten: Die Bevölkerung hat gezeigt, wie es gehen müsste, wenn sie etwas stört. Sie haben das FPÖ-Schild vernichtet. Es erinnerte mich an die Revolutionen in Frankreich, wo man die Kirchtürme beschoss, um die Zeit anzuhalten. Doch so hat das noch nie funktioniert: Heute lassen wir bereits ein neues FPÖ-Schild anfertigen.

Die Demonstranten fühlten sich wie Bankräuber, die plötzlich merken, sie stehen in einer Kirche. Nachher haben sie das Hotel Marriott gestürmt und versucht, irgendeinen Finanzminister festzunehmen. Zusammen mit Daniel Cohn-Bendit hat heute Peter Pilz von den österreichischen Grünen den Container besucht. Sloterdijk kann leider nicht kommen – ich hätte das schön gefunden, so einen Denker zum Schluss. Revolutionen sind im 21. Jahrhundert nicht mehr vorgesehen. Die Aktion ist nicht mehr zu stoppen.

CHRISTOPH SCHLINGENSIEF

iner beginnen ++ Gespräche zwischen Lilienthal, Schlingensief u. a. über den weiteren

DANIEL COHN-BENDIT

HAIDERS MUNDGERUCH

Leider war ich gestern Abend nicht hier. Es muss ja richtig was abgegangen sein. Ich habe es in den Tagesthemen, im Fernsehen gesehen. Also ich finde, Schlingensief hat nicht immer gute Ideen. Nicht immer. Ich habe manchmal Aufführungen von ihm gesehen – das war grässlich. Aber jetzt hat er wirklich eine geniale Idee gehabt. Wenn er was Geniales macht, das muss man ihm auch lassen und das muss man ihm auch sagen. Hier einfach Big Brother real mit Haider zu machen, das glaube ich, auf die Idee hätte man wirklich kommen sollen und müssen. Und da er diese Idee gehabt hat, fand ich's selbstverständlich, als er mich angerufen und gefragt hat, ob ich nicht vorbeikommen könnte, zu sagen, natürlich solidarisiere ich mich. Und ich finde es auch ganz wichtig, dass die Macher oder die Verantwortlichen –

Luc, ich weiß es nicht, wie man euch nennt –, die Verantwortlichen für die Wiener Festspiele fest, fest hinter dieser Aktion stehen. Ich meine, man träumt ja. Es ist ja wieder wie in den 50er Jahren. Kunst wird wieder zentral in der politischen Auseinandersetzung, mit einer künstlerischen Idee, die auch real angebunden ist. Und es sind reale Menschen, es sind reale Asylbewerber; das sind reale Illegale, die in Österreich leben und die eigentlich hier eine Aufenthaltsgenehmigung haben möchten. Und ich finde, dass wir vielleicht die zwei Dinge verbinden sollen: erst mal diese Auseinandersetzung, die es nun mal in Europa um Österreich gibt, ernsthaft zu führen. Und zweitens, dass vielleicht Österreich will, dass diese Sanktionen aufgehoben werden, das heisst, einfach den hier in den Containern lebenden Asylbewerbern oder den Ausländern, die keine Aufenthaltsgenehmigung haben, als Zeichen der Großzügigkeit oder der Toleranz eine Aufenthaltsgenehmigung zu geben. Das wäre doch ein Angebot, mit dem man vielleicht die ganze Anspannung

der letzten Wochen abbauen könnte. Das ist Punkt 1. Punkt 2 sind die Sanktionen Europas für Österreich. Wir müssen doch eins klar sagen: Es gibt keine Sanktionen! Die einzige Sanktion, die existiert, ist, dass Herr Schüssel weder im Elysée-Palast noch im Hotel Matignon Mittagessen darf. Er muss, wenn er nach Frankreich geht, ins Restaurant gehen. Mein Gott, was wahrscheinlich besser ist. Luc würde ihm sogar eine Adresse geben, wo man gut essen kann. Und er würde sogar bedient werden. Ja, wenn er da mit seiner Fliege ankommt, sieht er aus wie ein 08/15-Tourist, und dann würde er auch bedient werden. Ich finde also, dass wir ernsthaft diese Fata Morgana der Sanktionen einfach mal dekonstruieren müssen und sagen: Europa hat emotional reagiert, weil Europa sich nicht vorstellen konnte, dass 50 Jahre nach dem 2. Weltkrieg jemand wie Haider an einer europäischen, zivilisierten Regierung beteiligt sein könnte. Diese Reaktion Europas ist legitim und verständlich. Und wir wären empört, hätte Europa diese Reaktion nicht gehabt. Das ist Punkt 1. Punkt 2 ist es, dass die Österreicherinnen und Österreicher das Recht haben, die Regierung zu wählen, die sie wollen. Und wenn die Menschen bedeppert sind, dann wählen sie 'ne bedepperte Regierung. Das ist nun mal so in der Demokratie. Dagegen können wir nichts machen, denn wir wollen die Demokratie. Das heißt, genauso legitim ist, dass das österreichische Volk irgendwann sagt, jawohl, wir wollen diese Regierung. Das Problem war, dass vor der letzten Wahl einige, die an der Regierung beteiligt waren, gesagt haben, wir werden nie mit Haider koalieren, und plötzlich haben sie doch mit Haider koaliert. Das ist das Problem. Eine Regierung, die aufgrund einer Lüge zustande gekommen ist und nicht aufgrund eines offen geführten Wahlkampfes: Wir wollen mit Haider koalieren. Deswegen finde ich, dass wir jetzt in aller Ruhe die Auseinandersetzung führen sollten. Die Opposition in Österreich soll sich nicht ins Boxhorn jagen lassen. Das Problem sind nicht nicht-existierende Sanktionen, sondern das Problem ist die Politik dieser Regierung. Und die sollen nicht über nicht-existierende Sanktionen reden, sondern sie müssen über eine real existierende, vernichtende Politik für Österreich reden, nämlich die Politik dieser Regierung. Das ist die Aufgabe der Opposition, diese Politik anzugreifen und ihr nicht auf den Leim zu gehen und permanent über die Sanktionen zu diskutieren. Denn irgendwann – wie alles –

zminister Grasser ++ Grasser wird vor internationalen Kollegen ausgepfiffen ++ Rede von

langweilt es.
Und dann möchte ich noch eine Bemerkung machen. Niemand würde heute in Wien über Sanktionen diskutieren, wenn die Österreicher besser im Fußball wären und an der Europameisterschaft teilnehmen würden. Dann würde man darüber diskutieren. Aber wenn man gegen die Färöer-Inseln verliert! Stellt euch vor, wie Haider reagieren würde, wenn Österreich morgen gegen Slowenien im Fußball verlieren würde und die einzige Forderung aller Österreicherinnen und Österreicher wäre, mehr Slowenen in Österreich einzubürgern, damit der österreichische Fußball besser wird. Das wär' doch mal was!
Und ich glaube, das ist das, was wir auch letztendlich verteidigen müssen: Europa ist auch die Idee einer multikulturellen Gesellschaft. Eine multikulturelle Gesellschaft ist eine lebendige Gesellschaft, ist eine Gesellschaft, wo man vieles lernen kann von unterschiedlichen Menschen. Und es ist eine schwierige Gesellschaft. Das muss man sagen. Einwanderung ist immer schwierig. Aber ich möchte nur sagen: Ist eine Gesellschaft, wo es nur Österreicher, nur Franzosen, nur Deutsche gibt – jeweils in Sparten getrennt –, besser als eine multikulturelle Gesellschaft? Nein, sie ist genauso anstrengend, sie ist genauso langweilig oder genauso spannend. Deswegen müssen wir – und das ist, glaube ich, der Sinn dieser Aktion, so wie ich sie verstanden habe – die Idee einer multikulturellen Gesellschaft verteidigen, ohne blauäugig zu sein. Dies ist im Grunde genommen eine zentrale Idee Europas. Europa bedeutet, dass verschiedene Menschen, verschiedene Nationen miteinander leben wollen. Europa hat sich legitimerweise gestört an einem Österreich mit Haider, weil Haider einfach Mundgeruch hat. Und Europa mag keine Menschen, die Mundgeruch haben. Das ist doch selbstverständlich, wenn man die Reden von Haider kennt.
Zusammenfassend will ich einfach sagen: Schlingensief ist ein geborener Provokateur. Ich gebe zu, ich habe meinen Meister gefunden. Es gibt noch bessere Provokateure als mich. Das hätte ich nicht geglaubt. Aber man muss der Jugend auch mal eine Chance geben. Ich gebe dem Schlingensief eine Chance. Ich hoffe, dass wir irgendwann in Österreich ganz locker sagen können: Ach, wisst Ihr noch, als die FPÖ an der Regierung war, wisst Ihr noch, wann das war? Das war doch mal irgendwann, aber die sind doch gar nicht so lang geblieben. Denn alles geht vorbei, und auch Haider und die FPÖ werden vorbeigehen.
Vielen Dank!

Große Abschlusskun- gebung heute abe

iele Gäste verabschieden die letzten Asylanten

ben Tage, sieben Nächte. :hs Kameras. Zwölf ylanten. 24 Stunden. Das ist ; Lagerleben in 'Container y' vor der Staatsoper. Heute letzte Abschiebung.

Neue
Lager
Zeitung
ABHÄNGIG

Drei Asylanten sind noch übrig. Ramus, Sema und Ranil sind nervös: Wer wird der Gewinner des Hauptpreises sein und in Österreich bleiben dürfen? Die TED-Leitungen laufen heiß, der Server von **www.auslaenderraus.at** bricht immer noch ständig zusammen; Rekordzugriffzahlen, die die Kapazitäten überlasten.

Heute abend um 18.00 beginnt die große Abschlußkundgebung. Ein Prominenter nach dem anderen wird in den Container kommen und den Gewinner in Österreich willkommen heißen. Zur musikalischen Einstimmung haben sich die **"Einstürzenden Neubauten"** angekündigt, die Schirmherren der letzten Tage kommen noch einmal zum Herbert-von-Karajan-Platz. Jelinek, Sellars, Pilz und viele andere mehr warten darauf, zu erfahren, wer Österreich verlassen muß.

Die "Neue Lager Zeitung" konnte erfahren, daß morgen um 12.00 eine geheime Pressekonferenz im Innenhof der Container stattfinden würde. Als Gast mit dabei ist Peter Sloterdijk, die Zusammenkunft wird im WWW übertragen.

Koalition besiegt: Staatsanwalt verzweifelt

Lagerleitung hat es geschafft: Koalition ist am Ende. Eine ze Woche hat das Schild mit Aufschrift "Ausländer raus" der Wiener Staatsoper rangt. Nach der Zerstörung :h die Donnerstagsdemon-ion hat der Lagerleiter das ısparent erneuern lassen. Noch zugekommen: "Unsere Ehre it Treue", ein Spruch eines)-Funktionärs. Auch hier: ne Reaktion.

ses triumphale Ende bringt) und **ÖVP** in eine :kmühle, aus der es kein .ommen mehr gibt. FPÖ und ? sind politisch am Ende, und :n den Staatsanwalt eingeschalten. Dieser soll nun retten, was nicht mehr zu retten ist, den politischen Leichnam Österreich vertreten.

Die Aktion hat weltweite Unterstützung gefunden und wird an mehreren Spielorten in der ganzen Welt wieder aufgegriffen. Peter Sellars holt die Container nach Los Angeles, Peter Pilz und Cohn-Bendit werden das Lager in Kärnten aufbauen lassen: Wenn Haider nicht zum Container kommt, kommen die Container zu Haider. *All the world's a Lager.*

Auch die Lesben und Schwulen haben ihre Unterstützung bei der heutigen Regebogenparade zugesichert.

Tagestemperatur im Container: 40°C

Gestern abgeschoben: Noram Nkaré, Teresa Bogulni, Eugen Major, Zhe Qiang

Tagesprogramm

09.00 Frühstück
11.00 Frühsport
13.00 Mittagessen
14.00 Deutschstunde
18.00 **Große Schlußveranstaltung**

Gäste:

Einstürzende Neubauten, E. Jelinek, H. Langenthaler, O. Ofoedu, P. Pilz, G. Roth, B. Schmidt, P. Sellars, E. Woller

ng 'Die Presse' berichtet vom Ende der Aktion ++ Aktion geht aber weiter ++ 08:00 Einzug der

CONTAINERTAGEBUCH

Samstag 17.6. Viele sind gekommen. 18 Uhr: Die Regierung hat nicht geschafft, das Transparent abzunehmen. Die "Einstürzenden Neubauten" hämmern am Dach des Containers auf das Metallgerüst ein. Luc Bondy kommt mit der "Krone", die titelt "Container Show kostet Millionen. 245.000 Schilling Wochengage für Schlingensief" aufs Dach und sagt: "Wieviel haben die Wahlplakate der FPÖ gekostet? Diese Aktion kostet nicht mal ein Viertel des kolportieren Betrages." Und: "Schlingensief wird immer mein Gast bleiben, solange ich es schaffe, die Festwochen auf meinem Rücken zu tragen."

Containerreport (VI)

Samstagabend sah Wien einen guten letzten Abschiebevorgang. Mit der Frau aus Kurdistan und dem Kosovo-Albaner wurde auch das Christoph-Schlingensief-Double abgeschoben. Gewonnen hat der 25-Jährige aus Sri Lanka. Im Brecht-Stil sagte er: „Ich heiraten."

Vor den Containern war es abends richtig voll, die Einstürzenden Neubauten waren gekommen, zwei Politiker wollten Solidaritätsreden halten, aber weil das wie eine Wahlveranstaltung klang, haben wir das abgebrochen. Peter Sellars will das ganze Ding nach Los Angeles holen. Das Transparent mit der Aufschrift „Ausländer raus" wurde tagsüber renoviert, es war ja am Vortag von den Demonstranten beschädigt worden. Leider war zuerst das alte „s" von „raus" noch zu sehen, was ein bisschen wie „SS" aussah. Das haben wir dann schnell überpinselt. Gegen mich läuft inzwischen ein Verfahren wegen Volksverhetzung, dabei habe ich nur Sätze benutzt, die die FPÖ auch ungestraft benutzt. Mein Anwalt und ich haben uns mit den Staatspolizisten im Gastgarten des Hotel Sacher getroffen. Sie fragten mich, warum da „Ausländer raus" dransteht. Ich sagte, weil das ein Theaterstück ist. „Gibt's da auch einen Text dazu?", wollten sie wissen. Ich habe noch versprechen müssen, nicht die Staatsoper zu stürmen. Seither rufen mich die Freunde von der Staatspolizei regelmäßig am und ich muss ihnen sagen, wo ich gerade bin.

Die Schlagzeile der „Kronen Zeitung" lautet heute: „Container-Show kostet Millionen" . Auf jeder dritten Seite gibt es Artikel dazu – die Zeitung liest sich wie das Programmheft zu dieser Aktion. Angeblich haben Luc Bondy und ich die Österreicher verarscht. Peter Pilz und Cohn-Bendit wollen, dass einer der Container nach Klagenfurt gebracht wird, denn wenn der Haider nicht zum Container kommt, dann kommt eben der Container zum Haider. Wir alle sind eine Containerbewegung.

CHRISTOPH SCHLINGENSIEF

Schlingensief sagt: "Es handelt sich im Container um Menschen mit schwebenden Asylverfahren." Es wird still, die letzten Abschiebungen gehen ohne Applaus ab. "Es hat unrealistisch begonnen und ist sehr real geworden", sagt der echte Schlingensief. Sein Double verlässt mit den Asylanten den Ort. Schlingensief: "Tschüs Christoph. Endlich ist er weg." Ranil Shunta aus Sri Lanka erhält das Preisgeld von 35.000 Schilling, das er mit den anderen teilen möchte. Mit Heiratswilligen wird der Kontakt noch aufgenommen. Politiker der Grünen wollen sich dafür einsetzen, dass der Container zu Jörg Haider nach Kärnten wandert. K. C.

DER GEWINNER!

5000 DM in kleinen Scheinen
und 8 Frauen in heiratsfähigem Alter!

Herzlichen Glückwunsch!

dass man Österreich nicht als Buhmann für Europa verwenden könne ++ Neu: Ein Transparent

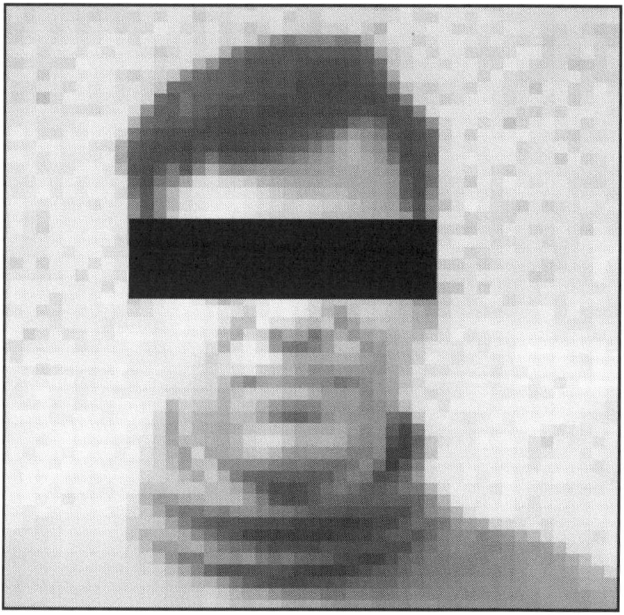

RANIL SHUNTA
0820 - 613 - 108

BIOGRAFIE I
Ranil Shunta, 29, kommt aus der Stadt Jaffna im Norden von Sri Lanka. Dort studierte er auch Informatik mit Schwerpunkt Nachrichtentechnik. Die neuen Medien hätten ihn schon immer sehr interessiert, sagt der gutaussehende Sunnyboy. Schon als kleiner Junge waren Gameboys und Computerspiele seine große Leidenschaft. In seiner Freizeit geht Ranil gerne aus. Eine feste Freundin hatte Ranil noch nie. "Die Richtige war einfach noch nicht dabei." Außerdem wird ihm das Leben schnell zu langweilig, wenn er zu lange mit derselben Frau zusammen ist.

mit dem SS-Spruch "Unsere Ehre heißt Treue" wird am Container aufgehängt ++ Der SS-Leits

Seinen ersten Fluchtversuch unternahm der Ranil, der zur Volksgruppe der Tamilen gehört, im Juli 1997. Er war damals auf offener Straße in einen Militärjeep gezerrt und während eines Verhörs beschuldigt worden, ein Sympathisant der Little Tamil Tigers of Eelam (LTTE) zu sein, obwohl er sich im Bekannten- und Freundeskreis von Gewalttaten der bewaffneten Oppositionsgruppe stets klar distanziert hatte. Ohne Anklageerhebung wurde er wieder freigelassen. Zu diesem Zeitpunkt hatte es erneut Angriffe der tamilischen Separatisten auf die von der srilankischen Regierung zurückeroberte Stadt Jaffna gegeben. Ranils erster Fluchtversuch endete in einem Warschauer Schubgefängnis, von wo aus er nach einigen Tagen Haft in einem Charter-Flugzeug nach Colombo geflogen wurde. Dort arbeitete er dann nachts in einem Telekommunikationszentrum. Ranils zweite Flucht im Februar 2000, zwei Monate nach der mutmaßlichen Ermordung seines tamilischen Freundes Chitravel Gajamukan durch die Regierungstruppen, endete zunächst erfolgreich. Durch die Hilfe eines Onkels kam er bei Verwandten in Weißrussland unter, wo er sich vor dem Zugriff der Polizei und der befürchteten Abschiebung versteckt hielt. Fluchthelfer ermöglichten ihm schließlich, für mehrere Tausend Dollar über Ungarn nach Österreich zu gelangen, wo er einen Antrag auf Asyl stellte.

Über das Leben im Container hat sich Ranil noch nicht viele Gedanken gemacht. Er ist für alles offen; und Sex vor laufenden Kameras wäre für ihn auch kein Problem.

BIOGRAFIE II

Ich bin aus Pakistan und habe das Land aus wirtschaftlichen Gründen verlassen. Meine Familie ist sehr arm, und ich habe vier Brüder und drei Schwestern. Ich wollte in Europa Nachrichtentechnik oder Telematik studieren, dann hätte ich hier arbeiten können und Geld nach Hause schicken. In Österreich bekomme ich aber keine Zulassung zum Studium und kann mich nicht inskribieren. Ich darf aber auch nicht arbeiten, und mein Asylverfahren läuft noch. Einmal wurde mein Antrag schon abgelehnt, und jetzt bin ich in Berufung gegangen. Dazu muss ich auch noch einen Anwalt bezahlen, dem ich immer nur Raten von 500 Schilling geben kann – mehr verdiene ich beim Schwarzarbeiten nicht. Mir wurde gesagt, dass es noch ein paar Jahre dauern kann, bis ich weiß, ob ich in Österreich bleiben kann oder nicht.

e von FP-Politiker Ernest Windholz in einer Rede vor auszuzeichnenden Parteimitgliedern der

HELMUT SCHÖDEL. SÜDDEUTSCHE ZEITUNG

WENN ES DER WIDERSTANDSFINDUNG DIENT

Christoph Schlingensiefs Container-Aktion in Wien ging zu Ende – und soll nur ein Anfang sein.

Es ist der letzte Tag der Christoph-Schlingensief-Aktion. Wieder bofelt weißer Rauch wie nach einer Brandstiftung aus der Container-City neben der Wiener Staatsoper, ein Teil der Inszenierung. Die Containerstadt sieht dann aus, wie eine verschrottete Dampflock, die ein letztes Mal ihren Qualm ablässt. Es ist jetzt tatsächlich das letzte Mal.
Die Abschlussveranstaltung hat begonnen. Bald wird Schlingensief auf dem Dach stehen und rufen: "Wir sind die Containerbewegung!" Das von Demonstranten demolierte Schild "Ausländer raus" wird in das Museum of Modern Art in New York gebracht werden und nebst einer Fotodokumentation zu sehen sein, weshalb Christoph Schlingensief auch noch rufen wird: "Dieses Ding ist von jetzt an wie alles, was dem Widerstand dient, Kunst." Es sieht nach einem glücklichen Ende aus.
Auf dem Containerdach stand eine junge Frau mit einer Message, für die sie bei Schlingensief ein Forum sah. Man könne nicht über Fremdenfeindlichkeit und Rassismus reden, ohne über Sexismus zu sprechen. Schlingensief erkannte sofort einen Übergriff des letzten Demonstrationsjahrhunderts auf seine Aktion und schickte einen Asylanten mit einem Megaphon los: "Schöne Frau, Hilfe! Hilfe! Bitte heiraten!" Der Widersprüchlichkeit gehöre die Zukunft des Protests. Widerstand sei zwecklos, sagt Schlingensief.

"Ich schäme mich"

Vor der Container-City war ein Mann mit Kindern erschienen und hielt eine Tafel hoch. "Ich bin Österreicher und schäme mich für diese Aktion." Das müsse man sich vorstellen, schwärmte Schlingensief: Irgendein Familienvater malt so eine Tafel, die Kinder helfen mit, und die Frau bringt Brote in den Hobbykeller. Dieser Mann sei für ihn der letzte Österreicher oder der erste einer neuen Bewegung. Zum ersten Mal schien er jemanden zu treffen, der ein eigenes Anliegen äußerte; der Protest seines Gegners – so persönlich wie sein eigener.
Das Finale wurde von den "Einstürzenden Neubauten" eröffnet. Blixa

Bargeld, ganz in Schwarz, sieht auf dem Containerdach aus wie ein Bandleader in den Katakomben eines Musikschuppens, seine dunklen Haare fallen in Richtung Sonnenbrille, und seine Mannen bearbeiten jede Menge Metall, das Dachgeländer inklusive. Weil das Mikro ausfällt, singt Bargeld in ein Megaphon, man versteht rein gar nichts, aber das total.

Der Regisseur Peter Sellars hüpft wie ein Springteufel über das Dach: "All over the world is time for the Container-Tour." Er will das Projekt in Los Angeles, New York und Chicago sehen. Festivalchef Luc Bondy, der die letzte Woche beispielhaft gemeistert hat, erklärt, er werde während seiner gesamten Wiener Amtszeit Schlingensief alljährlich zu einer Arbeit für die Wiener Festwochen einladen, und beschließt, die *Kronen Zeitung* zu verklagen, die gerade wieder mit einer haltlosen Schlagzeile erscheint: "Container-Show kostet Millionen. 245.000 Schilling Wochengage für Schlingensief." Die führende Schlammkanone der Wiener Presse erklärt im Kommentarteil, die Container-Aktion habe "die seltsamsten Gesellen" nach Wien gezogen "wie Motten ans Licht": das "PDS-Tratschweib Gregor Gysi" und den "Pariser Pflastersteinspezialisten Daniel Cohn-Bendit", die beide bei Schlingensief auftraten. Im neuen politischen Klima scheint sich die *Kronen Zeitung* nichts mehr verbieten zu müssen. "It's me or the highway!" Wer uns nicht passt – auf die Autobahn!

Inzwischen wurde der Sieger der Aktion präsentiert, ein Mann aus Sri Lanka ("Ich will heiraten!"), der nicht hinausgewählt wurde und übrig blieb. 35.000 Schilling sollte er bekommen. Schlingensief überreichte sie in einem kleinen Päckchen, befestigt an zwanzig schwarzen und blauen Luftballons, die Farben der neuen Regierung. Dann flogen die Ballons samt Päckchen in den Wiener Abendhimmel davon. "Das Kapital sind wir", rief Christoph Schlingensief. Das sei noch eine Idee von früher. Später bekam dann der Sieger sein Geld doch noch. Außerdem hatten sich auf die Aktion "Heiraten Sie einen Ausländer" sieben Männer und fünf Frauen gemeldet.

Was war nach sieben Tagen und sieben Nächten Lagerleben übrig? Zunächst einmal Prozesse: Die *Kronen Zeitung* verklagt die Veranstalter. Luc Bondy und Christoph Schlingensief klagen gegen die *Kronen Zeitung*. Natürlich klagt auch die FPÖ. Für die Wiener Advokaten hat sich die Aktion gelohnt.

Für Schlingensief und die "Wiener Festwochen" war sie ein sensationeller Erfolg. Die Aktion "Bitte liebt Österreich" hatte eine Stadt bis zur Kenntlichkeit entstellt und in eigene Widersprüchlichkeiten verwickelt.

ainer ++ 15:15 Cohn-Bendit schlägt vor, der Innenminister solle den Insassen

Sozusagen eine Schule der Erfahrung statt einer Schlacht der Parolen, ein polemisches Gesellschaftsspiel. Aber in kaum einer anderen Stadt hätte man so aufgebracht und persönlich reagiert wie hier, so ganz und gar nicht abgebrüht oder desinteressiert. Das Bild von der Container-City mit dem Schild "Ausländer raus" ging um die Welt, zum Schaden der neuen Regierung und zum Gewinn für Christoph Schlingensiefs Anliegen und seine Aktion, für die Wien nur ein Anfang war.

"Wir sind durchgeimpft"

Als die Aktionisten die Container-City vor der Wiener Staatsoper schon verlassen hatten, wurde sie von einer Gruppe Linksradikaler mit der Parole "Smash Austria! Kopfschuss statt Schulterschluss! Kein Frieden mit Österreich!" besetzt. Bei der Räumung des Gebäudes soll ein Polizist verletzt worden sein. Aber Schlingensiefs "Bitte liebt Österreich" war zu erfolgreich, ein Haufen übelmeinender Trittbrettfahrer, die weniger verstanden hatten als die

Aufenthaltsgenehmigungen erteilen ++ Warten auf Haider ++ 15:34 Haider stattet dem Cont

Kronen Zeitung, konnte sie nicht mehr in Misskredit bringen.
12 Uhr mittags, am Tag danach: Peter Sloterdijk ist zu einer Nachbesprechung des Projekts nach Wien gekommen. Man trifft sich in einem Lokal in der Innenstadt. Die Kamera läuft, die Mikrofone sind aufgebaut, der Tomatensaft für den grippekranken Philosophen steht bereit. Ein schönes Bild: Sloterdijk liest die *Kronen Zeitung* und interpretiert sie. Er sagt, es seien eine Menge starker Affekte in die scheinapathischen Zusammenhänge gebracht worden. Er selber empfinde Schlingensiefs Aktion, diese "Umarmung der Widersprüche", als gelungene Therapie für unsere "feindlosen Gesellschaften". Allerdings träfen heutzutage die Überraschungen einer Avantgarde nicht mehr auf ein unvorbereitetes Publikum. "Wir sind durchgeimpft", sagt Sloterdijk.
Für Wien trifft das noch nicht zu. Hier ticken die Uhren anders. Eine ältere Dame am Nebentisch fragt: "Finden Sie nicht, dass sich viel verändert hat in Wien?" Sie meint die wöchentlichen Demonstrationen und sagt: "Der Kaiser wird abgeschoben."

n Besuch ab ++ "Ausländer raus"-Schild soll repariert werden ++ 16:30 Staatsanwaltschaft

BÜRGERKRIEG IM ORGANISMUS

PETER SLOTERDIJK IM GESPRÄCH MIT CHRISTOPH SCHLINGENSIEF

Seit der Aufregung um das 6-Tage-Spiel von Hermann Nitsch in Prinzendorf vor zwei Jahren hat keine künstlerische Aktion die österreichische Öffentlichkeit so nachhaltig erregt wie Christoph Schlingensiefs Container-Projekt "Bitte liebt Österreich" im Rahmen der Wiener Festwochen. In Anlehnung an die RTL2-Show "Big Brother" ließ Schlingensief vor der Staatsoper einen Container platzieren, in dem eine Woche lang zwölf Asylanten untergebracht und nach und nach per Telefonabstimmung zur "Abschiebung" freigegeben wurden. Durch das Plakat "Ausländer raus" und die Verwendung des Logos der "Kronen Zeitung" brachte Schlingensief die FPÖ und die mächtigste Tageszeitung des Landes gegen sich auf. Es wurden mehrere Strafverfahren gegen Schlingensief eingeleitet. Auch Wiens Kulturstadtrat Peter Marboe (ÖVP) geriet ins Kreuzfeuer parteipolitischer Kritik, wenn auch zu Unrecht: Marboe, der sich als Privatmann von der Schlingensief-Aktion distanzierte, hat keinen Einfluss auf die künstlerischen Inhalte der Festwochen. Am Tag nach dem Abschluss des "Bitte liebt Österreich"-Projekts zogen Christoph Schlingensief und der deutsche Philosoph Peter Sloterdijk im Wiener Café Amacord Bilanz. Das Gespräch wurde von profil-Redakteur Sven Gächter moderiert.

Gächter Herr Schlingensief, gemessen am medialen Fallout in Österreich war Ihre Container-Aktion ein spektakulärer Erfolg.
Schlingensief Die Frage nach dem Erfolg durfte es bei diesem Projekt von vornherein nicht geben. Es ging auch nicht darum, wie viel die Presse darüber schreiben würde. Es ging darum, mit einer Spiegeltechnik zu arbeiten, in deren Zentrum Widerstand und Glaubwürdigkeit standen. Ab wann glaube ich, dass es sich hier um Theater handelt? Was glaube ich den Medien? Kann ich der Oberfläche trauen? Um diese ganze Bedenkensstruktur ging es und um die Frage nach dem eigenen Bild. Dafür war es wichtig, den Container im Herzen Wiens aufzustellen. Vor einer Oberfläche der Schönheit, der Kärntner Straße und der Oper nämlich, vor den Überresten der Vergangenheit also wird das andere Bild serviert, das Entsetzen bei den Touristen und damit eine Beschädigung bewirken kann. Es geht um die Frage, welches Bild man bauen muss, um zu erkennen, dass Österreich verloren ist.

ermittelt gegen den Regisseur wegen Verdacht auf Verstoß gegen das Verbotsgesetz. Grund

Gächter Konvergiert das Bild, das Sie selbst sich von der Aktion gemacht haben, mit jenem Bild, das in den Medien konstruiert worden ist?

Schlingensief Ich habe nicht so viel gelesen, weil ich auch nicht auf Medienkritik reagieren wollte, um am nächsten Tag alles "besser" zu machen. Doch die Artikel der "Kronen Zeitung" müsste ich eigentlich einrahmen. Die sind das eigentliche, nachträgliche Programmheft zu dieser Aktion.

Sloterdijk Es gibt Ereignisse, bei denen man erst nachträglich sagen kann, was sie in Wirklichkeit waren. Wir nennen diese Ereignisse "historisch". Hier handelt es sich zwar nicht um Geschichte, sondern um eine Art von Ereignismanagement, also um den Versuch, die Aufklärung gleich in das Ereignis einzubauen. Dabei ist deutlich geworden, dass Gesellschaften über sehr starke Affekte zusammenhängen. Gesellschaften sind nicht nur Verbände der Apathie. Deshalb werden von den Medien oft Affekte angezapft, die zu den dunklen gehören, die in unserer Gesellschaft wirksam sind. Der Container vor der Oper war eine unmittelbare Antwort auf die "Big Brother"-Show von RTL2. Schlingensief fragt nach dem Status einer Gesellschaft, in der Menschen im Kontext eines Eliminationsspiels als Unterhaltung angeboten werden. Und er schlägt vor, das auf der Ebene einer Reality-Show mit einem politischen Stoff zu wiederholen.

Gächter Es gibt also offensichtlich zwei Dimensionen: eine medial-virtuelle und die Dimension der "Realität".

Schlingensief Und die Dimension der Realität wird komischerweise zu keinem Zeitpunkt infrage gestellt. Realität stellt man nicht infrage, weil man sie gar nicht greifen könnte. Es ist eine Hyper-Realität. Der schönste Moment für mich war, als die Demonstranten den Container stürmten. Hier wurde das Bild einer Revolution gezimmert. Die Asylanten bekamen Angst, und die Demonstranten erlitten einen vermeintlichen Schock, und dieser vermeintliche Schock hieß Realität. Die merkten, dass da was echt war. Genau das bringt uns in die Bredouille: Ich muss mir selber den Kopf einschlagen, um zu begreifen, dass es wehtut. Die Transparenz von "Big Brother" suggerierte Authentizität, doch diese Leute waren gar nicht authentisch. Die Wahrheit findet im Verborgenen statt.

Sloterdijk Ich bin mir nicht sicher, ob hier tatsächlich eine Schockwirkung stattgefunden hat. Man muss eher von Erregungen und Infektionen sprechen, denn das Zeitalter des Schocks ist vorüber. Die Epoche, in der eine

ere Ehre heißt Treue"-Transparent ++ Justizminister Böhmdorfer, ehemals Haiders

Avantgarde mit Überraschungen oder mit Direktangriffen auf ein unvorbereitetes Nervensystem arbeiten konnte, ist vorbei. Immunologisch gesehen, befindet sich unsere Gesellschaft in einem Zustand, den es so noch nicht gegeben hat: Wir sind durchgeimpft. Das Interessante an der Arbeit von Christoph Schlingensief war, dass er die Realität als etwas benutzte, wogegen es letzten Endes doch keine Impfung gibt. Das macht auch den Unterschied zwischen "Big Brother" und einer solchen Aktion aus.

Gächter Weil bei so einer Aktion das kollektive Immunsystem doch noch rebelliert?

Sloterdijk Ja, und zwar weil hier eine echte Verschmutzung passiert. Es ist echte Realität, echter, kollektiver Schmutz, mit dem hier im Container gearbeitet wird. Und die "Kronen Zeitung" baute an dieser kollektiven Schmutzplastik mit ihren Mitteln weiter.

Gächter Der Prügelknabe für den Boulevard war dann aber interessanterweise bald nicht mehr Christoph Schlingensief, sondern der Wiener Kulturstadtrat Peter Marboe. Was steckt hinter einer solchen Verschiebung? Musste eine österreichische Figur ins Zentrum der Erregung gerückt werden?

Schlingensief Durch die vielen Spiegelflächen trugen plötzlich alle Beteiligten Verantwortung. Herr Marboe hatte Verantwortung zu tragen, Festivaldirektor Luc Bondy hatte Verantwortung zu tragen, und ich selbst werde sie noch zu tragen haben, weil ich als zukünftiger FPÖ-Vorsitzender das Gerichtsverfahren gegen mich selber eröffne.

Gächter Sind Sie dann auch gleich Ihr eigener Verteidiger?

Schlingensief Zwangsläufig, weil die innere Zerrissenheit ein Hauptbestandteil dieser Sache ist. Peter Marboe ist auch so eine Figur. Er beauftragt Luc Bondy damit, Kunst aus aller Welt in Wien zu zeigen. Dann haben wir die Kunst hier, und Marboe begrüßt einen dann aus Gründen einer politischen Verwirrung als latenten Täter. Doch dann geht das ganze Ding los, und er kriegt vor seiner eigenen Tatbereitschaft Angst und zieht sich zurück. Täter und Opfer sind plötzlich eins. Das Bild flimmert und beginnt, Indifferenzen zu erzeugen. Somit ist das passiert, was im glücklichsten Fall passieren kann: Es gibt keinen, der die Wahrheit weiß, keinen, der den Widerstand anführen wird, keinen, der sich selbst kasteien wird. Außer diesem einen Österreicher vielleicht mit dem Schild: "Ich bin Familienvater aus Österreich, und ich

Medienrechtler, ruft persönlich bei Pressevertretern an und teilt mit, dass ein Verfahren g

schäme mich für diese Aktion – Sie hoffentlich auch, Herr Bundespräsident."

Einwurf von Luc Bondy aus dem Publikum Man muss auch bedenken, dass die aufgetretenen Verhaltensmuster auf parteipolitische Vorgänge zurückzuführen sind. In einem Jahr finden in Wien Gemeinderatswahlen statt.

Gächter Herr Sloterdijk, während der Schlingensief-Aktion stand die polemische Dimension des Projekts im Vordergrund. Gab es auch eine aufklärerische Dimension?

Sloterdijk Ich glaube, dass die aufklärerische und die polemische Dimension identisch sind. Hier wird Affront als mediales Material bearbeitet. Das ergibt einen polemischen Effekt, und in diesen polemischen Effekt kann man eine aufklärerische Interpretation hineinlegen oder auch nicht. Niemand ist gezwungen, sich durch Schlingensief aufklären zu lassen. Mir scheint bei diesem Projekt wichtig, dass in theatralischer Form mit sehr dunklen sozialen Affekten ein Gesellschaftsspiel gespielt wird – jenes Gesellschaftsspiel, das ohnehin immer gespielt wird. Gesellschaften sind große Plastiken, die aus affektivem Material geformt werden. Ein wichtiger Faktor dabei ist, dass die Gesellschaften ununterbrochen Eliminationsspiele spielen, Spiele der Zugehörigkeit und der Nichtzugehörigkeit.

Schlingensief Das Spiel ist so in den Vordergrund gerückt, dass letztlich alles aufs Pokern hinausläuft. Es fehlt der richtige Schmerz. Dann setzt die Sehnsucht nach dem Peinlichen ein und auch die Sehnsucht nach der Romantik des Pathos. Der obszönste Moment für mich war jener, als wir unser Transparent vor der Menschenmenge entrollten.

Gächter Was war so obszön daran?

Schlingensief Die Masse jubelte, als der "Ausländer raus"-Slogan erschien.

Gächter Sind Sie da selbst kurz erschrocken?

Schlingensief Von Erschrecken kann keine Rede sein. Nur in den Gesichtern einiger Touristen war Erschrecken zu sehen. Der zweite wichtige Moment war jener der völligen Auflösung, als die Demonstranten den Container stürmten. Da dachte ich: Was ist das jetzt für ein Film? Das ist doch zu früh, da hat jemand die falsche Spule eingelegt, jetzt zerstören sie alles! Und dann waren die auch noch alle so lieb, das war eine der liebsten Revolutionen, die man sich vorstellen kann. Dabei sind Revolutionen im neuen Jahrtausend gar nicht vorgesehen. Diese Widerstandsgruppen glauben immer noch, man muss nur eine FPÖ-Flagge runterreißen, und dann ist die FPÖ auch weg. Jedenfalls erschien mir alles völlig abstrus implodiert. Es war ein Moment des vollkommenen Glücks, denn es war plötzlich gar nichts mehr da. Alles war wie ein Ja zu diesen zehn Minuten, die mir fehlen, um diese Welt zu begreifen, die andere aber besitzen, weil sie wissen, was richtig und was falsch ist.

Gächter Was haben Sie diese Woche gelernt, über sich selbst, aber auch über Österreich?

Schlingensief Das hört sich jetzt pathetisch an, aber ich habe eine extreme Nähe zum österreichischen Volk in mir entdeckt. So wie in mir gibt es auch hier diese Schizophrenie: dieses Selber-nicht-Wissen, was jetzt passieren soll. Darin liegt eine tiefe Angst, die mich seit meinen ersten Filmen verfolgt: obszöne melancholische Einsamkeitsparaphrasen, private Kriegseklärung, mit der Hoffnung, dass nach der Ermordung sämtlicher Verwandter und Freunde alle wieder aufstehen und es weitergeht.

Gächter Wie im Theater.

Schlingensief Komischerweise mittlerweile auch wie im Leben. Ich kenne viele Politiker, die eigentlich tot sind und dann wieder dastehen, als wär nichts gewesen, und behaupten, sie hätten gar nicht gewusst, dass Tausende gestorben sind. Dieses Phänomen ist permanent anwesend.

Gächter Christoph Schlingensief ist als Zyniker beschimpft worden. Glauben Sie, Herr Sloterdijk, das sei nur ein Abwehrreflex seiner Gegner?

Sloterdijk Zunächst ist es das sicher. Zynismus als Vorwurf bedeutet, dass ein Mensch auf einer höheren Ebene moralischer Unberührbarkeit operiert als ein anderer. Da wird ein Gefälle zwischen Betroffenheiten festgestellt. Der bessere Mensch lässt sich zum schlechten herab und beschreibt ihn als Zyniker. Schlingensief hat eine Art nächster Immunitätsstufe erklommen: Er versucht nicht mehr, in eine Kommunikation mit jenen Menschen zu treten, die ihm Recht geben. Er nimmt die Beziehung zu denen, die ihn ablehnen, genauso ernst wie das Schulterklopfen und die positive Rezension. Das ist

auf Verhetzung ++ Bondy schaltet Rechtsanwalt Daniel Charim ein ++ Verhör offiziell

der nächste Schritt. Ich höre da eine Art Mystik, eine Umarmung der Widersprüche heraus.

Gächter Sucht Schlingensief systematisch die Kommunikation mit denen, die ihm Unrecht geben?

Sloterdijk Nur die Ablehnung ist interessant, denn damit wird ein Gespräch auf einer höheren Ebene gesucht. Nur so kann es gelingen, sozusagen als Theatervirus die geistige Abwehr der anderen Seite erfolgreich zu infiltrieren und ihr damit Gelegenheit zu geben, ernsthaft zu arbeiten. Die Immunsysteme sind heute unterbeschäftigt. Zahllose Krankheiten entstehen längst nicht mehr durch Infektion, die typischen Krankheiten der Gegenwart sind Autoimmunkrankheiten: Unterbeschäftigte Immunsysteme zetteln Bürgerkriege im Organismus an. Die gute alte Freund-Feind-Unterscheidung, die den Organismus funktionieren ließ, ist ausgehebelt. Die Europäer im Allgemeinen, die Österreicher und die Deutschen im Besonderen haben keine kriegerischen Feindschaften mehr, sie haben Autoimmunprobleme. 1945 bildete in diesem Sinn eine echte Zäsur, weil damals die Option des heißen Krieges für immer endete. Seither ist es sehr viel schwieriger festzustellen, was sozialer Zusammenhang, was Aufklärung, was Lernen, was eine gute Gesellschaft ist. Die Definition durch den äußeren Gegner ist entfallen. Wenn jetzt jemand kommt und sagt, er habe im äußersten emotionalen Chaos einen Augenblick von Glück erlebt, klingt das für mich, als hätte er die Strategien eines Zen-Meisters auf die österreichischen Verhältnisse adaptiert.

Gächter Letztes Jahr waren Sie in einer ähnlichen Situation wie Christoph Schlingensief jetzt gerade. Ihr Vortrag "Regeln für den Menschenpark" löste einen wüsten Aufschrei in philosophischen Kreisen aus. Spielten damals ähnliche Freund-Feind-Mechanismen eine Rolle?

Sloterdijk Die Konflikte sind doch sehr verschieden, weil ich nicht als Provokateur oder Medienkünstler aufgetreten bin. Ich habe einen Vortrag gehalten, der für die Ohren einer In-Group von Gelehrten und einen Teil des Bildungsbürgertums bestimmt war und erst über einen Paparazzo-Mechanismus in die Skandalzone gerückt wurde. Dennoch gilt es zu beach-

tspolizei dementiert ++ 18:00 Abschlussreden Cohn-Bendit und Pilz ++ 20:00

ten: Jeder, der zur Gesellschaft spricht, macht Erregungsvorschläge und wartet darauf, dass die Gesellschaft diese Vorschläge annimmt. Unter diesem Gesichtspunkt ist Schlingensiefs Container-Aktion auf einer höheren Provokationsebene anzusiedeln. Sie hat von Beginn an mit diesen Mechanismen operiert. Es ist kein Zufall, dass es bei Schlingensiefs Aktion um die Nachahmung eines Eliminationsspiels geht. Bezeichnenderweise bekommen wir diese Thematik von drei Seiten gleichzeitig vorgesetzt. Der augenblickliche Kultfilm heißt "Gladiator" und spielt in Freiluft-Containern, in denen Unterhaltungsmassaker zelebriert werden. Zeitgleich wurde in Deutschland die "Big Brother"-Hysterie abgewickelt – ein pures Eliminationsspiel. In Holland und Belgien läuft die Fußball-Europameisterschaft – ebenfalls ein Eliminationsspiel. Schlingensief hat nun erstmals einen nicht siegerorientierten Zugang zu solchen Spielen versucht. Darin liegt der aufklärerische Mechanismus seines Container-Projekts. Sobald man die Siegerorientierung weglässt und den Eliminationsmechanismus als solchen beleuchtet, kann man beobachten, wie die Gesellschaft sich selbst an der Produktion von Verlierern beteiligt. Um einen Sieger zu produzieren, muss man unverhältnismäßig viele Verlierer produzieren. An Schlingensiefs Aussagen gefällt mir der mystische Hinweis auf einen Moment jenseits von Sieg und Niederlage. Das ist ein Wahrheitsaugenblick, der noch ein gewisses Pathos in sich trägt. Wenn es gelingt, eine moralische Zone jenseits aller Immunsysteme und aller bösartigen Eliminationsspiele, jenseits von Sieg und Niederlage also zu erreichen, das Glück im Chaos, die Bedeutungslosigkeit des Erfolges – dann ist das der Augenblick, in dem Freiheit anfängt.

Gächter Was treibt Sie als Künstler an, Herr Schlingensief? Ist es die Hoffnung, immer wieder solche Momente des bedeutungslosen Glücks zu erleben?

Schlingensief Das weiß ich nicht. Diese Frage kann ich nicht beantworten, weil ich sie nicht beantworten will. Sie würde jede Spannung auflösen und mich innerlich abtöten.

Gächter Herr Sloterdijk, hätte Schlingensiefs Aktion in Deutschland eine ähnliche Resonanz auslösen können wie in Österreich?

Sloterdijk Sie hätte in Deutschland eine noch viel größere Resonanz gehabt. Denn dort wären die Bedingungen für eine Multiplikation wesentlich günstiger gewesen. In Deutschland ist die Thematik der Asylantenabschiebung mit einem höheren Realitätsbonus ausgestattet. In Österreich herrscht die Meinung, dass das Land ohnedies an der Spitze der Freundlichkeit gegenü-

ber Fremden liege. Aus diesem Grund neigt man in Österreich dazu, die Thematik zu irrealisieren. Bei uns in Deutschland würde man sie hyperrealisieren. Zusätzlich hätte man eine nationale Debatte über die offenkundige Krise oder das Ende des Avantgardismus geführt. Und man würde sicher viel härter reagieren auf den Anspruch einzelner Künstler, einen Weg zu finden, den Avantgardismus fortzuführen. Diese Diskussion würde mich interessieren. Es war die avantgardistische Grundoperation, immer mehr Realitäten in den erweiterten Kunstbegriff zu integrieren. Eine Diskussion über die Freiheit der Kunst würde voraussetzen, dass man an diese Erweiterung nicht mehr glaubt. Damit wäre die Geschichte der Avantgarde aber beendet. Dann findet Kunstkritik wieder im Gerichtssaal statt.

Schlingensief Die Avantgarde kann auch ein Ghetto sein. Ich kenne viele aus den sechziger Jahren, die sagen, jetzt kapiert es zwar noch keiner, aber wenn ich mal weg bin, werden sie schon noch darauf kommen. Das ist ein Grundproblem der Avantgarde: Immer zu hoffen, da kommt was raus, was Avantgarde ist.

n: Dramatische Eskalierung ++ Aufgebrachte Passanten versuchen Container zu stürmen ++

OTS0132 5 II 0488 NFW004 CI 16.Jun 00

Politik/FPÖ/Wien/Schlingensief ***OTS-PRESSEAUSSENDUNG***

FPÖ-Strafanzeige gegen Christoph Schlingensief im Wortlaut!=

Wien, 16-06-2000 (fpd) - ****

==

An die
Staatsanwaltschaft beim
LG für Strafsachen Wien
Landesgerichtstraße 11
A-1082 Wien

Einschreiter: Kurth Bodo BLIND
Michael KREISSL
Josef WAGNER
Dr. Herbert MADEJSKI
p.A. Klub der Wiener Freiheitlichen im Wiener
Landtag
A-1082 Wien, Rathaus

Vertreten durch: Rechtsanwalt Mag. Martin Machhold
1030 Wien, Invalidenstraße

Verdächtiger: Christoph Schlingensief

Wegen: Verdacht der Begehung strafbarer Handlungen,
insbesondere Verdacht der Begehung der Verhetzung gem. § 283 StGB

S A C H V E R H A L T S B E K A N N T G A B E

1.) Christoph Schlingensief veranstaltet im Rahmen der Wiener Festwochen eine Aktion vor der Wiener Staatsoper. Thema dieser Aktion ist die Abschiebung von Ausländern, Titel dieses Projektes ist "Bitte liebt Österreich". Die Gestaltung dieses Projekts besteht kurz zusammengefasst darin, dass hinter einem Drahtzaun mehrere Container stehen, wo sich für die Dauer einer Woche "Asylwerber" aufhalten. In Anlehnung an die Fernsehsendung "Big Brother" wird der Alltag der Asylwerber permanent gefilmt und via Bildschirm an der Außenseite bzw. auch ins Internet übertragen. Oberhalb des Containers befindet sich ein großes von weithin lesbares Spruchband mit den Worten:

"A U S L Ä N D E R   R A U S"

Beweis: Artikel auf der Seite 2 des Standard vom 13.06.2000 mit dort abgebildetem Foto in Kopie
Artikel Kronenzeitung vom 13.06.2000 Seite 15 in Kopie

2.) Ein erheblicher Teil der Betrachter dieser Darstellung, nämlich jene Betrachter, die über diese Veranstaltung nicht vorinformiert sind, können die gewählte Darstellung nicht einwandfrei als Aktion erkennen. Die nicht vorinformierten Passanten und Touristen, die täglich an den Containern vorbeigehen, können den Containern keinen bestimmten Zweck zuordnen und nehmen isoliert das weithin sichtbare Spruchband "Ausländer raus" wahr.

Aus der Sicht eines erheblichen Teils der Betrachter des Spruchbandes wird hier vor der Oper mit der Aussage "Ausländer raus" geworben.

Diese Wirkung ist augenscheinlich, diese ist schon aus der gewählten Form der Darstellung zu entnehmen, bewusst gewollt.

Mait der Aufforderung "Ausländer raus" wird Vorliegendenfalls öffentlich zu feindseligen Handlungen gegenüber Ausländern in Österreich aufgefordert bzw. aufgereizt.

Die gewählte Darstellung ist demnach zweifelsfrei objektiv tatbildlich im Sinne der Verhetzung gemäß § 283 Abs.1 StGB.

Es besteht der dringende Verdacht - auch subjektiv - dass das Tatbild der Verhetzung gem. §283 StGB erfüllt ist. Den Gestaltern der Aktion kam es Augenscheinlich gerade drauf an, den gewollten Eindruck, es würde hier öffentlich mit der Aussage "Ausländer raus" ernsthaft geworben, zu erzielen

Augenscheinlich kam es dem Verdächtigen gerade darauf an, dass viele Betrachter gerade nicht auf die Idee kommen, die gewählte Form der Darstellung im Rahmen einer größeren Aktion zu sehen ist, die von sich den Anspruch erhebt eine künstlerische Aktion zu sein.

Einen allenfalls gegen den Verdächtigen anzuschließenden Strafverfahren schließen sich die Anzeiger als Privatbeteiligte an.

1. Kurth Bodo BLIND
2. Michael KREISSL
3. Josef WAGNER
4. Dr. Herbert MADEJSKI

Wien, den 16.06.2000

(Schluss) jen nnnn

Rückfragehinweis: Klub der Freiheitlichen
Pressestelle
Tel.: (01) 4000 / 81 743

*** OTS-ORIGINALTEXT UNTER AUSSCHLIESSLICHER INHALTLICHER VERANTWORTUNG DES AUSSENDERS ***

OTS0132 2000-06-16/11:27

161127 Jun 00

APA-OnlineManager

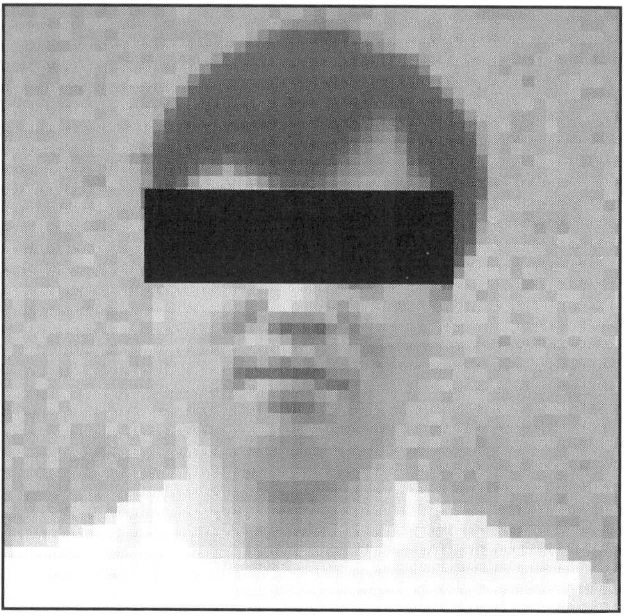

ZHU QIANG
0820 - 613 - 111

BIOGRAFIE I

Zhu Qiang, 40 Jahre alt, ist Meeresbiologe aus der Provinz Shandong und Sohn eines ehemaligen Marineoffiziers in Shanghai. Der Kettenraucher beschreibt sich selbst als optimistischen Misanthropen, der am liebsten allein in der Natur unterwegs ist und die Tiere beobachtet. Er lebt allein – gerne und aus Überzeugung, wie er sagt. Im Juni 1989 wurde er auf dem Weg zu seinem Institut verhaftet, nachdem er eine Petition zur Freilassung politischer Gefangener mitunterzeichnet hatte. Im August 1989 wurde der überzeugte Demokrat wegen "konterrevolutionärer Agitation und Propaganda" und Störung der sozialistischen Ordnung zu zehn Jahren Haft verurteilt. 1997 wurde Zhu vorzeitig aus der Haft entlassen, weil er "aufrichtig bereut" habe. Während der Haft hat er seine Mitgefangenen in Meereskunde unter-

Buttersäureanschlag ++ 15:00 Prominente aus Politik und Kultur wollen den Container besuchen

richtet, was ihm nach eigener Aussage großen Spaß gemacht hat. Ein halbes Jahr nach seiner Entlassung wurde Zhu während eines Treffens demokratischer Aktivisten erneut verhaftet. Zusammen mit zwei anderen Häftlingen gelang ihm im November 1997 die Flucht aus dem Gefängnis. Er hatte das Glück, im Kofferraum eines PKWs China unentdeckt verlassen zu können. Im Februar 1998 kam er über die tschechische Westgrenze nach Österreich.

BIOGRAFIE II

1989 nahm ich in China an einer Studentendemonstration gegen Korruption, Inflation und die Verletzung von Menschenrechten teil. Ich war damals noch Schüler und habe einfach mitgemacht, um gegen diese Dinge zu protestieren. Die Polizei hat die Straßen blockiert, und es kam dann zum Straßenkampf, dabei wurden zehn Freunde und ich verhaftet. Im Gefängnis haben wir dann einen Hungerstreik durchgeführt und so die Polizei gezwungen, uns ins Krankenhaus einzuliefern. Von dort bin ich weggelaufen, und seitdem auf der Flucht. Ich bin bis 1993 in China geblieben, aber dann nach Macao geflüchtet. Meine Familie wurde nicht genauer untersucht, aber wenn ich zurückkomme, sollen sie das sofort der Polizei melden. In Macao habe ich gehört, dass es in Österreich ein Asylprogramm gibt, und habe mir von der chinesischen Mafia 150.000 Yen ausgeliehen, damit ich nach Österreich komme. Das geliehene Geld muss ich mit hohen Zinsen zurückzahlen. Für die Mafia ist es in Macao kein Problem, jemanden töten zu lassen, ich habe große Angst davor, zurückgehen zu müssen.
Ich wurde von einer Schlepperbande auf dem Landweg von Station zu Station nach Österreich gebracht. Das hat fast vier Jahre gedauert, die Pässe haben sie uns weggenommen. Wir marschierten sehr viel, meist nachts, nur selten war ein LKW da, der uns transportiert hat. Wenn wir bei einer Station warten mussten, bis der nächste Kontaktmann auftaucht, wurden wir eingesperrt. Ich saß oft monatelang im Dunkeln in einem Keller, wir bekamen länger nichts zu essen und nur wenig Wasser. Diese Wartezeiten waren am schwersten zu ertragen, da dachte ich dann immer an das Geld, das ich noch zurückzahlen muß. Ich bin im November 1997 in Österreich angekommen. Hier wurde ich sofort verhaftet, weil ich illegal eingereist bin, und war fast drei Monate im Gefängnis. Erst nach der Freilassung konnte ich Asyl beantragen. Den Anwalt hat ein Freund bezahlt, und an den muss ich jetzt das Geld zurückzahlen. Dann habe ich zwangsweise in einem China-Restaurant gearbeitet, weil ich kein Geld mehr hatte. Das Asylamt hat mir gesagt, dass ich nicht in Österreich bleiben dürfe, weil ich keinen Ausweis habe und illegal eingereist bin. Dieses Verfahren wird von einem Rechtsanwalt aber gerade weitergeführt, der mich bis jetzt mehr als 30.000 Schilling gekostet hat. Ich kann immer nur in Raten von 500 Schilling bezahlen, mehr kann ich nicht aufbringen. Ab und zu bekomme ich Arbeit, kann bei Firmen schwere Sachen tragen, so nehme ich wenigstens ein bisschen was ein.

lingensief verbarrikadiert den Zugang ++ 16:20 Staatspolizei ruft Schlingensief regelmäßig an

NEREM NJAWÉ
0820 - 613 - 101

BIOGRAFIE I

Das ist Nerem Njawé aus Kamerun, 30 Jahre alt, geboren in Bamenda. Seine Eltern sind seit Generationen im Besitz von Teeplantagen, aber Nerem hat sich nie besonders für Tee interessiert, sagt er. 1988 zog er also lieber in die Hauptstadt Yaounde, um dort bis 1992 Agrarwissenschaften und Ökonomie zu studieren. Das klingt nicht besonders interessant, aber für einen Langweiler hält er sich deshalb noch lange nicht. Nach zwei gescheiterten Ehen ist Nerem heute überzeugter Single.

Schon früh hatte er sich bei der Oppositionspartei 'Sozialdemokratische Front' (SDF) engagiert und war zwischen 1989 und 1996 mehrmals inhaftiert worden, ohne dass man ihm Kontakt zu Familienangehörigen oder einem Rechtsanwalt erlaubt hätte. Nach den Präsidentschaftswahlen von 1992 wurde er drei Tage lang

und fragt ihn nach seinem Aufenthaltsort ++ Ca.17:00 Letzte Schlägerei vor dem Container ++ 1

ohne Nahrung in Gewahrsam genommen und von der Polizei mehrfach mit Schlagstöcken verprügelt. Als Nerem Njawé im Januar 1996 erfuhr, dass Sicherheitskräfte nach ihm fahndeten, begab er sich in den Untergrund und konnte im März 1996 auf dem Luftweg nach Rumänien fliehen. Von dort gelangte er einige Wochen später mit gefälschten Papieren über Ungarn nach Österreich.
Der Container ist für ihn ein Experiment, durch das er einmal mehr seine Grenzen abchecken kann.

BIOGRAFIE II
Ich bin aus Nigeria. Mein Vater war Stammesoberhaupt unseres Dorfes. Ich bin der erste Sohn und Nachfolger meines Vaters. Eine Ölgesellschaft wollte auf unserem Grund bohren und Öl fördern. Mein Vater hat entschieden, ihnen das nicht zu erlauben. Er hat den Dorfbewohnern erklärt, was die Ölgesellschaft vorhat. Er hat mich dann zur Lokalbehörde geschickt, um mitzuteilen, dass wir das ablehnen, weil die nichts für unser Dorf tun würden. Zwei Monate später kamen sie zurück und unterschrieben einen Vertrag, dass sie für unseren Stamm Traktoren und Maschinen bereitstellen würden und Dünger kaufen. Mein Vater hat die Dorfbewohner noch einmal versammelt und ihnen gesagt, dass die Ölgesellschaft uns helfen würde. Wir haben alle zugestimmt. Einen Monat später brachten sie ihre Maschinen. Nachdem sie zwei Monate gearbeitet hatten, verließen sie den Ort. Nichts war bis dahin für das Dorf geschehen: Sie haben uns gesagt, sie werden alles nachholen, was sie in dem Vertrag versprochen hatten. Aber nichts passierte, und die Dorfbewohner haben dann meinen Vater verantwortlich gemacht. Er sei schuld, weil er alles verhandelt und den Vertrag unterschrieben hatte. Mein Vater hat dann bei der Ölgesellschaft angerufen, aber es änderte sich nichts. Nach zwei Monaten wurden die Dorfbewohner richtig aggressiv und revoltierten gegen meinen Vater. Auch die Jugendlichen wurden immer gewalttätiger und bekämpften mich. Aus lauter Wut zerstörten sie die Maschinen der Ölgesellschaft, und die Firma hat dann die Polizei eingeschaltet. Die verhafteten mich, weil die Jugendlichen mich als ihren Anführer angegeben hatten. Ich war fünf Monate im Gefängnis, und als ich freikam, war mein Vater tot. Sie hatten ihn umgebracht – sein eigener Stamm! Und dann versuchten sie auch, mich zu töten. Der Vertreter der Ölgesellschaft half mir und hat mich weggebracht. Ich bin im Februar nach Österreich gekommen. Ich habe vorher mein Dorf nie verlassen. Ich hatte nicht einmal einen Pass, ich brauchte auch keinen. Ich wurde aus Afrika weggebracht und wusste nicht, wohin. Als ich dann hier war, hat mich gleich jemand gefragt, warum ich nach Österreich gekommen war. Ich wusste nicht einmal, dass ich in Österreich bin, hatte von Österreich noch nie etwas gehört. Gleich nachdem ich angekommen war, musste ich zur Bundesasylbehörde. Dort sollte ich ein Formular ausfüllen, ich kann aber nicht lesen und schreiben. Nach vier Monaten bekam ich einen Brief von der Behörde, dass sie ein Interview mit mir durchführen wollen. Ich erzählte einem Beamten meine Geschichte, und der wollte sie nicht glauben. Seitdem habe ich nichts mehr von ihnen gehört.

ussveranstaltung der Aktion mit den "Einstürzenden Neubauten", Peter Pilz, Peter Sellars, Luc

Bondy u. a. ++ Ca. 20:30 Ende des Projektes: "Wir sind nur ein Teil einer Container-Bewegu

lingensief) ++ Ultimatum an die Koalition: 60 Sekunden Zeit, das Schild abzunehmen ++

Ultimatum abgelaufen ++ "Sind Steuergelder dafür da, um zu schweigen, oder um sich auseina

GEORG SEESSLEN

DER POPULIST, DER PROVOKATEUR DER FREMDE BLICK UND DAS EIGENE BILD

ODER DIE ERSTEN SÄTZE DES LETZTEN KAPITELS DER GESCHICHTE ÖSTERREICHS.

"*This is just a symbolic Sachertorte looking nice as Austrians do.*"
Benita Ferrero-Waldner

DAS PROJEKT DER SELBSTAUFHEBUNG

Österreich ist ein jahrhundertealtes Projekt zur Selbstaufhebung, das vor nichts so viel Angst hat wie vor sich selbst. Es sei denn, vor dem Rest der Welt, der droht, sich in diesen Prozess und seine Mythologien einzumischen, be- oder entschleunigend zu wirken, ach, überhaupt von Österreich etwas anderes zu sehen als die Alpen, Mozart und die Kapuzinergruft. Es ist der Blick, vor dem sich Österreich fürchtet, und anders als bei seinen Nachbarn ist die Brutalität, die sich nach innen richtet, keinem anderen Projekt so zugehörig wie der Abwehr des Blicks.

Österreich also will sich seit Jahrhunderten selbst aufheben und zugleich weiterleben; man fragt hier beständig, wie Friedrich Heer in seinem einst berühmten Buch, nach der "österreichischen Identität", und dies in aller alpenländischen Unschuld, nämlich *vor* der Erkenntnis, dass es auf diese Frage nur eine rechte Antwort geben kann. Ist möglicherweise also der Rechtspopulismus die letzte aller möglichen Antworten auf diese fatale Frage nach der "österreichischen Identität"? Wäre mit einer bürgerlich-faschistischen Regierungsform all dieses höchst Vorläufige, Unvollendet-Unvollendbare, Virtuelle und Ästhetische der Alpenrepublik aufgehoben, und Österreich würde möglicherweise unausstehlich, aber "wirklich" werden? Wenn "Nation" eine Erfindung der Nationalisten ist, dann ist "nationale Identität" ein Traum nationalisierter Neurose.

Das Projekt zur Selbstaufhebung und Selbstbewahrung hat eine ganze Reihe von Konzepten, Projektionen und Mythologien hervorgebracht, die einander anscheinend widersprechen und jedenfalls genügen, sich gegenseitig zu hassen, aber in den glücklichen Jahren Österreichs auf eine zugegeben von außen ein wenig grotesk wirkende Art koexistieren konnten. Richtig glücklich aber konnte Österreich sich nie fühlen, schon gar nicht, wenn es von den Nachbarn nicht bloß gefürchtet oder belächelt, sondern sogar beneidet wurde, eben weil es sich unter diesem Blick selber fremd und peinlich wurde. Österreich verbarg sich nicht nur unter einem habsburgischen, volkstümlichen oder Burgtheater-Zuckerglanz, es verbarg sich stets genauso auch unter einer Maske der vorauseilenden Hässlichkeit. Der Rest der Welt sollte hereinfallen auf die Sissi-Mythen ebenso wie auf den Herrn Karl, auf die "Gemütlichkeit" ebenso wie auf die "Todessehnsucht", auf Hundertwasser ebenso wie auf Manfred Deix. Verborgen musste nur bleiben, dass die österreichische "Identität" genauso trivial, ihre kulturgeschichtliche Valenz genauso erklärbar ist wie überall in der Welt.

Wie also hebt man sich, nicht bloß als Nation, sondern auch als kulturellen Zustand, zugleich auf und bewahrt sich? Es sind wohl fünf Modelle, die in den österreichischen Köpfen, Träumen und Erinnerungen spuken, ohne voneinander zu wissen und ohne sich genau voneinander abgrenzen zu können.

1. entstand der Austrofaschismus als Verknüpfung regressiver bürgerlicher Machtansprüche, Katholizismus und "Heimwehr", die vielleicht nicht so sehr auf eine unendliche Ausdehnung (wie der deutsche Faschismus), wohl aber auf die Absolutheit einer ständisch und völkisch organisierten Gesellschaft abzielte. Noch weniger als die Komplizenschaft mit dem deutschen Faschismus ist das Wirken des eigenen Faschismus in den Köpfen irgend zu Bewusstsein geworden. Seine Ursachen und Quellen konnten so ungeklärt bleiben, weil sich dies alles so heftig mit dem deutschen Faschismus übermalte. Mehr noch: Aus diesem Umfeld entstand ein bedeutender Strang der österreichischen Kultur, der seinen Platz auch in der Moderne fand. Ist nicht die Sehnsucht nach einer gegliederten Gesellschaft gegen die Undeutlichkeit von Demokratie und Marktwirtschaft in allerlei Maskierungen noch heute virulent (und macht so schwer, das "Linke" vom "Rechten" zu unterscheiden, wie eh und je)? Wollte Österreich, wenigstens in Texten und Bildern, nicht davon träumen, ein Kapitel der Modernisierungsgeschichte des kapitalistischen Abendlandes ungeschrieben zu lassen, um die verbliebenen Seiten wahlweise mit "Kultur" oder mit "Heimat" zu füllen?

2. Das Wesen der "österreichischen Idee" als übernationales Modell (das sich indes stets an der Hegemonie von "Deutsch-Österreich" verlor). Wenn "am deutschen Wesen die Welt genesen" sollte, so an der "österreichischen Idee" wenigstens der Gedanke des "Reichs". Wenn Europa nicht in Öster-

reich aufgehen konnte, so Österreich vielleicht in Europa, aber so, dass man es ihm ansieht.

3. Die Einbindung des einst liberalen Bürgertums in eine Welt, die aus zwei mythischen Traumwelten gebildet wurde, aus dem Habsburger Reichstraum und aus dem Traum der unschuldigen Volkstümlichkeit. Die Nation, die sich nicht recht zu definieren wusste, wurde also im Inneren durch ihre kulturelle Produktion, im Äußeren aber durch zwei Komplementär-Phantasien bestimmt: "das Reich" und "die Heimat". (Die Frage nach der "österreichischen Identität" stellte sich also vor allem für den Bürger, der weder ganz Teil des "Reichs" noch ganz Teil der "Heimat" war, sich dem einen aber als "Untertan", dem anderen durch eine volkstümliche Sentimentalität einzuschreiben versuchte.) Das "Reich" und die "Heimat" bestimmen auch die Dialektik von "Größe" und "Enge"; beide Angstzustände – die Angst vor der Unbegrenztheit und die Angst vor der Enge – halten sich so lange gegenseitig im Schach, wie beständig vom einen zum anderen zu gelangen ist und eines sich im anderen aufheben lässt. (Im österreichischen Heimatfilm hat sich das Reich in die Heimat zurückgezogen, und in den historischen Devotionalien umgekehrt die Heimat ins Reich.) Mehr noch als Deutschland, und das ist diesbezüglich auch nicht schlecht im Geschäft, machte Österreich in diesem Einengungsausdehnungsprozess ein Modell der europäischen Postmoderne zum Vorschlag, nämlich zurückgeblieben und avantgardistisch in einem zu sein. (Was natürlich nur funktionieren kann, wenn man sich sozusagen in einen Zustand walzert, in dem man nicht mehr weiß, wo hinten und vorn ist.)

4. Das Bürgertum konnte sich entweder zwischen Heimat und Reich einrichten (zum Beispiel indem es sich die Ideen einer ständisch-völkischen Idealgesellschaft zu Eigen machte, die nicht so sehr Österreich als vielmehr Geschichte an sich überwinden würde, oder indem es sich als Motor der Europäisierung Österreichs und der Österreichisierung Europas fühlte), oder aber es musste sich der Überwindung Österreichs als sozialgeschichtlichem Hindernis der Modernisierung widmen, was zunächst ganz und gar keine faschistische, nicht einmal eine rechte Idee sein musste. (Trotzdem wollte dieses Bürgertum – man sehe sich an, was zum Beispiel Robert Musil dazu geschrieben hat – zwar aufheben, aber nicht zum sang- und klanglosen Verschwinden bringen. Auch hier sollte sich "österreichische Identität" in die Kultur retten.) Die wenigen wahrhaft bewussten Menschen in diesem Land blieben nur deshalb Österreicher, weil es auf dieser Welt nicht ein einziges

Staatenland gibt, dem es sich "anzuschließen" lohnt.
5. Die Linke in Österreich hatte mehr noch als den weltgeschichtlichen Auftrag das Erbe der bürgerlich-aufklärerischen Bewegungen des 19. Jahrhunderts zu bewahren. Für den Austromarxismus stand nicht "Revolution" im Zentrum der eigenen Erzählung, sondern "Kultur" und "Erziehung". Wenn sich die Rechte die Kultur des "Reichs", die Kultur der "Heimat" und vor allem die Kultur des Katholizismus in ihr Heiligtum einschrieb, so reagierte die Linke hierzulande umgekehrt damit, dass sie die Kultur selbst zum Heiligtum erklärte: Das "rote Wien", das war auch ein vollständiges religiöses System mit einem eigenen Kanon der Feste und Rituale, mit einer eigenen Morallehre und mit eigenen Dogmen und Gebeten, in dem Sprache und Bild mit den katholischen Phantasmen durchsetzt waren, von denen man sich abzusetzen versuchte. Die österreichische Linke besetzte die Kultur, das war das Positive, aber sie war auch besessen von der Kultur als eigentlichem Leben, so dass sich in dieser "Bewegung" erneut ein Prozess der Selbstaufhebung (als politische Kraft) und der Selbstbewahrung (als semiotisches Rückzugsgebiet) abbildet. Der gemeinsame Feind der Linken und der Rechten in Österreich ist "die Wirklichkeit".
Was immer sich als kulturelles und soziales Projekt in Österreich bilden mochte, es musste sich in eine solche Parallelaktion zur Nation hineinentwickeln. In den Krisen brechen diese fünf Stränge der "österreichischen Identität", aus denen sich der Einzelne, der scheinbaren Widersprüchlichkeit der Konzepte zum Trotz, eine handsame österreichische Privat-Identität basteln kann, indes wieder auseinander, so wie das Katholisch-Österreichische und das Deutsch-Nationale, das "Maria-Theresianische" der Bewahrung und das "Josefinische" des frivolen Spiels.
Die österreichische Kultur und die österreichische Politik nach dem Zweiten Weltkrieg waren ein merkwürdiges Konglomerat aus diesen Elementen, das nur funktionieren konnte, weil man die Erinnerung zwar in allerlei Riten aufhob, als eigene Geschichte aber schlichtweg vergessen konnte. War nicht die "Sozialpartnerschaft" nichts anderes als eine groteske Verbindung des Ständestaat-Mythems mit dem wärmenden Gemeinsinn des "roten Wien"? Und war nicht die Nation, die im alten politischen Sinn eigentlich ziemlich überflüssig geworden war, bewahrt in den Schreinen der Kultur, auch und gerade wo diese so frech mit den Körpern der Österreicher, mit dem Körper Österreich spielte?

Polizei greift ein, wird aber von den Besetzern am Eindringen in die Container gehindert +

DIE KUNST-NATION UND DIE KULTUR DES VERSCHWINDENS

Das Projekt von Selbstaufhebung und Selbstbewahrung musste, das liegt nicht in der Natur, wohl aber in der Mechanik der Sache, manisch "Kultur" produzieren (so wie die Gesellschaft nebenan manisch "Fortschritt" produzieren musste), was schließlich zu einer absurden Kreisbewegung führte: Die ewig sterbende Nation Österreich produzierte eine Kultur dieses Sterbens, die das ganze System genauso ewig am Leben erhält. Anders gesagt: Österreich existiert, weil es beständig Bilder des Zweifels an seiner Existenz produziert. Daher droht sich das Projekt von Selbstaufhebung und Selbstbewahrung noch einmal hübsch grotesk auf den Kopf zu stellen: Eben dann, wenn Österreich (wieder) damit beginnt, an sich selbst zu glauben, fängt es an, rascher als je zu verschwinden, weil es genau seinen inneren Zusammenhalt, sein "Wesen" verliert, nämlich eine Kultur des Verschwindens, die in der Tat einzigartig auf der Welt ist. Österreich verlischt, wenn es seinen Eintritt in die moderne Wirklichkeit verlangt, und vermutlich gerade deshalb benötigt es für diesen Übertritt den Schleier einer bürgerlich-faschistischen Gespensterei.

Um also an sich selbst glauben zu können, muss Österreich seine Kultur des eigenen Verschwindens vernichten. Was mit Karl Moik begonnen hat, endet noch nicht mit Jörg Haider. Aber gewiss ist es mehr als augenfällig, dass die neue österreichische Regierung wieder einmal perfekt die Kunst beherrscht, sich hinter der Fassade der politischen Hässlichkeit (auf die prompt wieder alle Welt hereinfällt) nicht nur trivialen Projekten, sondern Projekten der Trivialisierung zu widmen. Der offensichtlich gewollt ekelhaften Rhetorik zum Trotz macht diese Regierung nichts anderes als die Regierungen der Nachbargesellschaften mit sozialdemokratischen und "grünlinksalternativen" Beteiligungen: Sie schafft den fürsorgenden Staat ab und stärkt den unterdrückenden, sie verteilt den Reichtum von unten nach oben, sie dynamisiert die ökonomisch-technischen Kreisläufe und produziert unentwegt Gewinner und Verlierer einer mehr oder weniger neuen Ökonomie. Das spezifisch Österreichische dabei ist vor allem die Form der Maskierung. Und womöglich das zweite große Projekt, nämlich der unbarmherzige Kampf gegen jene Kultur, die sich Österreich vordem "geleistet" hat, aus den oben beschriebenen Traditionen heraus und aus dem Ahnungswissen, dass diese Kultur, so "kritisch" oder "skandalös" oder "unverständlich" oder gar "scharlatanisch" ihre Produkte auch sein mögen, so sehr das Land definiert, wie die "Lebensart" im Süden oder die "Tüchtigkeit" (genauer gesagt: das Geld

st verletzt ++ Produktionsleiter Lang verhandelt mit Besetzern ++ Polizist wird ins

als inneres Kultursymbol) im Westen es vermochten. Dass das eine wie das andere gelogen ist, spielte für die Praxis dieser Gesellschaften nie eine besondere Rolle.
Dass die Abschaffung jener Kultur, die eine Gesellschaft (und keine Klassen, keine Einzelpersonen, keine Subkulturen) sich leisten will (um sich, ein bisschen "schmäh-weise", als Nation zu fühlen), zu den Projekten aller neoliberalen und post-neoliberalen Gesellschaften gehört, mag dabei für den Augenblick darüber hinwegtäuschen, welch katastrophale Folgen diese Abschaffung für Österreich hat. Die ökonomische Modernisierung unter einer nationalistischen, rassistischen und sagen wir es ruhig: faschistischen Maske wird erkauft durch eine hysterische Renaissance des alten österreichischen Widerspruchs: Wenn Österreich sich modernisiert, gibt es keinen Grund mehr, zu existieren. Also muss gleichsam automatisch wieder die Phantasie vom "Anschluss" erscheinen, die sich nun freilich weder im Mythem der Österreichisierung Europas noch im Aufgehen in einem neuen "Großdeutschland" erschöpfen kann, sondern in mehr oder weniger irrationalen Träumereien über völlig neue Grenzziehungen kulminiert. Welch Glück nur, dass einer Territorialisierung dieses neuen Österreich-Traumes materielle Grenzen gesetzt sind, sonst wäre zwischen Venedig und Sarajewo niemand mehr sicher. (Unnütz zu sagen, dass jemand wie Haider sehr genau weiß, wie sehr auch er diese Phantasien zu bedienen hat.)

DER RECHTSPOPULISMUS, ODER DIE WIEDERERFINDUNG ÖSTERREICHS AUS DEM GEIST DES GEKRÄNKTEN NARZISS

Der Aufstieg des Rechtspopulisten Jörg Haider hat verschiedene Funktionen, je nachdem, in welcher der Traditionen "österreichischer Identität" man ihn sieht. Man könnte ihn wohl verstehen als einen dumpf regressiven Versuch, all diese widersprüchlichen Konstrukte, Reich und Heimat, katholisch-österreichisch und deutsch-national, Ausdehnung und Enge noch einmal in einer sehr offenen, sehr frivolen, sehr hässlichen Mythologie zusammenzufassen, indem man sich nicht nur eines zugegeben verschwommenen Ideals von "Österreich" versichert (das alles zugleich ist: Heimat und Reich, modern und anti-modern, ständisch und neoliberal, österreichisch und deutsch etc.), sondern auch Feindbilder kreiert, die zugleich die Feindbilder der Neofaschisten überall in Europa sind (die Ausländer, die Asozialen, die Linken und die Kritiker), und eine spezifisch österreichische Variante des neuen Rassismus: Dem preußisch wahnhaften Skinhead, der alle Ausländer hasst,

Krankenhaus transportiert ++ Besetzung wird beendet ++ 18.6. 10:00 Pressegespräch mit

steht der österreichische Rassist gegenüber, der weiß, wie man sich Ausländer ein- oder ausschreibt.
Es ist aber natürlich genauso möglich, dass die rechtspopulistisch-bürgerlichreaktionäre Regierung nicht versucht, die Auflösung Österreichs durch die Produktion einer neuen "faschistoiden" Mythologie, die Elemente aller Selbst-Identifikationen (sogar solche des Austromarxismus) gefressen hat, aufzuhalten, sondern im Gegenteil bemüht ist, das letzte Kapitel in dieser Geschichte der Selbstauflösung zu schreiben. Man betriebe dann sozusagen eine Entkernung Österreichs, nach der wirklich nur eine Ringstraßen-Fassade übrig bliebe, die den fremden Blick vollständig absorbiert.
Ein Projekt dieser Regierung also ist es, diesen Blick zu verhindern, der hinter die Fassade reicht und bemerkt, dass "dahinter" fast nichts ist. Dazu gibt es sehr unterschiedliche Strategien. Zum einen geht es um die Maskierung der Maskierung. Wird die neoliberalistische Auflösung des österreichischen ökonomisch-kulturellen Zustands gleichsam faschistisch maskiert, so wird umgekehrt die faschistische Maske hinter ersten "Erfolgen" der Modernisierung verborgen. Natürlich weiß man schon auf der Ebene der *psychopolitics* nicht, wer eigentlich wen zur Maskierung der eigenen Absichten benutzt, der bürgerliche Modernisierer Schüssel den regressiven Rechtspopulisten Haider oder umgekehrt. Am wahrscheinlichsten ist es wohl, dass sich die Verhältnisse von Absicht und Maskierung in beiden Erscheinungen nur gerade spiegelverkehrt verhalten. Wenn am Ende die ökonomische "Modernisierung" sich die Maske der Faschisierung anlegt (und eine faschistische Maske ist, nebenbei gesagt, keineswegs ungefährlicher für die Menschheit als ein "authentischer" Faschismus), so legt sich nun die Faschisierung die Maske der "Normalisierung" zu. Paradoxerweise lassen sich in das Projekt der "Normalisierung" auch jene gesellschaftlichen Gruppen wieder einbeziehen, die sich mehr oder weniger vehement der Faschisierung widersetzt haben (vielleicht unter anderem, weil sich auch dort eine tiefe Furcht vor der Intervention von außen spiegelt: sowohl das "Weiterwursteln" als Staatsdoktrin als auch die Fieberanfälle des faschistischen Bruchs von Reich und Heimat scheinen ja diesen erschrockenen und überheblichen Blick von außen zu provozieren: Wenn die neue Variante des Austrofaschismus sich zugleich zum ökonomischen Komplizen der Globalisierung macht und die Grenzen mit der klammheimlichen Frage schließt: Braucht Österreich die Welt?, muss man da nicht die Gegenfrage fürchten: Braucht

terdijk im Café Amacord ++ Staatspolizei ebenfalls anwesend ++ 19.6. Team reist ab ++ Bilanz

die Welt Österreich?).

Das zweite Strategem der bürgerlich-faschistischen Regierung ist der "Kulturkampf", mehr oder weniger die Umkehrung der Hoffnungen des Austromarxismus, den besseren Menschen und die bessere Gesellschaft durch Kultur erzeugen zu können. Der bürgerlich-faschistische Mensch wird durch die Abwehr von Kultur zugleich im Zeichen des Populären und der Ideologie erzogen. Er entsteht recht eigentlich, indem er den ästhetischen und praktischen Erfahrungsraum um sich selbst herum vernichtet.

Natürlich ist auch der österreichische Rechtspopulismus ein Projekt der Selbstaufhebung, wie sollte es anders sein. Jörg Haider als Darsteller, die FPÖ als Verstärker-Institution und die massive Klientel stehen in denselben Widersprüchen wie das ganze Land: Bleiben sie österreichisch, werden sie den gewohnten Prozess der Regression mitmachen: Nachdem die Aufgabe der Maskierung einer ökonomisch-kulturellen Umgestaltung im Dienste der neuen Wirtschaft erledigt ist, werden sie europäisch (und haben wir nicht gerade deshalb auf Österreich gestarrt, weil sich da ein "Modell für Europa", sogar, um es mit dem Wort von Robert Musil auszudrücken, ein "Weltmodell" abzeichnete?). Früher oder später werden sie aufhören müssen, österreichisch zu sein, mehr noch: Sie werden anti-österreichisch argumentieren müssen, wie sie zuvor anti-europäisch argumentierten. Nun ist aber Herr Haider wiederum so österreichisch, dass dieses Projekt gleichsam zur Selbstaufhebung seiner eigenen Person/Maske führen müsste. (Vielleicht ist diese so sehr österreichische Parodie auf Hegels unglückliches Bewusstsein ja tatsächlich das Erste, was Herrn Haider nachdenklich stimmen könnte, wenn er sie denn verstünde. Wer weiß.)

Der Kampf der bürgerlich-faschistischen Regierung gegen die Kultur des eigenen Landes hat natürlich vor allem symbolischen Wert. Und er erzeugt in einem anderen Sektor so sehr Angst wie andernorts die Straßengewalt der Skinhead-Ableger dieser Projekte. Nötig zum Machterhalt indes wäre er nicht. Denn die österreichische Kultur, die zwar durchaus analytisch, kritisch, auch widerständig die Geschichte von Selbstaufhebung und Selbstbewahrung begleitet hat, ist aus historischen und strukturellen Gründen vollkommen unfähig, dieser Neudefinition der Macht und von Österreich selbst etwas entgegenzusetzen. Und das nicht etwa, weil sie so unbedeutend wäre oder etwa gar an Talenten arm, sondern im Gegenteil gerade wegen ihrer bedeutenden Funktion in der "österreichischen Identität". Wie sollte sie, die auf ihre eigene Weise Österreich "bewahrt" hat, gegen eine Kraft opponie-

der Festwochen: Aufmerksamkeit galt hauptsächlich den Containern ++ 21.6. FPÖ-Wien-Obm

ren, deren Absichten eben gerade nicht kulturell, aber national sind? Sie funktioniert, wenn überhaupt, auf andere Weise "politisch" als sagen wir in Deutschland. Sie kann, zum Beispiel, keine fundamentale Opposition gegen etwas erzeugen, zu dessen eigentlichen Konstituenten sie gehört. Sie muss sogar fürchten, wenn sie "Österreich" kritisiert, zugleich den Gegenstand der Kritik und die eigene Grundlage, Subjekt und Objekt der Analyse, wegzukritisieren. Die österreichische Kultur müsste, um zum wirklichen Gegner Haiders zu werden, eine anti-österreichische werden. Aber dass Kultur anti-national argumentieren könnte, kann in einer Gesellschaft nicht vorkommen, in der die Kultur nichts anderes ist als die innere Gestalt der Nation.
Im rechten Kontext ist die österreichische Kultur eine absurde Subvention eigener Unbequemlichkeit (ja "Kunst" ist im faschistischen Diskurs, wo sie nicht der eigenen Wahrnehmung und der eigenen Absicht unterworfen ist, eine Art der inneren Fremdheit, so wie das "Intellektuelle" eine Art des inneren "Ausländischen" ist, und der Kampf gegen die unliebsame Kultur nimmt immer schon den Kampf gegen den ethnischen und sozialen Feind vorweg). Im liberalen Kontext dagegen ist die Kultur in Österreich eben dies, was die Gesellschaft sich leisten muss, wenn sie Identität nicht als hässliche Aggression gegen das Nicht-Identische allein erleben will. Bevor Kultur in Österreich sich als Instrument gegen die bürgerlich-faschistische Regierung formieren kann, muss sie nicht nur den Schock über den höchst bescheidenen Widerstand aus der bürgerlichen Mitte der Gesellschaft bei ihrer ökonomischen und polizeilichen Abschaffung verkraften, sondern sich gleichsam im Geist des Widerstands neu erfinden. Aber kann sie dabei österreichisch bleiben?

DER BIG-BROTHER-BLICK ODER BITTE LIEBT ÖSTERREICH

Der Blick von außen ist also beides zugleich: impertinent und hässlich, und notwendig und hilfreich. Und Christoph Schlingensief geht in seinem ästhetisch-politischen Geschehnis, das im Rahmen der Wiener Festwochen als Aktion "Bitte liebt Österreich – erste europäische Koalitionswoche" durchgeführt wurde, noch einen Schritt weiter. Er blickt nicht von außen, er setzt seine (limitierte, aber nicht zu verachtende) "äußere" Macht ein, um Blicke im Inneren zu erzwingen. Blicke, die wiederum zugleich nach außen und tiefer nach innen führen. Auch das, was die österreichische Kultur an die Stelle von Dialog gesetzt hat, nämlich den (mehr oder weniger wollüstig inszenier-

fordert wiederholt Rücktritt Marboes ++ Marboe reagiert mit dem Vorwurf der "schäbigen

ten) Skandal, funktioniert diesmal nicht – auch wenn FPÖ-Klubobmann im Parlament Reinhart Gaugg das Ganze als "Skandal besonderer Ordnung" erkennt. Der Kulturskandal ist nämlich, wo er nicht sowieso schon die Form einer gebildeten Soap opera hat, eine besondere österreichische Form der Verständigung. Der Skandal ist eine Dialogform, in der man sich schon ganz richtig missversteht. Aber diese Installation in den Festwochen und gegen sie ist kein Skandal, nicht nur weil die scheinbar besonnenen (in Wirklichkeit einfach nur professionelleren) Österreicher beständig davor warnen: Macht's kaan Skandal net draus, dann vageht's vo allaan! Das Ding ist vielmehr so ambivalent und schwurbelig und so einfach und eindeutig, dass man sich am Ende beim besten Willen nicht mehr richtig missverstehen kann, ja nicht einmal die "Fronten" in diesem Kulturkampf irgend klar bleiben können.

Die Idee ist denkbar einfach: Man "sieht" (und sieht nicht) in einige Container, in denen sich "Asylanten" befinden – sind es "echte" Asylanten? Sind es Schauspieler, die "Asylanten" spielen? Oder sind es gar "Asylanten", die Asylanten spielen (oder doch Asylanten, die "Asylanten" darstellen)? – und das Publikum bestimmt, wie in der Fernsehserie "Big Brother", wer hinausmuss und abgeschoben wird. Via Internet und Telefon nimmt man an den Entscheidungen teil. Am Abend um 20 Uhr werden jeweils zwei in einem blauen Wagen "abgeschoben", die über das Webfree-TV und Telefonate bestimmt wurden (100.000 Menschen haben in den ersten 24 Stunden des Projektes zugesehen, die Situation im Inneren wird gelegentlich *life* auf Monitore übertragen). Aber die "Geschmacklosigkeit" der Installation produziert sich vorwiegend in den Köpfen des Publikums, nicht in ihrer Durchführung. Schlingensief "provoziert", im Gegensatz zur gewohnten österreichischen "Skandal-Kunst", ohne dazu einen praktischen, körperlichen oder materiellen Verstoß gegen die menschliche Würde zu benötigen.

Es ist zunächst ein Spiel – von den Regeln und von der Idee her – der Guten und der Bösen; alle Aussagen und Symbole sind von unabwendbarer Zweideutigkeit (sogar noch die Assoziation zum "Big Brother" hat etwas höchst Zwei-, Drei- oder Mehrdeutiges an sich, denkt man dabei hierzulande doch nicht nur an den Überwachungsstaat als praktische Folge des Abschiebestaates und an die RTL-Fernsehserie, sondern auch noch an das Deutschland als gehassliebten "großen Bruder"). Auch Schlingensiefs "Verstärker"-Funktion mit dem quäkigen Megaphon sendet ständig widersprüchliche Nachrichten, er beschimpft gelegentlich die Leute, die diese Regierung gewählt haben, fordert auf, von der Situation Bilder zu machen:

Auseinandersetzungspolitik" ++ Er fordert von den Festwochen eine detaillierte Stellungnah

"Konfrontieren Sie die guten Menschen mit dem Bösen, das hier in reinster Form regiert" – auch das kann man so oder so verstehen. Das Abschieben, behauptet er, mache "süchtig". Von dem, was in den Containern geschieht, bekommt man allerdings wesentlich weniger mit als bei "Big Brother"; noch radikaler verläuft der Paradigmenwechsel zur Spiegelung der Blindheit. "Nicht die Kombination Krone-FPÖ-Container schockiert, sondern das Ausmaß und die Wucht, mit der sich eine solche Konstellation medial aufblasen lässt – bis zur Unkenntlichkeit" (Claus Philipp). Das sowieso schon minimalistische "Geschehen" verschwindet im selben Maß, reduziert sich auf die wenigen Symbole und Zeichen, zu denen sich die Reaktion aufbläst. Und dieser Vorgang ist zugleich unvereinbar mit dem österreichischen Kultur-Verständnis wie mit dem Politik-Verständnis: Das kulturelle Event ist nicht mehr der seltsame Attraktor, der die Blicke auf sich zieht, es wirft im Gegenteil den Blick vollständig zurück.

Das Geschehen bleibt keineswegs als symbolische Installation bestehen, sondern verwandelt sich durch das Eingreifen der "Guten" wie der "Bösen", der Medien, der Touristen, der Ratlosen und der Hysterischen, immer wieder aber auch durch scheinbar kleine Eingriffe des Künstlers selber in eine ästhetisch-politische Maschine, die absehbarerweise ab einem bestimmten Punkt von niemandem mehr wirklich zu steuern ist. Nachdem es zu wüsten Auseinandersetzungen unter den "Verantwortlichen", zu juristischen Attacken und den mehr oder weniger gezielten Ausbrüchen von Volkszorn und "gesundem österreichischen Nationalstolz" gekommen ist, gibt eine Aktion aus einer der "Donnerstags-Demonstrationen" heraus, in der das Schild "Ausländer raus", das den Spielverlauf beschreibt und Stein des Anstoßes ist (umrahmt von den Symbolen der FPÖ und der "Krone"), attackiert und die "Asylanten" "befreit" werden sollen, nicht allein dem Geschehen eine dramatische "Wende", sondern auch dem Diskurs Kunst–Wirklichkeit–Politik eine neue Pointe – ist das nun wieder "inszeniert"? oder "spontan"? Ein richtiges Missverständnis? Oder ein missliches Verständnis? Eine Gruppe von Demonstranten stürmt ins Hotel Marriott, wo gerade eine Zusammenkunft von Regierungsvertretern mit ausländischen Geschäftsleuten stattfindet, und fordert in Sprechchören dieses und jenes, das seinerseits nicht mehr genau zu unterscheiden scheint zwischen einer politischen Beschreibung und der Groteske dieser Konfrontation. Wäre es nicht geschehen, hätte die Kunst es erfinden müssen; hätte es die Kunst nicht erfunden,

Projekt ++ 27.6. Misstrauensantrag gegen Marboe ++ Antrag in Landtagssitzung abgelehnt ++

so hätte es, bitte schön, doch geschehen sollen. Nach der Installation selber öffnet sich hier zum zweiten Mal der Blick auf eine Art, in der die Verteidiger Österreichs selber nicht mehr genau sagen können, ob sie vor dem Blick der Ausländer die Demonstration oder das, was sie ausgelöst, entschuldigen.
Die Vertreter des "offiziellen" Österreich reagieren prompt auf eben die Gefahr des Blicks hin. Am 16. Juni bedauert Finanzminister Karl-Heinz Grasser, dass "Österreichs Image beschädigt wurde, weil die Grenzen des Demonstrationsrechts durch das Eindringen ins Hotel überschritten wurden". Auf diese Kausalität muss man erst einmal kommen! Das Hotel ist der "richtige" Platz für Ausländer und auf diese Weise eine merkwürdige Spiegelung des Containers mit den "Asylanten" vor dem dritten magischen Ort dieser sich selbst reproduzierenden Inszenierung, der Oper. Die "ahnungslosen Ausländer" will die *Neue Kronen Zeitung* vor dem Schlingensief'schen Spektakel in Schutz nehmen: "ahnungslose" Ausländer sind gute Ausländer, weil sie nicht diesen zersetzenden Blick auf Österreich haben, und Andreas Mölzer, der Kolumnist mit der klarsten Sprache, präzisiert noch, was er unter "ahnungslosen Ausländern" versteht: "Geschäftsreisende aus Frankreich". Warum aber sollten gerade diese "ahnungslos" sein? Vielleicht weil sie nur "Geschäfte" machen und sonst nichts sehen wollen? So haben die Demonstranten wieder Recht und Unrecht zugleich, wenn sie den Dialog im Hotel mit solchen "ahnungslosen Ausländern" stören wollen. Müssen sie deren Ahnungslosigkeit bestätigen? Schlägt sich der ausländische Geldmensch in diesem impressionistischen Geschehen vor die Stirn: "Was war ich doch für ein ahnungsloser Ausländer?" Oder verlangt er etwa von der österreichischen Polizei (die für diesmal übrigens selbst ein bisschen ahnungslos schien), dass sie gefälligst seine Ahnungslosigkeit schütze? Auch eine "Plattform besorgter BürgerInnen" verteilt Flugblätter gegen die Aktion mit der merkwürdigen Botschaft: "Österreich ist anders." Der ahnungslose Ausländer erhält Antworten auf Fragen, die er nie gestellt hat (sooo wichtig ist ihm Österreich nun auch wieder nicht), nur nicht auf die naheliegendste: Anders als was?
In der raschen selbstreferentiellen Ausbreitung des Geschehens in den Medien verliert sich bald die Frage, ob da ein Provokateur die Reaktion des gekränkten Narzissmus erzeuge oder ob nicht etwa umgekehrt die gekränkten Narzissten ihren Provokateur gefunden haben – einen Provokateur freilich, der zu beweglich ist, um nur eine Figur in einem Pre-Text abzugeben. Die Beantwortung dieser Frage trennt die reaktionären von den liberalen

26.April 2000: Designierter Festspielleiter Luc Bondy lädt Regisseur Schlingensief zu den Wi

Verteidigern Österreichs: Die Aktion, sagen die einen, schadet Österreich; die Aktion, sagen die anderen, nutzt denen, die Österreich schaden.

Aber die Kunstfalle hat längst funktioniert. So stellte Schlingensief, "tückisch", wie man später erkannte, fest, dass das Schild "Ausländer raus" vier Tage unbehelligt vor der Oper stand und weder die Bevölkerung noch die Regierung irgendetwas dagegen unternahm. (Anders gesagt: Weder Österreich als "Reich" noch als "Heimat" fühlte sich davon gestört oder ging doch dem Skandal aus dem Weg.) Die Demonstranten, die schließlich ins "Marriott" eindrangen, skandierten: "Eins, zwei, drei, vier, Schüssel und Haider holen wir." Aber was, um Himmels willen, würden diese politisch korrekten Rumpelstilzchen mit den beiden Herren anfangen, wenn sie sie denn geholt hätten? Daher setzen sie noch eins drauf: "Wir wollen Schüssel und Widerstand!" Sehen wir einmal davon ab, diese Forderung in die Tradition österreichischer Nonsense-Dichtung zu stellen, ist sie vollständig wahrhaftig.

Beide Seiten in dieser Auseinandersetzung halten sich gegenseitig für einen "Schaden für alle und für unser Land", denn anders als bei einer "politischen" Auseinandersetzung geht es hier offensichtlich primär gar nicht um Macht, sondern vielmehr um deren Repräsentanz. Beide Seiten versuchen mit ihren jeweiligen Mitteln eine Nation zu verteidigen, die offensichtlich nicht mehr zu retten ist. (Fatalerweise bedeutet diese Erkenntnis für die europäischen Gesellschaften einen erheblichen mythischen Verlust: Das Bündnis von Rechtspopulismus und bürgerlicher Korruption zernichtet die Reste des Glaubens an das Funktionieren des Parlamentarismus in der Mediokratie.)

Natürlich ist der "Sturm" der verbliebenen 600 Donnerstags-Demonstranten auf die Installation des Asylanten-Containers ein so groteskes Geschehen, dass keiner der Beteiligten hoffen kann, den festen Boden rationaler Argumentation oder wenigstens klarer Fronten wiederzugewinnen. Sie können das Bild und schon gar nicht den Text mehr ertragen, aber auch hier ist niemandem klar, wie viel Spontanität und wie viel Inszenierung darin liegt. Tatsache ist, dass diese Demonstranten nun gerade das tun, was der "Staat" nicht getan hat: Sie greifen die Kunst an, die damit droht, zu wirklich zu werden, während der Staat (die reaktionäre Presse setzt eine Kette der "Schuld" vom Bürgermeister über den Kulturstadtrat bis zum Justizminister in Gang) die Kunst gerade deswegen nicht angreift, weil er fürchten muss, sie könne

wochen ein. ++ "Ein politisches Happening gegen Xenophobie" ++ Bondy schlägt vor

sich erst durch den Zugriff in Wirklichkeit verwandeln (und man sieht nicht voraus in welche Wirklichkeit, die linke oder die rechte). Das "Abbrechen" der Aktion kann daher wohl als Akt der Barmherzigkeit gewertet werden, ist aber andererseits nichts anderes als ein vollständiger logischer Blackout, der folgerichtig auch gleich wieder rückgängig gemacht wird: Die Aktion geht weiter, bis zum "Sieg" von Ranil Shunta aus Sri Lanka und zu den 35.000 Schillingen an schwarzen und blauen Luftballonen.

Wie nahezu alle Installationen Schlingensiefs ist auch diese zugleich ein Versuch über die Gesellschaft und einer über die Kunst. Die neue Form der Ästhetisierung der Politik, nämlich ihre volkstümliche Medialisierung, wird hier mit der Inszenierung eines Skandals zweiten Grades beantwortet, der sich der "Selbst-Verständlichkeit" entzieht. "BITTE LIEBT ÖSTERREICH" ist also mehr als nur eine satirische Umkehr. Elfriede Jelinek hat sehr richtig erkannt, dass es sich hier um nichts anderes als um ein "Denkmal" handelt, auch wenn sie es als "Denkmal unsrer eigenen Schande" missversteht. Der "Kurzschluss" zwischen der Ethno-Politik (vielleicht noch keine der ethnischen Säuberung, wohl aber eine der ethnischen Sauberkeit) und dem totalen TV-Entertainment ist genauso wenig "pädagogisch", wie die Aktion auf eine "Schande" hinweist, für die es weder Subjekt noch Objekt gibt. Wer sollte die "Schande" empfinden, wenn nicht die Kulturträger, die aber auch nur dann, wenn sie sich in einem grotesken Akt der Identifikation mit dem Unterdrücker als die besseren Patrioten empfinden (und wer da begeistert zustimmt, dem ist auf Erden wahrlich nicht zu helfen). Die Künstler können sich nur selbst erkennen, wenn sie sich für eine "Nation" schämen zu müssen glauben, von der sie seit ungefähr hundert Jahre wissen müssen, dass sie nur als eine Erfindung der Nationalisten existiert. Oder sie müssen erkennen, dass sie sich seit ungefähr derselben Zeit für diese "geistlose Idee" haben missbrauchen lassen.

Das Wesen dieser Kunst-Installation ist ihre radikale Nähe zur Wirklichkeit. Darin ist sie tatsächlich, wie Peter Sloterdijk sagt, "historisch" (und steht wiederum in einer auch österreichischen Entwicklung der Kunst, von der Joseph Roth gesprochen hat, nämlich von der Schöpfung zur Beobachtung und darüber hinaus.) Ist eine Kunst, die nicht weiß, wie sie endet, noch Kunst oder sozusagen schon direkt Kulturgeschichte? In diesem Fall heißt das: auch diese Weise von Kunst ist das Projekt der gleichzeitigen Selbstaufhebung und Selbstbewahrung: Diese "eingreifende" Kunst ist zunächst das Gegenteil der "Staats-Kultur" oder Nationalkultur Österreichs, die etwas

das Projekt nicht nur auf Österreich, sondern auf alle Länder zu beziehen, in denen Fremden

repräsentiert, noch im Skandal, sie errichtet ein System, in dem nur eine Reihe von semiotischen Destruktionsvorgängen ablaufen müssen, um eine entsprechende endlose Destruktionskette in der "österreichischen Identität" auszulösen.
Die Frage am Ende ist also sehr fundamental, nämlich die, ob es überhaupt irgendetwas zu retten gibt. Die Nation, die Kunst, die Menschlichkeit, den Verstand? Wer weiß. Es ist nicht Kunst, was ich mache, sagt Schlingensief. Doch, es ist Kunst, antwortet Elfriede Jelinek, möglicherweise will sie gerade noch einmal die Kunst retten. Wenigstens die. Aber Recht haben natürlich beide. Das sich fortzeugende Kunstwerk/Nichtkunstwerk reproduziert jedenfalls ständig diesen Widerspruch weiter: Elfriede Jelinek lässt im Container die "Asylanten" die Sätze aufschreiben, die sie auf Deutsch wissen, und bastelt daraus "ein kleines Kasperlstück". Natürlich müsste ebendieses Stück wiederum genau die gleichen Zerfalls- und Fortsetzungsprozesse auslösen. Es sei denn! Irgendwann wird aus diesen kleinen Kasperlstücken, auf die sich die österreichische Kultur mittlerweile versteht, wieder die traditionelle österreichische Kunst-Vorstellung. Dann schreibt sich der Widerstand via Kultur wieder in den Staat ein und ist dann endgültig verloren.

DAS DRITTE KUNSTWERK ODER WIE EIN ÖSTERREICHISCHER PRESSESPIEGEL ZUM SPIEGEL DER ÖSTERREICHISCHEN PRESSE WIRD

Die konservativ-liberale Presse reagierte auf die Aktion (vorhersehbarerweise) damit, dass sie seine Zwickmühlenhaftigkeit als gegen ein imaginäres Subjekt namens Österreich gerichtete Strategie zu verabscheuen vorgab, ohne darüber nachzudenken, dass genau diese Zwickmühlenhaftigkeit die Situation ist, in der sich die so oder so Gefangenen im imaginären Subjektspiel "Österreich" befinden. Dass Schlingensief "kritisch" bemerkt, dass das Plakat "Ausländer raus" hängen blieb, das er selber aufgehängt hat, übersteigt die moralische Phantasie; vor so viel dialektischer Gemeinheit müssen selbst die, die sich als "wohlmeinend" empfinden, kapitulieren und geifern: Nimmt man das Plakat "Ausländer raus" fort, ist man ein Kunstbanause, was in Österreich immer noch nicht jeder sein will, lässt man es hängen, bestätigt man den "faschistischen Charakter" (*Die Presse*) Österreichs. Offensichtlich kann hier niemandem in den Sinn kommen, dass dies exakt die Umkehrung des Verhältnisses von Kultur und Moral ist, auf dem sich Österreich gründet

ert ++ Auf Pressekonferenz der Wiener Festwochen umarmt Kulturstadtrat Marboe

und mit dem es, nun ja, untergeht. Schlingensief und die Seinen versuchen also in gewisser Weise dem Kunstprodukt Österreich seine Realität abzuverlangen. Und erzeugen ein letztes österreichisches "Kunstwerk des Verschwindens" in der Presse.

Die erste Ernte, die dabei eingefahren wird, ist das ganze Repertoire rechter bis sehr rechter Rhetorik bis weit in die Mitte hinein, eine Gesamt-Rhetorik mit Entschuldungs-, Verteidigungs- und Gegenangriffsfiguren (übrigens höchst ähnlich jenen rhetorischen Figuren, die zum Beispiel Ralph Giordano unter den Verdrängungsmechanismen und Neo-Ideologismen der deutschen Nazis diagnostizierte, und nicht unähnlich auch den Konstruktionen des Antisemitismus):

1. "DIE WOLLEN NUR UNSER GELD"

Dieses Kunstwerk als Doppelmühle entsteht "noch dazu auf Steuerzahlers Kosten" (*Die Presse*); und die mit dem fremden Blick nehmen unser Geld, um uns zu schaden: "Was sich aber in Form eines sich von Woche zu Woche steigernden Veitstanzes innerhalb der zeitgeistigen Kunstszene (*verweist übrigens auf Figur 10: Antimodernismus*) abspielt an Verhöhnung dieser Republik, ihrer Regierung und ihrer Bürger (*man bemerke den neuerlichen Schulterschluss von "Heimat" und "Reich"!*), finanziert mit eben deren Steuergeldern, wird immer grotesker" (Andreas Mölzer in der *Neuen Kronen Zeitung*). Natürlich kommt auch dazu, dass man das Gerücht hört, Schlingensief und seine "Asylanten" wollten die "Luxus-Boutique" *Popp & Kretschmer* stürmen, auf ewig fürchten die guten Bürger neben der Revolte das "Beggar's Banquet". Eine "Steuergeld vernichtende Niete" – so lauten die ÖVP-Anklagen gegen Parteifreund und Wiener Kulturstadtrat Marboe, zitiert nach *Kurier*. Und: "245.000 Schilling Wochengage für Schliengensief. Container-Show kostet Millionen" (Schlagzeile der *Neuen Kronen Zeitung*), "Millionen für so genannte 'Kunst'" (*täglich Alles*), und so geht das weiter.

2. "WIESO WIR UND NICHT DIE ANDEREN?"

Man hätte zum Beispiel ein bosnisches Dorf nachstellen können, wo das Publikum entscheidet, wer erschossen oder vertrieben wird. (...) Das wäre wirklicher Aktionismus im Sinne der Menschenrechte gewesen. Aber mit echten Kriegsverbrechern möchte sich Herr Schlingensief offensichtlich nicht anlegen. Er müsste schließlich damit rechnen, dass ihm serbische Schlägertrupps auflauern" (Leserbrief von "Mag. Barbara Seidl" an *täglich*

Schlingensief und bittet ihn um Hilfe gegen die ÖVP/FPÖ-Koalition. ++ "Sie sind so wahn

Alles – der zweite Teil der Ausführungen folgt im Übrigen der letzten rhetorischen Figur der Entschuldung: Treib es nicht zu weit, sonst ...). Derselbe Leserbrief findet sich, gekürzt auf die rhetorischen *bones*, auch im *Kurier* und im *Standard*. Was will uns das denn nun wieder über die österreichische Presse sagen? Ist die Reaktion schon genauso virtuell wie das Ereignis und die völkische Empörung nichts anderes als eine Kettenbriefaktion?

3. "PINSCHER!"

Wir sind das Denkmal, das über den kleinen Hund lacht, der sein Bein an uns hebt und zugleich einen mächtigen Bannstrahl auf den Beschmutzer senden wird: "Anarcho-Hanswurst Schlingensief" (*Neue Kronen Zeitung*), "berufsmäßiger Provokateur" (Leserbrief an *Neue Kronen Zeitung*), "deutscher Theater-Provokateur" (*Vorarlberger Nachrichten*), aber auch moderater "ein geschickter Selbstdarsteller" (*Kurier*), ein "deutscher Provokateur" (*Tiroler Tageszeitung*), "Schlingenmief" (Leserbrief von "Magister Helga Gmeiner" an die *Neue Kronen Zeitung*, der nun wieder als Textvariante im *Kurier* erscheint – eins ist mal klar: Alle österreichischen professionellen Ketten-Leserbriefschreiber sind Magister und weiblichen Geschlechts, was wiederum den ausländisch-ethnologischen Blick neugierig machen könnte), "manipulative Sensationsgeilheit" (Leserbrief an den *Standard*) zeigt der "für viele Kunden käufliche Kunstgewerbler aus Deutschland" (ein Rekord-Satz der *Neuen Kronen Zeitung*, die nebenbei Gregor Gysi "das PDS-Tratschweib" und Cohn-Bendit den "Pariser Pflastersteinspezialisten" nennt). Der "Kunst-Bubi" (Günther Nenning in *Krone*), präzisiert als "eingekaufter Kunst-Bubi" in *Neue Kronen Zeitung*, ist mit seinem "Affentheater" offensichtlich zugleich Anlass eines hysterischen Anfalls und nicht der Rede wert.

4. "WIR KENNEN DIE ECKE, AUS DER DAS KOMMT!"

Es ist die immer gleiche Verschwörung von links, von den "bekannten Bedenkenträgern aus dem rot-weiß-roten Gutmenschen-Terrarium" (*übrigens ist ein Faschist, rein sprachlich betrachtet, einer der stolz darauf ist, als "böse" angesehen zu werden*), "Links-Aktivisten", "Chaoten" (*Kurier* über die Demonstranten im Marriott-Hotel). Aber da kommt der Reaktion auch ein hübscher Widerspruch heraus: Ist das Schlimmste an Schlingensief eigentlich, dass er ein "Piefke" ist, dass er ein "Linker" (oder, wie bei Nenning, gar kein "richtiger" Linker) ist, dass er "eingekauft" ist (ist der "eingekaufte

htig in dieser Situation. Ich war der einzige, der gegen die Koalition war!" (Marboe) ++

Kunst-Bubi" gar eine Abart des "importierten Lustknaben" von dem unser verstorbener Lieblingsbischof schwärmte?), oder weil er einfach "modern" ist? Das, immerhin, steht in österreichischer Tradition: Auf eine "scharfe Provokation" antworten wir mit der manischen Produktion rhetorischer Unschärfe.

5. DIE SEXUALISIERUNG DER REAKTION.

Der Kritiker ist in Wahrheit eine Sau: "Videoinstallationen mit kopulierenden Geschlechtsteilen und der Klagenfurter Landesgalerie, mit Handschellen gefesselte Pseudo-Ausländer, die aus dem Container ins Sacher Kaffee trinken gehen (*Das geht zu weit!*), Österreich-kritische Ritualschlachtungen in Prinzendorf und womöglich noch Protest-Pädophilie durch den bekannten Altkommunarden." Das alles und noch mehr sieht Andreas Mölzer (*Neue Kronen Zeitung*). Und noch unterhalb der Sexualisierung steht die Fäkalisierung des Gegners: Die Demonstranten verlassen zwar "freiwillig den Saal", aber "zogen noch eine Schmutzspur durch das Hotel" (*Salzburger Nachrichten*). Schlingensiefs Aktion wird hier als Zeichnung (*Die Presse*), dort verbal (Leserbriefe an diverse Zeitungen) als "Furz" bezeichnet. Dieser negativen Intimisierung steht eine körperliche Distanzierung gegenüber: Noch bevor er sich "inhaltlich" distanziert, verwahrt sich Peter Marboe in einem offenen Brief an Schlingensief gegen die Unterstellung, es sei zu einer "Umarmung" gekommen. "Freiheit der Kunst – auch wenn's der letzte Dreck ist" (*täglich Alles*), und, schließen wir den Kreis, auch Peter Sloterdijk (der im Übrigen in der österreichischen Presse ein heimatlicher "Karlsruher" ist, während Schlingensief, Reich-haft gesehen, nur ein "Deutscher" sein kann) sieht in der Aktion, diesmal natürlich positiv, "eine echte Verschmutzung". Also: Wo sich Kunst und Wirklichkeit berühren, entsteht, ganz körperlich, "Schmutz", aber umgekehrt ist, laut FPÖ-Kultursprecherin Heidemarie Unterreiner, Schlingensief auch ein "Feigenblatt" der "Polit-Agitation", die wiederum von innen kommt. In der *Neuen Kronen Zeitung* jedenfalls wird vorgeschlagen, Schlingensief, den "Linkspinkler", als "Pissoirreiniger" einzusetzen. Und eine Leserbriefautorin an den *Kurier* entdeckt, dass sich der "'Regisseur' oft frauenfeindlich und menschenverachtend gezeigt" habe. Wird da das "Gutmenschen-Terrarium" zur "Heimwehr"?

1.5.: Schlingensief reist nach Graz zur Inszenierung von "Freiheit für alles – 3. Internation

6. "DIE AUSLÄNDER SIND SCHULD,
WENN WIR AUSLÄNDERFEINDLICH SIND, WEIL SIE UNS
AUSLÄNDERFEINDLICH NENNEN."

Schlingensief veranstaltet "mitten in Wien eine unverschämte Verleumdungsaktion", so ein Leserbrief, "gegen unser Land und sabotiert damit vorsätzlich (!) unsere Bemühungen um eine Normalisierung mit der EU, die solche Besudelungen Österreichs à la Schlingensief nur allzu gerne sieht, weil es Wasser auf die Brüsseler Mühlen ist". (Wie normalisiert man eigentlich Beziehungen zu einer irgendwie ausländischen Institution, die offensichtlich größtes Vergnügen an der eigenen "Besudelung" hat? Ach ja, durch eine Volksabstimmung.) Günther Nenning, in dem sich offenkundig der gekränkte österreichische Narziss mit dem gekränkten 68er-Narziss verbindet (und der dankbar von der österreichischen Heimat-und-Reich-Seele wiedererkannt wird, nach so vielen Umwegen: "Vielen Dank, Herr Dr. Nenning ..."): "Das Motto der eingekauften Kunst-Bubis ist: 'Wenn du sonst nirgends unterkommst, geh nach Wien, verlang recht viel, die zahlen dir dafür, dass du sie verhohnepiepelst (hochdeutsch für verspotten, verhöhnen, niedermachen)" (*Neue Kronen Zeitung*).

7. NICHT DAS KRITISIERTE, SONDERN DIE KRITIK IST UNMORALISCH.

"Aktion der Wiener Festwochen, bei der Asylantenschicksale von einer Komparsentruppe verhöhnt werden" (*Neue Kronen Zeitung*), dort werden "Passanten immer aggressiver belästigt". Auf die Entwendung der Symbole zu Zwecken der Kenntlichmachung reagiert die Rechte mit einer besonderen Form der "Betroffenheit" und kehrt auch rhetorisch den Spieß um: Vier Wiener FP-Mandatare verklagen die Aktion wegen "Verhetzung" (wegen der weiteren Metastase des "Unsere Ehre heißt Treue"-Transparents), woraufhin wiederum der Justizminister den Zeitungsredaktionen mitteilt, gegen Schlingensief werde wegen "Nationalsozialistischer Wiederbetätigung" ermittelt, wegen Verwendung dieses SS-Slogans, den der FPÖ-Obmann Niederösterreichs in einer Veteranenrede benutzt hatte (und sich hinterher entschuldigte, er sei leider zu wenig gebildet, um zu wissen, was er da dahergeplappert habe). "Gibt es unter uns nicht auch Provokateure, die – bewusst oder unbewusst – ein Zerrbild von Österreich als Hort des Rassismus, Faschismus und Nazismus zeichnen?" (*Kleine Zeitung*).
Die moderate Variante auch hier: Der Kritiker, der mit seiner Kritik übertreibt, hilft nur dem Kritisierten: "Jedem Menschen, der wenigstens einen

radschaftsabend" ++ 2.5. Probenbeginn in Graz ++ 3.6. FPÖ-Wien Kultursprecherin Heidemarie

Kaffeelöffel voll politischem Hausverstand hat, ist klar: Von der Stimmung vor dem Container profitierte nur die FPÖ, und sie wird daraus Kapital in Form von Stimmen schlagen" (*Salzburger Nachrichten*). Wenn die Juden/Ausländer uns antisemitisch/ausländerfeindlich nennen, dann ist es doch kein Wunder, dass unser (nun ja, ein bisschen ungebildetes) Volk antisemitische/ausländerfeindliche Parteien wählt.

8. "DER KRITIKER SOLL SICH SELBER KRITISIEREN!"

Wir nationalisieren den Diskurs: "Herr Schlingensief kann ein Transparent 'Ausländer raus' bei sich zu Hause aufhängen, wenn er dies aber in Österreich tut (noch dazu von unseren Steuer-Schillingen gesponsert – unter dem Titel Provokationskunst), muss man wohl ein Recht haben, dies zu verhindern" (*wieder stürzt sich eine rhetorische Entschuldungsfigur direkt in die Drohung:* "Wir sind neugierig, ob Schlingensief beim Begräbnis des Afrikaners seine deutschen Landsleute anschreien wird: 'Wie bescheuert müsst ihr eigentlich sein, dass ihr solch eine Regierung gewählt habt?'", Leserbriefe).

9. "HÖRT AUF, UNS SO GENAU ANZUSEHEN, SONST ..."

sammeln wir die Heimwehr: "Die Bürger zeigen sich empört" (FP-Klubchef Hilmar Kabas), und nachdem man eine Zeit lang Politik und Polizei wegen mangelnder Härte attackiert hat, bekennt man sich auch hier, auf der nächsten Ebene, zur Marboeschen Umarmungs-Negation: "Von Staats- und Kriminalpolizisten war in den vergangenen Wochen zu hören, dass sich das Klima zwischen Polizei und Demonstranten seit dem Polizeieinsatz am Michaelerplatz vom 20. Mai verschlechtert hat. 'Mittlerweile gibt es keine Gesprächsbasis mehr', berichtet ein Beamter" (*Die Presse*).

10. "DIE KRITIK UND IHRE FORM SIND MODISCH UND MODERN UND SCHON DESWEGEN VERWERFLICH."

Umgekehrt sind "der Zeitgeist", genauer "der linke Zeitgeist" (*täglich Alles*), an der Unterdrückung der anderen, der wahren Kultur schuld: "Wir haben brillante Sänger und Maler, die am Hungertuch nagen, weil ihre Werke nicht dem linken Zeitgeist entsprechen" (*täglich Alles*).

Kurzum: diese Aktion hat die Formulierung der Anklage den Angeklagten überlassen, und die haben sie vor lauter Panik viel präziser, ja unbarmherzi-

Unterreiner kritisiert Festwocheneröffnung als regierungskritisches Statement und wirft Inte

ger gefasst, als es ein Kunstwerk je könnte. Die Reaktion ist das eigentliche Kunstwerk: Wenn nicht die letzten Tage der Menschheit, so doch die Österreichs. Unnachahmlich in Sprache und Bild gefasst. Dazu kommt die Rettung des Symbols gegen die Entheiligung. Die Wiener FPÖ klagt gegen die Aktion, wegen der Verwendung der FPÖ-Fahne über dem "Ausländer raus"-Schild, die *Neue Kronen Zeitung* gegen die Verwendung des Kronen-Symbols. (Die Verwendung der FPÖ-Fahnen sei im Übrigen, so der Rechtsanwalt Martin Machold, "ehrenbeleidigend und kreditschädigend". Kreditschädigend? Aber auch die Tatsache, dass das Projekt nur einen "Steinwurf" (*Tiroler Tageszeitung*) vom "legendären Sirk-Eck entfernt ist, an dem Karl Kraus in den 'letzten Tagen der Menschheit' seinen berüchtigten Zeitungsausrufer wirken lässt", scheint überaus deplatziert: Gegen den ambivalenten Kritiker von außen ruft man, wenn's sein muss, den radikalen eigenen Kritiker auf den Plan. Beinahe alles und jeder muss in diesem Kulturkampf zur mythologischen Heimwehr werden.

Herr Haider ließ (noch viel vorhersehbarerweise) durch seinen Pressesprecher mitteilen, dass er den Container nicht besuchen werde. Trotzdem ist er natürlich durch die Absage selbst zum Teil dieses Schwurbel-Kunstwerks geworden, vom "Virus" erwischt, von dem Sloterdijk spricht. Nach dem Demonstrationszug ins Marriott-Hotel, bei dem die Polizei im Übrigen "keine gerichtlich strafbare Handlung" ausmachen konnte, erklärte Finanzminister Grasser den (siehe oben) "ahnungslosen" Ausländern auf Geschäftsreise: "Österreich ist nicht das, was man Ihnen heute hier gezeigt hat." Vielleicht ahnen die Ausländer dennoch, dass er damit Recht hat.

Ein Virus aber kennt, wie wir wissen, keine Moral. Natürlich stehen auch die Besucher des Containers, ganz wie im richtigen TV, in der höchsten Gefahr, noch wesentlich peinlicher zu wirken als die ganze Installation, denn über dem dankenswert klaren österreichischen Gegenkunstwerk der rechten Mehrheit, das als "Öffentlichkeit" inszeniert wird, verfangen sich auch die Linken und Guten in der Zwickmühle (österreichisch "Doppelmühle") der Installation, wie der Grünen-Politiker Peter Pilz und der unvermeidliche Daniel Cohn-Bendit, der Regisseur Peter Sellars (der das Projekt am liebsten überall dorthin exportieren würde, wo es Rassismus und Grenzen gibt) und eben Elfriede Jelinek, und missverstehen das Geschehen nicht minder strukturell. Vielleicht meinen sie es sogar ernst, wenn sie einen Brief unterzeichnen, mit dem Schlingensief Haider nicht zu einem "ernsthaften Gespräch"

politische Agitation vor ++ 5.6. Im Schauspielhaus Graz lässt Schlingensief 12 ausländische

auffordert, sondern "ernsthaft zu einem Gespräch mit den Asylbewerbern" und überhaupt mit diesem Brief erst diesen "Gutmenschen"-Diskurs in der rechten Reaktion ermöglicht. Als würde jemand ernsthaft glauben, Jörg Haider wäre ernsthaft zu einem Gespräch bereit. (Jörg Haider ist der Tätersohn, der die Sünden des Vaters zugleich wieder aufnimmt und vernebelt, wir kennen dies aus Filmen wie "Frankensteins Sohn".)
"In Österreich", schreibt der Kolumnist der *Neuen Vorarlberger Tageszeitung*, "wird schnell alle Wirklichkeit Theater, in Deutschland wird sehr leicht aus allem Theater Wirklichkeit." Dann hätte hier ja auch schon so etwas wie ein "Anschluss", jedenfalls eine Verdeutschung Österreichs stattgefunden! Die Donnerstags-Demonstranten also, die sich nach Schlingensiefs öffentlicher Beschwerde darüber, dass das Schild "Ausländer raus" nicht attackiert worden sei, prompt daranmachten, dies nachzuholen, versuchten ja nichts anderes, als aus dem Theater Wirklichkeit zu machen, theatralisierten freilich dabei gleichzeitig ihre Aktion. Am Ende jedenfalls steht die Aufhebung des nationalen Charakters des österreichischen Repräsentationssystems Kunst/Kultur. Nun wird auch hier, vielleicht noch eine geheime Nebenabsicht der bürgerlich-faschistischen Regierung, die Produktion von Kultur dem Weltmarkt unterworfen. Die "alte" Kunst Österreichs also ist auf dem Weg zu dem, was man Elfriede Jelinek vorgeworfen hat, und dies auch noch aus "purem Narzissmus": zu "freiwilliger Selbstauslöschung" (diese Phantasie geht ihnen doch zu gern unter, den Österreichern); sie wehrt sich dagegen, als "Staatskünstlerin" beschimpft zu werden, und kommt doch aus der Falle Österreich nicht einmal durch ihre Verweigerung heraus. Zur gleichen Zeit tauchen Phantome der Wirklichkeit auf, gleichsam die Umkehrung des bekannten "Fidschi-Effekts" (die Bewohner der Fidschi-Inseln, so will es die wahrnehmungshistorische Legende, hätten ein gewaltiges europäisches Segelschiff vor ihrer Küste einfach nicht gesehen, weil es ihnen nicht vorstellbar war), wie jener "ältere Mann" mit "rot-blauem" Helm, der zweimal gesehen wurde, wie er mit dem Fahrrad zur Umzäunung des Containers gekommen war, laut "Ausländer raus" gerufen und vergeblich versucht habe, eine "kleine blaue Bombe" zu zünden. Vielleicht hat es diesen Mann wirklich gegeben, aber Österreich hätte ihn auch so erfinden müssen. Es erfindet unentwegt verzweifelte Geschichten um Menschen, die sich vergeblich abmühen, sich noch einmal als wirkliche Österreicher oder, mehr noch, als österreichisch Wirkliche zu empfinden, wie etwa jene alte Dame, von der der *Standard* anlässlich der Ankündigung von Pilz berichtet, wenn

Schauspieler "Tötet Wolfgang Schüssel" rufen ++ Staatspolizei nimmt erste Ermittlungen a

Haider nicht zum Container komme, so komme der Container eben zu Haider: "Im Publikum will eine alte Frau kontern. Mehr als ein Krächzen ist nicht zu hören: Seit Beginn der Aktion hat sie täglich vier Stunden auf den Container eingebrüllt." Kann man sich wundern, dass alte Frauen stundenlang auf Container einbrüllen, wenn die Regierung im blauen Porsche durch Kärnten fährt und der Justizminister Schlingensief der "nationalsozialistischen Wiederbetätigung" anklagt? Wenn die Schlingensiefsche Aktion etwas gezeigt hat, so ist es dies: Angriffsfläche der bürgerlich-faschistischen Regierung ist nicht bloß "der Ausländer", der "Kritiker" etc., der Angriff gilt schlichtweg der Wirklichkeit. Erinnern wir uns daran, wie Thomas Mann in seinem "Dekadenzroman" die Kunst in der Familie Buddenbrook beginnen ließ, mit der Gelegenheits- und Nützlichkeitslyrik in einem bürgerlichen Machtsystem. Die *Neue Kronen Zeitung* bringt die Lyrik in ebendiese Form der Verständigungs- und Totschlagspoesie zurück:

"Ob sich die ÖVP entledigt
Herrn Marboes, der uns alle schädigt?
Als hätte man mit Lug und Trug
uns angetan nicht schon genug,
subventioniert er ein Subjekt
das Österreich noch mehr befleckt.
Ein Kerl ist's aus deutschem Lande,
der auch für dieses eine Schande,
doch mittlerweile schon passé.
Hier fördert ihn die ÖVP."

Schon möchte man diesem gereimten Anfall von Herrn Wolf Martin einen Karnevalstusch nachschicken, da wird einem auch schon wieder klar, dass selbst ein solcher Wörterfall Teil eines Projektes ist, die Kunstgeschichte rückwärts zu schreiben. Claus Philipp schlägt (im *Standard*) vor, die "hetzerischen Kinderreime, 'Kommentare' und Misstrauensanträge, die in den letzten Tagen gleichsam 'passiert' sind" zu einer "Horror-Anthologie zeitgenössischer österreichischer Politikauffassungen zusammenzufassen". Seine liberalen Kollegen würden ihn vermutlich warnen: Das Ding würde zum Mainstream-Bestseller.

eckte Ermittler bei Premiere anwesend ++ Theaterausschuss distanziert sich von Schlingensief

MIT DEM BLAUEN PORSCHE DURCH KÄRNTEN

Eine weitere Etappe dieser ästhetischen Rückwärtsschreibung ist etwa der blaue Porsche, in dem Schüssel und Haider gemeinsam zum "gegenseitigen Monitoring" durch Kärnten fuhren. Das ist ein Bild! 200 Jahre österreichische Kunstgeschichte: Schwupp! So folgt auf eine konsequente Ent-Kulturierung der österreichischen Nation durch die bürgerlich-faschistische Regierung eine Bewegung der Anti-Ästhetik, deren Propheten, wie Karl Moik oder Hansi Hinterseer, von dieser Politik nun verifiziert werden. Denn natürlich versuchen die bürgerlich-faschistische Regierung und ihr Presse-Gesamtkunstwerk nicht, die "alte" österreichische Kultur zu vernichten, um ein ästhetisches Vakuum entstehen zu lassen. O nein, eine überaus rege ästhetische Produktion bürgerlich-faschistischer Provenienz strömt da nach, besetzt die nationalisierten Bereiche mit Gedichten, Bildern, Musik und eben auch blauen Porsches. Die ästhetische Kampfansage, die dieser blaue Porsche darstellt, wird von der Mitte der österreichischen Gesellschaft schon gar nicht mehr verstanden (ach, ich fürchte, vom Rest auch nicht). Freilich setzt sich die Regierung dabei dem in ihrer Klientel vielleicht gar nicht so nützlichen Postmoderne-Verdacht aus: Wenn ein Schüssel und ein Haider in einem blauen Porsche zum Monitoring durch Kärnten fahren können, dann geht wirklich alles, und alles ist Kunst und nichts ist Kultur oder so ähnlich. Deswegen postmodernisiert sich auch die Klientel der bürgerlich-faschistischen Regierung: "Herrn Schlingensief würde ich raten, in Berlin in einem großen Theater 'Tötet Schröder oder Fischer oder sonst wen' rufen zu lassen. Da wäre ich auf die Reaktion gespannt", meint ein Leserbriefschreiber in der *Neuen Kronen Zeitung* (wie wir gesehen haben, sind Leserbriefschreiber in der Situation nationaler Erhebung nicht in jedem Fall mehr im Amateurstatus). Wahrscheinlich kann sich nur jemand, der nichts (nicht einmal etwas Komisches) dabei findet, wenn Schüssel und Haider im blauen Porsche durch Kärnten fahren, vorstellen, dass jemand in einem Berliner Theater "Tötet sonst wen!" ins Publikum schleudert. Wen sonst?

Sowohl Schüssel als auch Haider haben sich von vorneherein als Kunstprodukte angeboten, als reine Oberfläche, die sich sofort entzieht, wenn es ernst wird, so wie sich die *Neue Kronen Zeitung* zurückzieht, wenn sich in ihrem Chat-Room die elektronisch übermittelten "Sieg Heil!"-Grüße allzu eindeutig mehren, um sogleich wieder zu erscheinen, sobald die tastende Hand und der Blick der "Beobachter" verschwinden.

Ist Österreich als absurdeste aller "Kulturnationen" verloren? Ich fürchte.

Freilich rekonstruiert sich das nationale Österreich derzeit aus dem Geist des gekränkten Narzissmus: Österreich existiert noch einmal, weil es sich gegen die Anti-Österreicher zur Wehr setzen muss; es existiert, weil es verhindern muss, dass man es verschwinden sieht. Glücklicherweise wird auch das nur auf dem Nebenschauplatz Kultur abgehandelt, schließlich kann Österreich ja jetzt nicht einfach einen Krieg anfangen, obwohl es offensichtlich einem nicht geringen Bevölkerungsanteil zumindest die Sprache schon mal ins Kriegerische verschlägt. Und eine Sehnsucht nach dem unbeschmutzbaren Staat erzeugt.

Professor Curt Moser aus Wien schreibt an seine *Neue Kronen Zeitung*: "Wie sagte schon Friedrich v. Schiller dereinst? Nach Freiheit der Kunst schreit nur der, der sie missbrauchen will?" Wenn Schiller das gesagt hat, muss er ein maskierter Österreicher gewesen sein. Natürlich ist die Umkehrung gemeint: Die Kunst ist nur frei, solange sie von der Freiheit keinen Gebrauch macht. Denn während man Schlingensief als Ausländer und Kasperl abtut, richtet sich der größte Volkszorn gegen die Politik des eigenen Landes, die "so etwas" zulässt. Politisch, ohne Frage, dient die ganze Installation dazu, dass sich die ÖVP zwanglos von ihren bürgerlich-liberalen Resten befreit und die Machtverhältnisse in der bürgerlich-faschistischen Regierung sich verlagern. Dass die Beschleunigung der Selbstaufhebung nur wieder von außen kommt, das macht uns missmutig.

Das Werk der österreichischen Selbstaufhebung ist bald vollbracht, paradoxerweise in einem Brei aller österreichischen Identifikationsmodelle: Ein bisschen wird Österreich europäisiert und Europa, im zähen Kampf gegen die Sanktionen, österreichisiert; ein bisschen wird Österreich der großdeutschen Lösung zugeführt, ein bisschen bleibt es als ständisch-völkisches Heimatmuseum erhalten; der Austrofaschismus wird ein bisschen muffig und ein bisschen akzeptiert, und als Rest im Rest bleibt vielleicht sogar eine Spur austromarxistischer Entwirklichungskultur enthalten. Solange das Gebilde Österreich aus gekränktem Narzissmus aufrechterhalten wird, und das kann es nur, solange Haider sein Spiel der Provokationen der Welt aufrechterhält (ewig geht das nicht), bemerken die österreichischen gekränkten Narzissten noch nicht, dass dem Rest der Welt Österreich ziemlich egal ist. Dem "Gast" und dem "Besucher", also der völkisch begehrten Ausgabe des "ahnungslosen Ausländers", ist nämlich höchstens eines zuwider: Dass dieses "Ferienparadies" vielleicht irgendwo auch "wirklich" existiert. Eine

führung ++ 7.5. "Tötet Wolfgang Schussel" in über 28 Zeitungen abgedruckt ++

österreichische Wirklichkeit ist genauso kontraproduktiv, wie, sagen wir, wenn jemand daherkäme und behaupten würde, Disneyland gebe es auch noch als wirkliches Land, auch wenn man es hinter den Kulissen schlecht sehe (und eigentlich wäre es am liebsten eine faschistische Diktatur). Disneyland sei sogar ein Staat, was sagen wir: eine Nation (das müsse aber unter uns bleiben). Wenn die Bewohner von Disneyland plötzlich entdecken, dass sie ein eigenes Land sind, kriegen auch sie Angst, dass aus den Besuchern Beobachter werden. Die reine Kultur, die Disneyland bis dahin zusammengehalten hat, verlöre ihre Verlässlichkeit. Donald Duck, dieses musilsche Weltmodell par excellence, zerbräche im Angesicht der Installation eines möglicherweise eingekauften Kunst-Bubis, und ein Teil von ihm müsste erkennen, was auch ein Österreicher im Jahr 2000 erkennen kann: Ich bin eine Ente! Aber natürlich sind die Bewohner von Disneyland viel zu klug, um es so weit kommen zu lassen.
Die Österreicher, da sind die rechten und die linken auf groteske Weise verbündet, greifen nach einer Wirklichkeit ihres Landes, die ihnen aber noch viel schneller entzogen wird. Nach dem ersten Skandal bezogen die Wiener Fremdenführer den Container einfach in ihre Rundgänge ein, kommentierten fachkundig Absicht und Struktur der Installation und erhielten, so der Fremdenführer Michael Meier-Stauffer laut *Standard*, "nicht eine einzige negative Reaktion" von den Touristen, die das Ganze durchaus nachdenklich machte: "Viele erkennen so, dass es bei ihnen auch Rassismus gibt." So wie man in Disneyland daran erinnert wird, dass man zu Hause auch Gartenzwerge hat. Die innere Entwirklichung Österreichs ist unaufhaltsam. Zwischen Burgtheater und Prater kann man den Container einschieben, und weiter geht's nach Kärnten, wo man für ein paar Schillinge Schüssel und Haider in einem blauen Porsche besichtigen kann. Österreich ist gerettet! Österreich ist verloren.
Beim Abschied der "Container-Bewegung" von Wien stand in der "Menge" (*Kurier*) ein Demonstrant mit einem Schild: "Ich bin ein Österreicher und schäme mich für diese Aktion." Dieser Text ist vollständig unlesbar. Er kann alles Mögliche bedeuten, vielleicht auch gar nichts. Wie Österreich eben.

zer Inszenierung ++ (Kulturstadtrat Marboe meldet erste Bedenken gegen Aktion von

Schlingensief an ++ Schlingensief wird wegen starker Herzbeschwerden ins Krankenhaus eir

WALLFAHRT

Aussendung der ÖVP-Bundesparteizentrale:
"Aus Anlass der Aufhebung der EU-14-Sanktionen nehmen ÖVP-Obmann Bundeskanzler Dr. Wolfgang Schüssel, ÖVP-Regierungsmitglieder und ÖVP-Landeshauptleute an der Wallfahrt des NÖ Bauernbundes nach Mariazell teil. Programm: 09:00: Pontifikalamt mit Kardinal Schönborn; ca. 10:30: Kundgebung vor der Basilika, Rede von Dr. Wolfgang Schüssel; ca.: 11.30: Agape im Refektorium; persönlicher Dank von Dr. Schüssel an jene, die die ÖVP bei den Bemühungen zur Aufhebung der EU-Sanktionen unterstützt haben".

© DER STANDARD, 16./17. September 2000

ert ++ Diagnose: Lungen- und Rippenfellentzündung ++ 10.5. Polizei bleibt Schlingensief auf den

TEXTNACHWEISE

Die Texte von Sepp Bierbichler, Sven Gächter, Carl Hegemann, Georg Seeßlen, Mark Siemons und *Der Raum im Raum* von Elfriede Jelinek entstanden eigens für diese Publikation, ebenso das Gespräch zwischen Alexander Kluge und Christoph Schlingensief.

Das Containertagebuch von Karin Cerny erschien vom 14.6. – 19.6.2000 in der *Berliner Zeitung* unter dem Titel *Big Abschiebe* und danach in gekürzter Form im *Falter* (Nr. 25/00). Für diese Publikation wurde es nochmals überarbeitet.

Der Text von Diedrich Diederichsen erschien in *Texte zur Kunst* (10. Jahrgang, Heft 39) als eine Antwort auf die Frage, ob Schlingensiefs Strategie der Provokation via "Überaffirmation" ein anderes Verständnis von Kritik bereitstellen könnte und welche Öffentlichkeit dadurch adressiert wurde.

Interferenzen im E-Werk von Elfriede Jelinek wurde erstmals im *Standard* am 16. Juni 2000 veröffentlicht.

Big Brother: Zur Theatralität eines Fernsehereignisses von Jens Roselt entstand für eine Veranstaltung am 28. Juni 2000 in der *Akademie der Künste Berlin (Inszenierte Wirklichkeit – das Beispiel "Big Brother")*.

Bürgerkrieg im Organismus ist das von *Profil* (Nr. 26, 26.6.00) in Auszügen veröffentlichte Gespräch zwischen Peter Sloterdijk und Christoph Schlingensief, das als Abschluss des Containerprojektes am 12. Juni 2000 im Café Amacord in Wien stattfand.

Das Bild Österreichs muß wieder sauber werden von Armin Thurnher entstammt seinem neu erschienenen Buch *Heimniederlage. Nachrichten aus dem neuen Österreich*, Wien 2000 (Paul Zsolnay Verlag).

Das *Zeit im Bild 3*-Gespräch ist die transkribierte Version der am 13.6.00 ausgestrahlten Sendung im ORF.

Schlagzeile 'Container-Show kostet Millionen', in: *Kronen Zeitung*, 18.6.00 (S. 6/7)

Josef Kalina, Asylanten-Abschieben als Festwochen-Stück, in: *Kronen Zeitung*, 7.6.00 (S. 12)

Claus Philipp, Wien ist endlich wieder Filmstadt, in: *Standard*, 13.6.00 (S. 48)

Christoph Schlingensief, Containerreport I, in: *Frankfurter Allgemeine Zeitung*, 13.6.00 (S. 49)

Christoph Schlingensief, Containerreport II, in: *Frankfurter Allgemeine Zeitung*, 14.6.00 (S. 81)

FPÖ-Anzeige, in: *Kronen Zeitung*, 19.6.00 (S. 92)

Christoph Schlingensief, Containerreport III, in: *Frankfurter Allgemeine Zeitung*, 15.6.00 (S. 116)

Josef Kalina, Touristen entsetzt, Wiener empört, in: *Kronen Zeitung*, 13.6.00 (S. 119)

Das freie Wort, in: *Kronen Zeitung*, 18.6.00 (S. 130)

Josef Kalina, Schlingensief stürmte Geschäft, in: *Kronen Zeitung*, 14.6.00 (S. 133)

Fersen ++ Der Direktor des Grazer Schauspielhauses wird wegen Schlingensiefs Aufführ

Helmut Schödel, Die Ausländer-Beschwörung, in: *Süddeutsche Zeitung*, 16.6.00 (S. 154f.)
Christoph Schlingensief, Containerreport IV, in: *Frankfurter Allgemeine Zeitung*, 16.6.00 (S. 155)
Helmut Schödel, Die Indianer von Wien, in: *Süddeutsche Zeitung*, 17.6.00 (S. 170ff.)
Andreas Mölzer, Schluß mit lustig – Schlingensief, in: *Kronen Zeitung*, 16.6.00 (S. 208)
Cato, Aktion Schlingensief, in: *Kronen Zeitung*, 14.6.00 (S. 208)
Christoph Schlingensief, Containerreport I, in: *Frankfurter Allgemeine Zeitung*, 17.6.00 (S. 210f.)
Christoph Schlingensief, Containerreport VI, in: *Frankfurter Allgemeine Zeitung*, 19.6.00 (S. 216)
Helmut Schödel, Wenn es der Widerstandsfindung dient, in: *Süddeutsche Zeitung*, 19.6.00 (S. 220ff.)
Wallfahrt, in: *Standard*, 16./17.9.00 (S. 269)

BILDNACHWEISE

Heribert Corn, Matthias Cremer, Christian Fischer, Johann Klinger, Robert Newald, Didi Sattmann, Andy Urban: 10/11, 30/31, 59, 66/67, 70 (2), 71, 76, 83 (1), 128/129, 162/163, 175, 176, 188/189, 209, 217, 222/223, 231; Sibylle Dahrendorf: 124; Gert Eggenberger: 268/269; Luka Faccio: 17, 150 (3-8), 168/169, 171, 172; Matthias Lilienthal: 20, 24, 32, 68, 84, 114, 156, 218, 234, 236; Johann Klinger: 212; Kurt Kren: 187 (1) (mit freundlicher Genehmigung von Sixpackfilm); Roland Schlager: 54/55; Christoph Schlingensief: 5; Sandra Umathum: 16, 37, 38 (2), 39 (1), 46/47, 80/81, 111, 120, 121, 122, 126, 150 (2), 167, 178, 180/181, 184, 186 und alle Bilder des Daumenkinos; WEBFREETV: 70 (1); 77; 151; Nina Wetzel: Umschlagfoto, 6/7, 28/29 (Skizze), 60/61, 72/73, 113, 123, 125, 143, 207

Atlas 78. Alle Filme.16 mm. Gesamtkatalog für das Kino zum Selbermachen, Duisburg o. J.: 138, 139, 140, 141, 144 (1,2), 146, 192 (1,2), 194, 195, 197, 200/201, 206
Heiner Bastian (Hg.), Joseph Beuys. Skulpturen und Objekte, München 1988 (© VG Bild-Kunst, Bonn 2000): 153
Elisabeth Büttner/Christian Dewald (Hg.), Anschluß an Morgen. Eine Geschichte des österreichischen Films von 1945 bis zur Gegenwart, Salzburg 1997: 79
Yasha David, ¿Buñuel! Auge des Jahrhunderts, 1984: 96/97, 102, 103
METEOR Texte zum Laufbild, Nr.7, Wien 1997: 134/135
Polyfilm (Hg.), Eine Geschichte der Bilder, Wien o.J.: 49
Lothar Schirmer (Hg.), Joseph Beuys. Eine Werkübersicht, München Paris London 1966 (© VG Bild-Kunst, Bonn 2000): 158, 166

Luis Buñuel, *Das verbrecherische Leben des Archibaldo de la Cruz*, 1955 (Videoprints). 40, 43, 44, 106, 107 (1,2), 108 (1,2), 190

ört ++ Befragung des Regisseurs soll wegen seiner Abwesenheit bei den Wiener Fest-

(Filmstill; mit freundlicher Genehmigung des Filmmuseums München): 104/105
Gustav Deutsch, *No comment – minimundus AUSTRIA*, 1996 (Filmstill; mit freundlicher Genehmigung von Sixpackfilm): 238/239
Kurt Kren, *tausendjahrekino*, 1995 (Filmstill): 240
Wolfgang Liebeneiner, *1. April 2000*, 1952 (Videoprints): 89 (1), 93, 150 (1), 170, 187 (2)
Christoph Schlingensief, *Tunguska – Die Kisten sind da*, 1985 (Videoprint): 185
Christoph Schlingensief, *Die 100 Tage von Bottrop*, 1997 (Videoprints): 83 (2), 101, 267
John Wayne, *The Alamo*, 1960 (Videoprints): 38 (1), 39 (2), 112, 133, 174, 226, 227, 228, 229
ZIB 3, ORF 2, 13.6.00 (Videoprints): 74, 75, 98, 99, 100

DANKSAGUNGEN

Ohne folgende Personen und Institutionen wäre diese Publikation nicht denkbar und realisierbar gewesen:
Maria Awecker, Günter Berg, Ulla Berkéwicz, Sepp Bierbichler, Luc Bondy, Karin Cerny, Daniel Cohn-Bendit, Heribert Corn, Matthias Cremer, Sibylle Dahrendorf, David Dempsey, Hans Dichand, Diedrich Diederichsen, Gert Eggenberger, Luka Faccio, Filmmuseum München, Christian Fischer, Sven Gächter, Familie Garzaner, Katharina Gruber, Esther Hecht, Carl Hegemann, Peter Höfle, Elfriede Jelinek, Gabriele Kaiba, Josef Kalina, Claudia Kaloff, Judith Kaltenböck, Veronika Kaup-Hasler, Johann Klinger, Alexander Kluge, Alfie Kral, Martin Krampl, Dietrich Kuhlbrodt, Attila Láng, Peter Marboe, Maike Marr, Susanne Meitz, Oliver Neumann, Robert Newald, Astrid Ofner, Paul Poet, Jürgen Pollak, Jens Roselt, Didi Sattmann, Roland Schlager, Richard Schmitz, Helmut Schödel, Georg Seeßlen, Mark Siemons, Peter Sloterdijk, Hannes Sulzenbacher, Armin Thurnher, Andy Urban, Katrin Warneke, Nina Wetzel, Werner Zegarzewski

Wir danken auf das herzlichste dafür.

wochen nachgeholt werden ++ 11.5. Schlingensief verlässt das Krankenhaus ++